みぢかな法学入門
〔第3版〕

石川　明　編

不磨書房

第3版のはしがき

　本書の第3版を刊行することになった。第2版刊行後若干の法改正があり，これらを解説に取り入れた。また新たに「法律職を志す者のために」と題する第30章を設けて，読者に法律を取り扱う職業に進む道標とした。法律関係職の職務内容・資格試験とその対策等をかなり詳細に説明している。法律職を志す者にとって必ず有益であると思われる。

　　　平成16年3月1日

　　　　　　　　　　　　　　　　　　　　　　　　石　川　　明

第2版のはしがき

　本書の初版が平成10年4月に刊行されてから，3年が経過した。その間に重要な法律が施行されたり，新判例も出されている。本書の内容を up to date なものにするために，本書を改訂することにした。協力いただいた執筆者の諸先生ならびに改訂版の発行について御世話いただいた不磨書房に感謝の意を表したい。

　　　平成14年3月1日

　　　　　　　　　　　　　　　　　　　　　　　　石　川　　明

はしがき

　社会生活のなかで法律がどのような機能を果しているか，この問題を社会生活の主要な場面において考察することを目的にしてこの本は編集された。そのほうが読者にとって法律に親しみやすく，そのうえ役にも立つと考えたからである。
　いままでの法学入門の多くは，法とは何かという問題から始って，ここで難しい法哲学的理論を展開する。法律になじみのない初心者はまずここでつまずいてしまう。この本はこのいわゆる総論的部分をなるべく縮小して，読み易い内容のものとして，初心者に法律に親しんでもらうことを考えて書かれている。
　執筆者一同も読者が法律を少しでも身近に感じ，関心をもってもらえるように配慮した。本書がその目的を果せることを願っている。
　執筆者ならびに出版につき御世話願った不磨書房の稲葉文彦氏に謝意を表したい。

　　平成10年1月20日

　　　　　　　　　　　　　　　　　　　　　　　　石　川　　明

目　次

第3版はしがき
第2版はしがき
はしがき

第1編　法学入門
1　なぜ法学を学ぶのか …………………………………………… 2
2　法学入門ではどんなことを教えてきたか …………………… 4
　　1　法は，社会規範の一つである　4
　　2　法は，守ることを強制される　5
　　3　法の目的は，社会の秩序を維持することであり，正義を実現することである　5
　　4　法は，行為規範であり，裁判規範でもある　6
　　5　法には，成文法と不文法がある　7
　　6　法は，いろいろな角度から分類することができる　8
　　7　法を適用するためには，法を解釈する必要がある　10
3　法律は常識と離れた社会規範か ………………………………12
　　1　常識とは，どういうものか　12
　　2　法律は，原則として常識と離れたものであってはならない　13
　　3　法律を制定する場合に，常識を参考にすることが多い　14
　　4　常識に合う法律は，たくさんある　15
　　5　法律を適用する場合には，常識に合うようにしなければならない　16
　　6　法律の中には，技術的なものがあり，常識に合わないものもある　17
　　7　新しい法律が制定され定着すると，常識の内容も変わる　18

　　　　8　常識の中に，法律に対する正しい知識を持つことが望まれる　19
　4　法女性学とジェンダー……………………………………………20
　　　　1　法女性学とは何か　20
　　　　2　女性差別撤廃条約の考え方　21
　　　　3　法女性学からみた日本の法　22

第2編　憲法のはなし

　5　基本原理……………………………………………………………28
　　　　1　憲法とは　28
　　　　2　日本国憲法の成立　29
　　　　3　日本国憲法の基本原理　29
　　　　4　憲法の最高法規性　34
　6　天　皇……………………………………………………………36
　　　　1　国民主権と象徴天皇制　36
　　　　2　天皇の地位　37
　　　　3　天皇の権能　38
　　　　4　皇室の財政　40
　　　　5　天皇の人権　41
　7　平和主義…………………………………………………………42
　　　　1　憲法における平和主義　42
　　　　2　憲法9条と自衛隊　44
　　　　3　憲法9条と自衛隊のこれから　48
　8　基本的人権とは何か……………………………………………49
　　　　1　日本国憲法における基本的人権　49
　　　　2　基本的人権の内容　50
　　　　3　基本的人権は絶対的に不可侵か　50
　　　　4　基本的人権を享有できるのは誰か──外国人の人権　52
　　　　5　死刑制度を考える　53
　9　自由権……………………………………………………………55
　　　　1　自由権とは何か　55

2　信教の自由　56
　　　3　表現の自由　57
　　　4　報道の自由　58
　　　5　知る権利　59
10　社会権……………………………………………………………62
　　　1　社会権の意味　62
　　　2　生存権　63
　　　3　教育を受ける権利　65
　　　4　勤労に関する権利　66
　　　5　行政の規制を求める裁判　67
11　参政権……………………………………………………………69
　　　1　自己を実現する権利としての参政権　69
　　　2　参政権にはどのようなものがあるのだろうか　70
12　刑事事件と人権…………………………………………………76
　　　1　刑事事件と憲法　76
　　　2　捜査──捜査の開始とその流れ　77
　　　3　捜査の終結　81
　　　4　起　訴　81
　　　5　その他の刑事事件をめぐる人権規定　82
　　　6　犯罪報道と人権　82
　　　7　少年犯罪と人権　82
　　　8　社会で顧みられない者の人権　83
13　国　会……………………………………………………………84
　　　1　国会の地位　84
　　　2　国会の構成　86
　　　3　衆議院の優越　87
　　　4　国会の活動　87
　　　5　国会の権能　89
　　　6　議院の権能　90
　　　7　衆議院の解散　91

8　国会議員の特権　91
　　　9　財政国会中心主義　92
14　内　閣 ……………………………………………………………94
　　　1　行政権　94
　　　2　議院内閣制　96
　　　3　内閣の成立　97
　　　4　内閣の総辞職　98
　　　5　内閣総理大臣・国務大臣　98
　　　6　内閣の権能　99
　　　7　内閣の活動と責任　101
15　裁判所・司法制度 ………………………………………………102
　　　1　司法とは何か　102
　　　2　司法権は裁判所に属する　103
　　　3　裁判所　104

第3編　生活と法

16　生活環境 ……………………………………………………………112
　　　1　はじめに　112
　　　2　環境規制法──公害問題と公害規制　112
　　　3　環境救済法　113
　　　4　環境保全法──公害対策から環境保護へ　118
　　　5　おわりに　120
17　不動産 ………………………………………………………………121
　　　1　はじめに　121
　　　2　不動産とは　122
　　　3　不動産所有権と相隣関係　122
　　　4　不動産所有権と制限物権　123
　　　5　不動産所有権と利用権　124
　　　6　不動産所有権と取引の安全　126
　　　7　不動産所有権と生活妨害・公害　126

　　　　8　不動産所有権と公法上の制限　127
　　　　9　不動産所有権と一般原則　128
　　　10　おわりに　128
18　取引と金銭貸借 …………………………………………………………129
　　　　1　消費者とサラ金　129
　　　　2　サラ金業を規制する法律──サラ金立法の変遷──　130
　　　　3　サラ金立法の課題　134
19　事故と責任 ……………………………………………………………135
　　　　1　事故法の概要　135
　　　　2　事故と不法行為責任　137
　　　　3　事故法と経済的・哲学的基礎　139
　　　　4　過失責任主義の修正と課題　141
20　家　族 …………………………………………………………………144
　　　　1　婚　姻　144
　　　　2　離　婚　147
　　　　3　親子の関係　150
　　　　4　後　見　153
　　　　5　扶　養　154
21　相続・遺言 ……………………………………………………………155
　　　　1　相　続　155
　　　　2　遺　言　158
22　労働問題 ………………………………………………………………162
　　　　1　労働問題と労働法　162
　　　　2　労働契約の成立・変更・解約　163
　　　　3　労働条件　166
　　　　4　女性労働者と男女雇用機会均等法　169
　　　　5　労働組合　170
　　　　6　団体交渉と労働協約　170
　　　　7　争議行為　171
　　　　8　不当労働行為　171

23 社会福祉 …………………………………………………………173
　　1　社会保障，生存権，社会福祉　173
　　2　社会福祉の権利性　174
　　3　児童福祉　174
　　4　障害者福祉　177
　　5　高齢者福祉　179
　　6　高齢者介護と介護保険法　180

24 税　金 …………………………………………………………183
　　1　税金は何のために必要か　183
　　2　正義にかなった租税とはどのようなものか　184
　　3　消費税の担税力は何か　186
　　4　サラリーマンの不公平感をどう考えるか　187
　　5　税金をめぐる今後の課題　188

25 犯　罪 …………………………………………………………190
　　1　犯罪とは何か　190
　　2　犯罪の現状　191
　　3　犯罪の分類　193
　　4　刑罰の種類と目的　193
　　5　刑法の基本とその学び方　195
　　6　刑法の定義　197
　　7　刑法の基本原則――罪刑法定主義　198
　　8　死刑存廃論　198
　　9　少年犯罪・少年非行　202

第4編　紛争解決と予防

26 裁　判 …………………………………………………………208
　　1　裁判の種類　208
　　2　民事訴訟のしくみ　209
　　3　裁判の開始　210
　　4　民事訴訟の審理　212

5　民事訴訟の終了　214
27　裁判外紛争解決制度 ……………………………………216
　　　1　裁判による紛争解決の限界　216
　　　2　和解・調停・仲裁　218
　　　3　その他の裁判外紛争解決制度　219
　　　4　裁判外紛争解決制度の問題点　219
28　実務法曹 ………………………………………………221
　　　1　法廷の主な登場人物　221
　　　2　裁判官　221
　　　3　検察官　222
　　　4　弁護士　223
　　　5　日本の法曹人口と司法制度改革　225
29　刑事裁判 ………………………………………………227
　　　1　刑事裁判手続　227
　　　2　上訴と再審　231
30　法律職を志す者のために ………………………………235
　　　1　はじめに　235
　　　2　宅地建物取引主任者　236
　　　3　行政書士　239
　　　4　宅地主任者と行政書士からの発展　241
　　　5　社会保険労務士　242
　　　6　司法書士　243
　　　7　土地家屋調査士とマンション管理士　244
　　　8　税理士と弁理士　245
　　　9　司法試験と法科大学院　247
　　　10　さいごに　248

資料：日本国憲法　251
事項索引　261

第1編　法学入門

1 なぜ法学を学ぶのか

　私たちは，日常法律を意識しないで生活している。しかし実は目に見えるところで，あるいは目に見えないところで，さまざまな側面について法によって生活を規律されている。具体的に例を挙げて考察してみよう。少し注意して新聞やテレビを見ていると，しばしば法律問題が登場してくる。殺人，傷害，強盗，窃盗，総会屋と株式会社とのゆ着等々事例にこと欠かない。

　公害，医療過誤，製造物責任といった近時著しく増加しつつある法律問題も見逃すことのできない重要な法律問題である。国民の知る権利に端を発する情報公開の問題が，エイズに関する厚生省の資料隠しや官々接待，公費出張に関する地方自治の資料隠しの態度に見られるようにやかましく議論され，情報公開法を制定した（行政機関の保有する情報の公開に関する法律，平成13年5月14日施行）。

　また，私たちは，意識しなくても，法律問題に生活のいろいろな分野でかかわっている。たとえば，朝起きて学校へ行く。最寄りの駅までの道では車道ではなく歩道を歩く。車道と歩道の区別のない道路では人は右側を歩く。これは道路交通法の適用を受けているからである。定期券や乗車券で電車に乗る。乗車券があるとどうして電車に乗れるのであろうか。人々はこんなことはごくあたりまえのように考えているが，乗車券を購入することによって，乗客は鉄道会社との間に旅客の運送契約を結んで，その結果として鉄道会社が旅客を乗車させ目的地まで輸送するのは，この契約から生じる義務を果たしているからにほかならない。学校へ行ってもその施設を利用したり授業を受けられるのは，学生と学校との間でそのような権利を学生に与える特殊な契約が結ばれているからである。学校の運動施設，たとえば鉄棒が腐っていたために落ちて怪我をしたようなときに，その治療費を学生が学校に対して損害として賠償してもらえるのは，学校が安全な施設を学生に提供する法律上の義務を負っているのに，

この義務を十分果たさなかったからである。学校がこの場合賠償金を支払わなければ、被害を受けた学生は学校を被告にした民事裁判の判決で損害金の支払いを命じてもらい、それでも支払わなければ、強制執行という方法で強制的に支払わせることになる。

　人を殺せば刑法の殺人罪（199条）の規定で処罰される。たとえば刑事裁判で懲役5年の刑に処せられれば、その刑罰は監獄に拘置されて執行される。スリは窃盗罪として処罰されて、刑事裁判で一定の刑期の懲役刑が宣告されその刑罰は執行される。

　このようにみてくると、私たちは日常の生活をつつがなく過ごすためには、法律上どのような行為をすればよいのか、もしくはしてはいけないのか、あるいは、どのようなことをしたら、どのような利益もしくは不利益を受けるのかということを知っておくのがよいということになる。そのために法律を学習するメリットがあるということになる。

　もちろん法律を知らなくても、普通は、常識に従った行動をしていれば、思わぬ不利益が降りかかってくるということはない。それは、私たちの日常生活のごく普通の場面では常識と法律の内容が同じだからである。しかし、少し専門的な事柄になると、法律の内容を常識だけでは十分捉えられない場合が多くでてくる。それだけにみずからの身の安全を護り、法律的なトラブルに巻き込まれて思わぬ不利益を受けないように、少なくとも生活に最小限必要な法律知識は身につけておくことが必要なのである。特に、専門的なことは、その処理にあたっては専門家のアドバイスを受ければよいのであるが、そのアドバイスを理解するためにも、法律的な基礎知識をしっかりと学習しておくことが望まれるのである。

　　　　　　　　　　　　　　　　　　　　　　　　　　（石川　明）

2 法学入門ではどんなことを教えてきたか

1 法は，社会規範の一つである

　私たちの日常生活をみると，「……しなければならない」「……してはならない」「……することができる」というように，人の生活や行為の基準が存在している。私たちの生活は，たった一人で無人島に住んでいたロビンソン・クルーソーのようなものではなく，多数の人が集まって社会をつくって共同生活をしている。したがって，家族，学校，会社，国家などの社会において，各人が勝手気ままに行動したのでは，混乱や紛争が起こる。混乱や紛争を避け円滑に社会生活を営むためには，どうしても一定の組織や秩序が必要になる。そのために，私たちは一定のルール（規則）をつくり，そのルールを守って生活する。そうすることによって，社会の秩序を維持し平和な生活を送ることができる。社会生活を円滑に営むためのルールを「規範」または**社会規範**という。

　もっとも，社会規範をすべての人が守って，絶対に違反がないわけではない。「人を殺してはならない」という社会規範があるが，実際には，しばしばこの規範は破られる。「生命のあるものは滅びる」とか「水を零度に冷やせば氷になる」というような自然法則とは，その性質を異にする。自然法則は，「存在の法則」「必然の法則」であって，例外がなく，違反することができない。これに対して，規範は，「当為の法則」といわれ，例外があるし，違反することができる。

　社会規範には，法のほかに道徳，慣習，礼儀など，いろいろなものがある。これらは互いに重なり補いあいながら，社会の秩序を形づくっている。「社会あるところに法がある」という諺があるが，これは「社会があるところに規範がある」ということを言っている。

2　法は，守ることを強制される

　法には，他の社会規範と異なり，強制がある。法に違反すると，国家による制裁（サンクション）が行われる。法には，違反者に制裁を加えてでも，守らせようとするところがある。イェーリングは，「強制を伴わない法は自己矛盾であり，燃えない火，輝かない光である」といったが，法は強制してでも守らせるものであることを言い表わしている。したがって，「法は道徳の最低限」とも言われるように，その内容は普通の人ならば，だれでも守れるようなものでなければならない。法が対象にするのは，平均人，江分利満氏である。

　法における強制とは，その違反に対する制裁である。犯罪行為に対しては死刑，懲役，禁錮，罰金などの刑罰が科され，債務不履行や不法行為には損害賠償を請求される。私法上の義務を履行しないときには，直接強制，代替執行，間接強制などの強制執行が行われ，名誉毀損に対しては謝罪広告が命ぜられる。また，無効や取消のように，行為者の意図する法的効果が発生しないということもある。無効の例として，結婚式を挙げて夫婦としての共同生活をしていても法律に定める届出をしないと，法律上の婚姻とは認められず，いわゆる内縁になる。したがって，内縁の妻が生んだ子は，非嫡出子とされ，父の認知がないかぎり父子関係が認められない。また，内縁関係にある者の一方が死亡した場合に，他方は法律上配偶者ではないから相続人になれない。取消の例として，直系血族または三親等内の傍系血族間の婚姻は民法上認められない。したがって，父と娘や兄と妹は結婚できない。仮に，婚姻届が誤って受理された場合でも，当事者，親族，検察官から取消を請求でき，結局，取り消されるとその結婚はなかったことにされる。

3　法の目的は，社会の秩序を維持することであり，正義を実現することである

　法は社会規範の一つである。私たちが法を守ることによって**社会の秩序**は維持される。秩序が安定していると，私たちは安心して生活し，将来の計画を立てることができる。ゲーテは「無秩序よりは，悪い秩序でもあった方がましだ」といったが，このことを言い表わしている。私たちが安心して安全な生活をす

るためには，**法的安定性**を確保する必要がある。

　法的安定性を確保するためには，第1に，法は明確でなければならない。行為の基準になる法が不明確では，私たちは安心して行動できない。第2に，法は安易に変更されてはならない。いわゆる朝令暮改では，私たちは法に違反しないで行動する基準がわからなくなり，安心して活動できない。第3に，法が実際に行われることが必要である。個人の権利が不法に侵害された場合には，早急に権利保護と賠償が確保されなければならない。第4に，法が社会で生活する人々の規範意識に合致することが必要である。人々の意識にあまりにもかけ離れた法は，従うことに疑問をもたれ，しだいに守られなくなる。法は守られてこそ意味があり，社会の秩序が維持されることを忘れてはならない。

　秩序が維持され安定しているだけでは，よい社会とはいえない。正義に適った秩序が要請されるのである。そこで，法は**正義の実現**を目的とする。古来，正義は法の本質的な理念とされた。法や権利を表わす言葉が，ドイツ語ではRecht，フランス語ではdroit，英語ではrightであり，同時に「正しい」という意味をもつことは興味深い。正義の意味は多義であり，適法性としての正義，「各人に彼のものを」の正義，実質的な基準となる正義について論じられてきた。時と所を超越した絶対的価値としての正義は，これを語る人の信仰や世界観によって大きく異なり，これを論ずることは人類の永遠の課題である。したがって，法の目的としての正義を考える場合には，具体的な現象についての公平ないし妥当性を対象にすることになる。この具体的妥当性は，個人と個人の場合には，形式的公平でよいか実質的公平でないといけないかが問題になる。個人と社会の場合には，その調和をどのように図るかが問題で，結局，個人の基本的人権と公共の福祉の問題となる。

4　法は，行為規範であり，裁判規範でもある

　社会規範は，いろいろな社会で共同生活をする人々に対して「してよいこと」「してはいけないこと」などを示す。社会規範は，社会生活を円満に維持し，秩序を保つための行為の準則であるから，**行為規範**とも言われる。法は行為規範の一つであるが，それは正しい秩序を保つための行為規範である。行為規範には，法のほかに，慣習，道徳，宗教などがある。

法は，国家という政治的に組織された社会の規範である。法に違反した者は国家によって制裁を受ける。具体的な事件について，法を適用して制裁を加えるのは，近代国家では裁判所である。裁判官は，裁判をする際に法を基準にして判断する。そこで，法は**裁判規範**とも呼ばれる。

5　法には，成文法と不文法がある

　裁判官が紛争を解決する際に，**裁判の基準**とするべき法は，どこに，どのような形で存在しているのだろうか。法の存在形式を法源（source of law）という。

　私たちは法を探すときに六法全書を見る。法は，一般に「○○法」と題名がつけられ，文字で書かれたものが六法全書に収録されている。このような文字で書かれた法を成文法といい，一定の手続と形式に従って定立されるから制定法ともいう。しかし，成文法以外にも，法としての役割を果たすものがある。それは，慣習法，判例法，条理というもので，文字で書かれていないから不文法という。

　成文法には，憲法，法律，命令，規則，自治法規，条約などがある。憲法は国の基本法で，国家の組織や統治機構，国民の権利や義務などについて定めており，憲法制定権者（主権者）によってつくられる。法律は，国会の議決を経て制定される法で，民法，商法，刑法，民事訴訟法，刑事訴訟法などがある。憲法とここに例示した5つの法律は，法典の中で代表的な6つの法典という意味で，「六法」といわれている。命令は，国の行政機関が制定する法で，内閣が定める政令，内閣総理大臣が定める府令，各省の大臣が定める省令（例えば財務省令，文部科学省令など）がある。規則は，一般に行政機関に対して独立の地位をもつ国家機関が内部規律として定める法で，衆議院規則，参議院規則，最高裁判所規則がある。自治法規は，都道府県，市町村など地方公共団体が制定する法で，地方議会の議決により成立する条例と，地方公共団体の長が制定する規則がある。条約は，国家間に締結される文書による合意であり，批准されると国民の権利義務に関係することになる。

　制定法は，その制定権者によりいろいろあるが，これらは憲法―法律―政令―省令というように，上下関係のある段階的構造をなしている。そして，「上

位の法規に抵触する下位の法規は無効である」という原則があり，有効無効を最終的に決定するのは最高裁判所である（憲法81条。違憲法令審査権）。

不文法には，慣習法，判例法，条理がある。慣習法は，人間の社会的行動が反復され慣行化されたものの中で，法として承認されたものである。法例2条は「公ノ秩序又ハ善良ノ風俗ニ反セサル慣習ハ法令ノ規定ニ依リテ認メタルモノ及ヒ法令ニ規定ナキ事項ニ関スルモノニ限リ法律ト同一ノ効力ヲ有ス」と規定し，慣習法の法源性を認めている。商法1条には「商事ニ関シ本法ニ規定ナキモノニ付テハ商慣習法ヲ適用シ商慣習法ナキトキハ民法ヲ適用ス」と規定し，商慣習法を成文法である民法より優先する。なお，刑事法の領域では，罪刑法定主義の原則があるため，慣習法は排除される。

判例法は，裁判所の判決の累積したもので，先例として裁判官を拘束するものをいう。わが国では制定法主義を採り（憲法76条3項），判例の裁判官に対する先例拘束性を認めていない。しかし実際には，法的安定性，法令解釈の統一性などの要請から，判例が踏襲されることが多い。判例法が成立するのは，①法に規定が存在しない場合，②法に規定はあるがその解釈に争いがある場合，③法の規定が社会の発展に対応できなくなった場合である。内縁の破棄を婚姻予約の不履行として損害賠償義務を認めた大正4（1915）年の大審院判決や，有責配偶者からの離婚請求を認めなかった昭和27（1952）年の最高裁判決，ガソリンカーの転覆につき過失往来危険罪（刑法129条2項）の適用を認めた昭和15（1940）年の大審院判決などが有名である。

条理は物事の筋道のことをいい，「法の欠缺」の場合にも裁判を拒否できないために裁判の基準として認められる。条理は，制定法，慣習法，判例法などのように，客観的に存在している法ではなく，民事事件において適用される裁判官の主観的（恣意的なものではない）な判断である。

6　法は，いろいろな角度から分類することができる

実定法と自然法　　この分類は，法の現実の存在を基準とするものである。実定法は，人間の行為によって現実につくりだされた法のことで，制定法，慣習法，判例法が該当する。自然法は，制定法のように現実に目で確認できない法であるが，普遍的に正しくかつ永久不変の法であるとされる。自然法は，実

定法の正しさの根拠となり，実定法が社会正義を実現するための裏付けになる。自然法に違反する実定法は，悪法とされ，その効力について争いがある。「悪法も法なり」として，その法が改定されるまでは守るべきものなのか，それとも，悪法は無効と解し守る必要がないと考えるか問題とされている。

固有法と継受法 この分類は，法形成の素材を基準とするものである。固有法は，その国で誕生し発達した固有の素材を基として成立した法である。継受法は，外国の法を導入したり，外国法の影響の下にその国の法として成立した法である。継受法を子法といい，継受された法を母法という。ローマ法が母法で，フランス民法やドイツ民法が子法である。日本民法は，ドイツ民法やフランス民法を継受したものであるから，その子法であり，ローマ法の孫法といわれる。

国内法と国際法 この分類は，法の主体を基準とするものである。国内法は，一国だけで成立した法であり，その効力もその国の主権の及ぶ範囲に限られる。**国際法**は，国家間の合意にもとづいて国家間の関係を規律する法で，条約と国際慣習法がある。**条約**は，国と国との間の文書による合意をいうが，その名称は条約以外に，憲章，協定，規約，議定書などと称されるものもある。

実体法と手続法 この分類は，法の規定内容を基準とするものである。実体法は，権利義務の実体，つまり権利義務の発生，消滅，種類，内容，効力などを規定した法で，憲法，刑法，民法，商法などが該当する。手続法は，権利義務の実現，つまり権利義務の行使，保全，強制などの手続を規定した法で，刑事訴訟法，民事訴訟法などが該当する。

一般法と特別法 この分類は，法の効力の範囲を基準とするものである。一般法は，法の効力や適用範囲が一般的・普遍的な法で，普通法ともいわれる。特別法は，法の効力や適用範囲が特殊的な法で，人，事項，場所によって限定される。民法，刑法は一般法で，国家公務員法，少年法は特別法である。この区分は相対的なものである。したがって商法は，民法との関係では特別法だが，手形法との関係では一般法である。「特別法は一般法に優先する」という原則がある。具体的な事例に法を適用する場合に一般法と特別法が競合する場合には，まず特別法を適用し，次に一般法を補充的に適用する。

強行法と任意法 この分類は，法規の適用が絶対的か，任意的かを基準と

するものである。強行法は，当事者の意思にかかわらず，必ず適用される法で，憲法，行政法，刑法，訴訟法などの大部分が該当する。任意法は，その適用を当事者の意思によって排除できる法で，私的自治の原則が広く適用される民法，商法の大部分（とくに契約法の規定）が該当する。

民事法と刑事法　この分類は，訴訟事件の性質を基準としたものである。民事法は，民事事件に関係する法で，民法，不動産登記法，借地借家法，民事訴訟法，民事執行法などである。刑事法は，刑事事件に関係する法で，刑法，刑事訴訟法，少年法，監獄法などである。

公法と私法　この分類は，国家統治権の発動に関するか否かを基準とするものである。**公法**は，国家統治権の発動に関する法で，憲法，行政法，刑法，訴訟法などが該当する。**私法**は，国家統治権の発動に関わらない法で，民法，商法，国際私法などが該当する。19世紀以後，資本家と労働者，地主と小作人など経済的強者と弱者の対立が生じ，経済的弱者の人間としての生存を保障するために，20世紀になって，公法と私法の中間的法領域が登場した。この法を**社会法**といい，私法の領域に国家権力が積極的に介入する法として，労働法，経済法，社会保障法がある。

7　法を適用するためには，法を解釈する必要がある

　法が正しく運用され，具体的事件に適用されるためには，法の解釈と事実の確定（認定）が必要である。法は，多数の人のいろいろな行動を予想して，それに対応するために，一般的，抽象的に規定される。したがって，個別的，具体的に生じる事実に適用するためには，どうしても法のもつ意味内容を明らかにする操作が必要である。法の一般的，抽象的な意味内容を具体的に明らかにすることを，法の解釈という。

　刑法199条には，「人を殺した者は，死刑又は無期若しくは三年以上の懲役に処する」と規定する。殺人罪の規定だが，ここにいう「人」には，自分自身が含まれるのか，胎児が人になるのはいつなのか，人が死体になるのはいつなのかが明らかにされないと，生れようとしている胎児を殺害した者を堕胎罪と殺人罪のいずれで処罰できるのか，身体から心臓を摘出したら殺人なのか死体損壊なのかが分からない。

なお，最近，臓器移植との関係で，脳死を人の死と認めるかどうかで論争されたことは記憶に新しい。従来は人の死について，脈拍・呼吸・瞳孔反応の停止という3徴候を確認して，死亡と判定した（三徴候説）。この三徴候説によるならば，脳機能が不可逆的に停止した後でも，脈拍・呼吸などが人工的にでも維持されている限り死亡とはいえない。したがって，脳死段階の人から，心臓，肺などを摘出するならば，その臓器摘出の時に3徴候が揃うことになり，死亡と判定される。すなわち，医師の臓器摘出行為により死んだのだから，その医師は殺人の嫌疑を受ける。この問題を避けるために，平成9（1997）年，臓器の移植に関する法律（臓器移植法）が制定され，同年10月から施行されることになった。同法によると，一定の条件のもとに「移植術に使用されるための臓器を，死体（脳死した者の身体を含む）から摘出することができる」としたうえで，「脳死した者の身体とは，その身体から移植術に使用されるための臓器が摘出されることとなる者であって脳幹を含む全脳の機能が不可逆的に停止するに至ったと判定された者の身体をいう」と定められている（6条1・2項）。これは，脳死を人の死と定めた訳ではなく，移植用に臓器を摘出する脳死した身体を死体と同様に扱うことを定めたものである。

　法の解釈の方法には，文字で書かれた法の個々の単語の意味から条文の意味を明らかにする文理解釈と，論理的に統一された法体系の中で各条文相互間に矛盾がないように解釈する論理解釈の二つがある。論理解釈には，拡張解釈，縮小解釈，類推解釈，反対解釈，勿論解釈などの方法がある。ある条文を類推解釈するか，反対解釈するかで，結論は全く逆になる。日本国憲法には，「国民は，すべて基本的人権の享有を妨げられない」と定められているが（11条），外国人については明示的規定がない。そこで，憲法11条を反対解釈すると，外国人は国民ではないから，人権を享有できないことになる。しかし，これを類推解釈すると，外国人も人間であるから，人間であることにもとづいて当然に認められる人権を，外国人も享有することになる。法の解釈にあたっては，必ずしも法文の字句にとらわれる必要はないが，法の立法趣旨を考え，法の目的に最も適合するように合理的に解釈する必要がある。

（松山忠造）

3 ■ 法律は常識と離れた社会規範か

1 常識とは，どういうものか

「常識」を辞書で引くと，「普通，一般人が持ち，また，持っているべき標準知力。専門的知識でない一般的知識とともに理解力・判断力・思慮分別などを含む」（『広辞苑　第四版』）とか，「その時代や社会で，一般人が共通にもっている知識または判断力・理解力」（『日本語大辞典』），「健全な一般人が共通に持ち，また持つべき標準的な知識・知力。年齢相応の理解力や社会人としての判断力・批判力をも含めていう」（『角川国語中辞典』）などと書いてある。すなわち，常識とは，一般人が共通に持ち，または持っているべき知識または判断力のことである。したがって，常識は私たちの日常生活の行動規範になり，同時に物事を判断する際の基準になる。

常識は一定ではなく，時や所が変われば常識の内容も変わる。中世のヨーロッパでは，魔女の存在が信じられ，数十万の人が魔女として処刑された。魔女の処刑方法は火あぶりで，百年戦争で活躍したジャンヌ・ダルクも，この犠牲者であった。また，中世の人たちの常識では，地球が宇宙の中央にあり，太陽その他の天体が地球の周りを動いていると考えられていた。したがって，地球が太陽の周りを回ると言ったガリレオ・ガリレイを宗教裁判にかけて，改説を迫ったことはあまりにも有名である。常識は必ずしも正しいとはいえず，科学技術の発達や社会制度の変化があると，常識の内容も修正されざるを得ないものである。

常識は人の知識や判断力に根拠をおくので，同時代に生活する人達の間でも常識の内容が異なることがある。私たちは，生育歴，学歴，職業，活動領域などを異にするために，そこで修得する知識や判断の積み重ねが異ならざるを得ない。常識の中で，だれもが共通にもっているものが一般常識であり，ある集

団や業界の中でのみ通用するものが特殊な常識となる。例えば，刑事もののテレビドラマを見ると，「でか」という言葉がしばしば出てくる。これは，刑事を意味する言葉で，明治時代に多くの刑事巡査が着た「かくそで（角袖）」を逆にして略した，盗人仲間の隠語であった。それが，後に一般的に俗語として用いられるようになった。特殊な集団でのみ通用する常識でも，一般人の多数が知って使うようになると一般常識に変化する。私たちが常識というのは，一般常識のことである。

2　法律は，原則として常識と離れたものであってはならない

　法律という言葉は，広く「法」と同じ意味に使われることもあるが，狭い意味では「国会の議決により制定される法」をいう。したがって，法律という言葉は，それが使用されている場合によって，広義の用法なのか狭義の用法なのかを区別して理解しなければならない。

　法は**社会規範**の一つである。法は私たちが共同生活を円滑に営むことができるようにするためのルール（規則）であり，社会の秩序の維持を主要な目的とする。したがって，法の基礎には，常識が存在するものであり，また，存在すべきものである場合が多い。

　多数の人が共通にもつ常識から離れた法律では，その**社会の秩序**を十分に規律していくことができない。常識からあまりにも離れた法律では，守られないことが多いからである。したがって，法律を制定する場合には，常識に合うものにすることが望ましい。また，その法律を具体的に実現していく場合にも，やはり常識に合うような形で行われることが大切である。私たちの常識に合った形で政治や裁判が行われなければ，その政治や裁判は国民の信頼を得ることができない。しかし，法律は常識に必ずしも合致する必要はない。従来の常識とは異なる新しい理念を法律に規定して，社会の変革を促すこともある。明治維新後の政府による西欧法の導入や，第二次世界大戦後の憲法や民法の改正により，新しい社会の実現を目指したことを思い起こすとよい。従来の常識とは異なる法律が制定され，その法律が社会に定着してくると，常識の内容も変わることになる。これらのことについて，順次に考察することにしよう。

3 法律を制定する場合に，常識を参考にすることが多い

　常識は一般人が共通に持ち，または持つべき知識または判断力のことであり，日常生活の行動規範になる。私たちが常識にしたがって行動するかぎり，社会に混乱や紛争を引き起こすことはない。しかし，常識は時と所を超えて一定であるわけではなく，その内容は各人により微妙に異なる。特殊な常識を一般常識に含めて考える人がいて，それを他の人にも強要すると，混乱や紛争が起こる。そこで，法律を制定して，それを守ることによって紛争の発生を予防し，私たちの平和な生活を守る。紛争が発生したときには，法律を守らなかった者に制裁を加え，その後の紛争の発生を予防する。

　法律を制定する場合には，従来の常識を参考にすることが多い。わが国では，明治維新後，新政府は，幕藩体制を打破して強力な中央集権化をはかり，近代国家の体裁を整えるために，諸改革を行った。そのなかに，法典編纂事業がある。この事業で司法省は，フランスやドイツなど外国の法典の調査，研究，翻訳とともに，民間の慣行を調査している。採録した慣行をまとめたものが，『民事慣例類集』（明治10年）や『全国民事慣例類集』（明治13年）である。各地の慣行は，当時，各地域に住んでいる人々の常識である。この調査結果が，その後の民法制定にどれだけ反映されたかはともかく，参考にされたことは間違いあるまい。

　現行の商法は，明治32（1899）年に制定され，同年から施行されたが，現在まで数次の改正を経ている。たとえば，記名株式の譲渡方法について規定する同法205条についてみてみよう。制定時になかったこの規定は，昭和13（1938）年の改正で追加された。第1項に「記名株式ノ譲渡ハ株券ノ裏書ニ依リテ之ヲ為スコトヲ得但シ定款ニ別段ノ定アルトキハ此ノ限ニ在ラス」と規定し，第2項で，株券の裏書に手形法の規定を準用する（裏書は裏書人の署名または記名捺印による）。昭和25（1950）年の改正で，第1項は「記名株式ノ譲渡ハ株券ノ裏書ニ依リ又ハ株券及之ニ株主トシテ表示セラレタル者ノ署名アル譲渡ヲ証スル書面ノ交付ニ依リテ之ヲ為ス」と変更され，第3項を新設して，「記名式ノ株券ノ占有者ガ第一項ノ譲渡ヲ証スル書面ニ依リ其ノ権利ヲ証明スルトキハ之ヲ適法ノ所持人ト看做ス譲渡ヲ証スル書面ニ譲受人ノ氏名ノ記載ナキ場合ト雖モ亦同ジ」

と規定した。そして，昭和41 (1966) 年に全面的に改正され，第1項に「株式ヲ譲渡スニハ株券ヲ交付スルコトヲ要ス」とし，第2項に「株券ノ占有者ハ之ヲ適法ノ所持人ト推定ス」と規定し，現在に至っている。商法制定当時は，記名株式の譲渡性を定めるだけでよかった。しかし，証券市場が成立し，株式の譲渡が頻繁に行われるようになると，株券も有価証券の一種ということで裏書による譲渡を認めるようになる。ところが，市場規模が大きくなり大量の株式が売買される場合，株券の1枚ごとに署名または記名捺印して裏書をすることは，煩雑で能率に欠ける。そこで，株券に譲渡証書を添付して交付することにより譲渡できるようにした。改正当初は，法が要求する裏書や譲渡証書の添付があったが，昭和27年末頃から株式取引が急激に増大したことから，「捺印のみの裏書」が行われ，慣行化した。証券市場を転々と流通した株券が，捺印のみで署名や記名のないまま，発行会社に名義書換のために提出される。会社も名義書換に応じるのが通例になったため，裏書制度廃止論が登場していた。その後の高度経済成長に伴い，証券市場がますます大衆化され，以前にも増して大量の株式が売買されるようになると，証券界の要請に応えて，裏書や譲渡証書の交付を不要とするに至った。これらの数次の改正は，権利者の保護を犠牲にしてでも，取引の安全と効率化を重視する経済界の要求に対応したものであった。経済界・証券界の必要と常識が法律に反映されたものである。

4 常識に合う法律は，たくさんある

　私たちが法に違反した場合加えられる制裁の中で，最も厳しいものが刑罰である。死刑，懲役，禁錮，拘留，罰金，科料などの刑罰が科されると，生命や自由または財産を奪われる。国の基本法である日本国憲法は，人権保障の立場から，31条に「何人も，法律の定める手続によらなければ，その生命若しくは自由を奪はれ，又はその他の刑罰を科せられない」と規定する。この規定は，罪刑法定主義と適正手続主義を定めていると解されている。**罪刑法定主義**は，「法律なければ犯罪なく，法律なければ刑罰なし」と表わされるように，どのような行為を犯罪とし，それにどのような刑罰を科するかを，法律によって予め定めておかなければならないという考えである。ここに「法律」というのは，国会で制定される狭義の法律であり，規定の内容はできるだけ厳密で明確なも

のにすることが要請される。また，法律に定められる犯罪と刑罰は均衡していなければならず，類推解釈は禁止され，遡及処罰も禁止される。刑法は，犯罪と刑罰に関する法律であるが，その38条1項に「罪を犯す意思がない行為は，罰しない」と規定したうえ，同条3項に「法律を知らなかったとしても，そのことによって，罪を犯す意思がなかったとすることはできない」と規定する。そして，殺人については「死刑又は無期若しくは三年以上の懲役」を，傷害致死については「十年以下の懲役」を，過失致死については「五十万円以下の罰金」を，器物損壊等については「三年以下の懲役又は三十万円以下の罰金若しくは科料」を科することにしている。これらの法律の規定は，私たちの常識やバランス感覚に合うのではなかろうか。

　民法は，私たちの日常生活を規律する法律であるが，**親子関係**の発生について，その772条1項に「妻が婚姻中に懐胎した子は，夫の子と推定する」としたうえ，同条2項に「婚姻成立の日から二百日後又は婚姻の解消若しくは取消の日から三百日以内に生れた子は，婚姻中に懐胎したものと推定する」と規定する。ただし，妻が生む子は必ずしも夫の子とは限らないから，父と推定される夫は自分の子であることを否認できる（嫡出否認制度。774条）。このことは，妻が専ら夫と性関係をもち，夫の子を出産するという私たちの倫理観や常識に合うし，出生の日から逆算して子の懐胎（妊娠）時期を推定することは，私たちの一般的医学知識（常識）に合うと考える。

5　法律を適用する場合には，常識に合うようにしなければならない

　法律は，具体的に実現されて，法としての役割を果たす。法律を具体的事実に適用するためには，一般的・抽象的に規定されている法律を解釈する必要がある。法律を解釈して，具体的事実に適用した結果が，常識に合い，納得できるものでなければ，社会の支持を受けられない。

　民法779条は「嫡出でない子は，その父又は母がこれを認知することができる」と，非嫡出子の親子関係について，父の認知とともに，母の認知が必要であると規定する。しかし，父の認知は当然として，母の認知を要求することは私たちの常識に反する。子が生れた場合，その子を生んだ人が母であると考えるのが常識であり，認知がない限り法律上の母子関係が生じないと解するのは

むしろ非常識である。この問題について，裁判所は，当初，婚姻外に生れた子は生理的には親子でも法律上は親子関係が発生していないとして，認知のない子は母の遺産相続権を主張できないとした（大審院大正10年12月9日判決）。その後，父が庶子出生届をした場合に認知の効力を認める旧戸籍法の規定を類推して，母が私生子出生届をしたときは，認知の効力があるとした（大審院大正12年3月9日判決）。戦後，「母とその非嫡出子との間の親子関係は，原則として，母の認知を俟たず，分娩の事実により当然発生する」（最高裁昭和37年4月27日判決）と判示するにいたった。このことによって，民法779条の解釈が常識に合うことになったのである。

6 法律の中には，技術的なものがあり，常識に合わないものもある

　私たちが生活している現代社会は，多数の人が多様な価値観をもっていろいろな分野で関わり合いながら活動している。このような今日の複雑化した社会では，技術的な制度を法律で定めることが多い。

　民法には，行為能力を制限される**制限能力者**制度がある。**行為能力**とは，単独で完全に有効な法律行為（契約など）ができる能力のことである。すべての人に行為能力を認めると，十分な判断力のない人が不利な契約を結び，財産を失ってしまうなど問題が多い。そこで，弱者の保護と取引の相手方の保護のために制限能力者制度が定められている。制限能力者の一種である**未成年者**についてみてみよう。未成年者は，原則として満20年に達しない者である（3条）。未成年者は，親権者など法定代理人の同意なしに契約をした場合，その契約を取り消すことができる。未成年者が単独で契約した場合，自分に有利であれば契約の効力を主張し，不利であれば取り消して契約を無効にできるのである。これは，私たちの常識に合っているだろうか。人はそれぞれ能力に差があり，16歳でも十分な判断力を持っている者もいれば，20歳を過ぎても未だ十分な判断力を持たない者もいる。それなのに，法律は20歳という画一的・形式的な基準により制限能力者とする。これは制限能力者の保護と取引の相手方の予防・警戒を容易にし，判断力の有無についての紛争を避けるためである。

　手形法6条には，手形の金額を文字および数字で記載した場合，その金額に差異があるときは，文字で記載した金額を手形金額とするという規定がある。

金額欄に「壱百円」，その上段に「￥1,000,000.-」と書かれた手形について，最高裁判所は100円の手形であると判示した（最高裁昭和61年7月10日判決）。この最高裁の判断は私たちの常識に合うだろうか。この原審（名古屋高裁）は，手形の振出された昭和55（1980）年当時の貨幣価値に照らし，金額100円の手形は経験則上ありえないし，当時の印紙税法によると金額10万円未満の手形は非課税で，金額100万円以下の手形の印紙税額は100円であり，100円の収入印紙を貼付した金額100円の手形振出は常識上ありえないので，「壱百円」は誤記であるとして，100万円の手形であると認定している。私たちの常識は名古屋高裁の判断に合致するかもしれない。しかし，法律は，手形取引の安全性と迅速性を確保するために，手形金額の重複記載の差異には文字が数字を優越すると定めておいたのである。一般の取引を混乱させないために，法律の文言を厳格に適用した最高裁の判断は支持されざるをえない。取引の安全を重視するという法律の専門家たちの特殊な常識と，一般人の常識の食い違いを見ることができる。

7　新しい法律が制定され定着すると，常識の内容も変わる

民法750条は「夫婦は，婚姻の際に定めるところに従い，夫又は妻の氏を称する」と定め，夫婦同氏を法的に強制する。この条文は昭和22（1947）年の民法改正で変更されたもので，夫婦の氏について男女を差別しない。しかし，現実に結婚した夫婦のうち9割以上が「夫の氏」を選んでいる。私たちの常識は，結婚すると女性（妻）が夫の姓に変え，夫婦は同じ姓になると考えるのが一般的である。これは，明治31（1898）年に制定された民法親族編が，746条で「戸主及ヒ家族ハ其家ノ氏ヲ称ス」とし，788条で「妻ハ婚姻ニ因リテ夫ノ家ニ入ル」と規定したために，妻は夫の家の氏を称し，結果として夫婦同氏になった。この民法の規定に従って，「女性は嫁に行き夫の家の一員になり，夫と同姓になる」という常識ができ，戦後の民法改正後も，なお根強く存続しているのである。ところで，日本で夫婦が同じ氏を称するようになったのは，今から約100年前である。氏が血統を表わす呼称であった時代には，結婚によって人の血統が変わるものでないから，夫婦の氏は変わらない。源頼朝の妻が結婚後も北条政子であったように，日本では古来夫婦は別姓であった。この時代の常識は，結婚しても夫婦の氏は変わらないというものであった。平民に氏を許し

た明治3（1870）年の太政官布告以後，氏の性質が血統の呼称から家族共同体の呼称に変わる。その後明治民法の施行により，夫婦同氏が定着し，常識も変化したのである。最近，結婚後も旧姓を使い続けたいと考える女性が声をあげ，法務省は民法の改正条項案の中に，夫婦の氏を取り上げている。平成8（1996）年に発表された民法改正案要綱では，夫婦が同氏でも別氏でも選択できることとし，別氏を選んだ夫婦は婚姻の際に子の称すべき氏を届けることにしている。この趣旨で改正案が法律になった場合，私たちの夫婦の氏に関する常識は，また変化するかも知れない。

8　常識の中に，法律に対する正しい知識を持つことが望まれる

　日本国憲法は，国民を**主権者**とする（前文・1条）。すなわち，国家意思あるいは国政の在り方を最終的に決定する権力が国民にあるという。しかし，国民が常に直接国政に参加することは物理的に不可能であるために，「正当に選挙された国会における代表者を通じて行動」すると定め（前文），国会を「国権の最高機関であって，国の唯一の立法機関である」とする（41条）。国会が制定する法律によって，政治が行われ国家が運営されるのである。このような民主国家では，民主主義の政治過程に参与する国民の資質が重要である。また，法律の適用においても，多数の国民の支持を得ることが望ましい。したがって，国民の一人ひとりが法律に対する正しい知識を持つことが重要となる。そのためには，幼い時からの教育の積み重ねが必要である。私たちが，法全体に対する正しい考え方を体得し，それを常識とすることが望まれる。

（松山忠造）

4 ■ 法女性学とジェンダー

1 法女性学とは何か

　最近，法女性学という言葉をよく聞くようになった。タイトルに法女性学という言葉が含まれている本も何冊か出版されている。では，**法女性学**とはどのような学問なのだろうか。

　法女性学は，憲法や民法などのように学問領域そのものではなく，法と社会をジェンダーの視点で読み解き，新たな方向を提案する学問の方法論である（山下＝戒能＝神尾＝植野『法女性学への招待（新版）』有斐閣 iii 頁）。

　ジェンダーとは，社会的文化的に作られた性差をいう。いわゆる「女らしさ」や「男らしさ」は社会や文化の中で作られている。たとえば，「女らしい」とされている素直さや従順さは，「女はそうあるべき」という社会の考え方や文化のあり方から作られている。しつけや人びとの言動，さらにはテレビドラマなどにより，そのような女らしさの価値観は人びとに植えつけられ再生産される。

　ジェンダーは性による分業と深く結びついている。女性は育児や家事などを担当し家庭を守り，男性は外に働きに行って一家の稼ぎ手となるというように，性別によって役割を固定化する性別役割分業が，ジェンダーの根底にある。

　性別役割分業によると，女性のいるべき場所は家庭であり，政治などの公の世界は女性にふさわしくない場所と考えられてしまう。また，いずれ家庭に入るのだから，家庭科は女子だけが学習すればよいし，仕事も補助的な仕事でよいということになる。社会のさまざまな場面における男女差別を生み出しているのは，このようなジェンダーであり性別役割分業なのである。

　法女性学は，ジェンダーによってゆがめられている法と社会の現状を明らかにし，批判し，ジェンダーにとらわれない法や平等な社会をめざすものである。

　法女性学においては，男女の性差は生物学的な性差のみを性差として認めて

いる。生物学的な性差とは，女性のみが妊娠し，出産するということである。このような生物学的性差に関しては，本来的に異なっているので異なるように扱うことが正義にかなうということになる（配分的正義の考え方である）。たとえば，2(2)で説明するように，労働法において女性についてのみ産前産後休業を認める（母性保護）ということである。

2　女性差別撤廃条約の考え方

(1)　「女性に対する差別」とは

女性差別の問題を国際的に取り組んだのは国連である。1975年を，国連は「国際女性年」とし，さらに1976年から1985年までを「国連女性の10年」として，世界的に男女差別をなくす取り組みを行った。

その成果が，1979年に国連総会において採択された女性差別撤廃条約である。女性差別撤廃条約は，世界の女性の憲法と呼ばれ，法女性学の考え方と共通している。日本政府は，1985年に同条約を批准した。

女性差別撤廃条約は，性差別をどのようにとらえているのだろうか。また，保護と平等の問題をどう考えているのだろうか。

同条約は，女性に対する差別を「性に基づく区別，排除又は制限」であるとし，政治的，経済的，社会的，文化的，市民的その他のいかなる分野においても，女性（未婚か既婚かにかかわらず）が男女の平等を基礎として人権および基本的自由を認識し，享有または行使することを害しまたは無効にする効果または目的を有するものをいうとしている（女性差別撤廃条約1条）。

ここで注目されるのは，女性に対する差別として，「性に基づく区別」を含めていることである。性にもとづく排除や制限が差別であることはこれまで指摘されてきた。しかし，区別については差別ではないとこれまでとらえられてきた。しかし，区別は性別を認識しそれによって扱いに違いをもたらしているのであり，ひいては差別につながる。区別自体をなくしていくことが差別をなくしていくことにつながっていく。

たとえば，小学校や中学校の名簿にみられる男女の区別がある。管理上便利という理由で男女を区別しているのだが，その区別にもとづきほとんどの場合男子から名前が呼ばれる。なぜ男子からなのか。女子よりも男子が先であると

いう考え方が反映されているのである。したがって，男女という区別をつけずに名簿はアイウエオ順にすることが男女平等ということになる。

さらに，女性差別撤廃条約は，女性に対する差別となる既存の法律や規則ばかりでなく，慣習や慣行を修正または廃止するために必要な措置をとることを締約国に求めている（同条約2条(f)）。人びとの生活において身近な慣習や慣行における女性差別も問題としている。

(2) ポジティブ・アクションと母性保護

女性差別撤廃条約は，以上みてきたように徹底した女性に対する差別をなくしていく考え方をとっている。では，性別による異なる取扱いは一切許されないのだろうか。

同条約4条は，以下のような性別による異なる取扱いは「差別」と解してはならないと定めている。第1に，事実上の平等を促進することを目的とする暫定的な特別措置，すなわち**ポジティブ・アクション**である（**22**「労働問題」4 女性労働者と男女雇用機会均等法参照）。

第2に**母性保護**である。母性保護は，生物学的性差にもとづく女性だけのための特別措置であるので，性別による異なる取扱いではあるが，異なる取扱いが認められるのである。

母性保護以外の一般的に女性であることを理由とする保護（一般女性保護）については，生物学的性差による異なる取扱いではないので男女共通の労働条件にしていくことが求められる（**22**「労働問題」4 女性労働者と男女雇用機会均等法参照）。

3 法女性学からみた日本の法

法女性学から，日本の法をみてみるとどんな点が問題となるのだろうか。

(1) 国籍法における父系優先血統主義

1985年1月1日に国籍法が改正されるまでは，日本の国籍法は父系優先血統主義をとっていた。子の国籍の取得に関しては，親の血筋（親の国籍）による血統主義と，その子がどこの国で生まれたかによる生地主義の2つの考え方がある。日本は，血統主義をとり，改正前の国籍法では，「出生の時に父が日本国民であるとき」（2条1号）と定め，子の国籍の取得に関して母が日本国民

である場合と差別していた。

　このことを争った裁判では（東京高判昭和57年6月23日），父系優先血統主義を今日では十分に合理的なものとはいえないとし，父母両系主義のみが両性平等の原則に合致するとしながらも，立法政策上複数の選択肢が考えられる場合には，条理の名によって裁判所が選択決定することは許されないものとした。

　この問題は，結局女性差別撤廃条約の批准に先立ち，同条約9条が，締約国に，子の国籍に関し女性に対して男性と平等の権利を与えることを求めていることから，法改正によって父母両系主義になった（国籍法2条1号の文言が「父」から「父又は母」に改正された）。

(2)　民法750条の夫婦同氏原則

　民法750条は，「夫婦は，婚姻の際に定めるところに従い，夫又は妻の氏を称する」と定めている（**20**「家族」1　婚姻参照）。すなわち，法律婚をするためには夫または妻の氏を選び，夫婦同氏にしなければならない。

　明治民法では，妻が夫の家に入り，戸主および家族はその家の氏を称すると規定されていた。結婚により自動的に夫の家の氏を名のることになり，結果的に夫婦同氏になったことに比較すれば，現在の民法750条は，「夫又は妻の氏」を選択する自由が与えられている。

　しかし，実際はほとんどの場合夫の氏を選択している。これまでの社会のしきたりや考え方が，一見選択の自由を保障しているように見えながら夫の氏の選択に強い影響を与えている。夫の氏を名のり，夫の家の嫁となることで，女性は嫁として扱われてしまう。

　また，仕事をしてきた女性や自分のこれまでの生き方を大切にしたい女性が，それまでの氏を名のりたいと思っても，法律婚においては夫婦同氏が強制されている。

　このように民法750条は，女性の生き方を制約している側面がある。そこで，法律婚であっても夫婦別氏を選択できるように民法を改正しようという案が1996年に公表された。これは，夫婦別氏を選択したい夫婦に対してそれを認めるものであり，夫婦同氏を望む夫婦は夫婦同氏を選択できる。

　しかし，**選択的夫婦別氏制度**に対しては家族の一体感が失われるなどという理由の反対論が与党内で強く，現在までのところ民法改正はなされていない。

(3) 男女雇用機会均等法の立法課題

1999年の均等法改正により，女性差別撤廃条約の考え方に近づいたことは確かである。たとえば，募集・採用，配置・昇進が禁止規定になったこと，ポジティブ・アクションを規定したこと，労働基準法改正により母性保護を充実し一般女性保護のうち時間外・休日労働，深夜業の女性に対する規制を廃止したことがあげられる（**22**「労働問題」4　女性労働者と男女雇用機会均等法参照）。

しかし，法女性学の立場からみると，立法上いくつかの問題点がある。最も大きな問題点は，均等法が**性差別禁止法**になっていないことである。雇用におけるさまざまな男女差別は，ジェンダーにもとづいて性別を雇用管理において重要な基準としていることが原因である。

たとえば，女性は補助的な仕事につけ昇進させず賃金も頭打ちとすることは，女性のいるべき場所は家庭であり，一時的な労働者ととらえていることからきている。一方，男性は一家の稼ぎ手となる人であり，それなりの処遇と生活に対応した賃金の支払いがなされる。いわゆる終身雇用制や年功賃金という日本的な雇用管理の対象は男性であり，女性は排除されていた。

このような性別を基準とする雇用管理をなくしていくためには，性別による雇用差別を禁止することが必要である。現行均等法は，女性に対する差別は禁止しているけれども，男性に対する差別は禁止していない。したがって，男性が男性であるがゆえに採用されないという場合（保育士など従来女性向き職業とされているところでは起こりうる）には，その男性は均等法を使って訴えられないのである。

女性が従来男性向きとされている職業にも進出し，そして男性も従来女性向きとされている職業にも進出していくことが，真の雇用平等をもたらすのであり，性差別禁止法でなければならない。

(4) 国民年金の第3号被保険者問題

日本の社会保障制度が前提とする家族は，産業革命によって生み出された近代家族である。一家の稼ぎ手である夫，そしてその夫に扶養される配偶者である妻と子どもという家族の姿である。このような家族の夫婦はまさに前述した性別役割分業を担う。すなわち，夫は一家の稼ぎ手として外で働き，妻は家庭を守り子どもを育て家事をこなす。ここでは妻は所得はなく（あっても少な

く）夫に扶養される立場である。

　社会保障制度のうち，社会保険は保険料を拠出していることが給付を受ける要件となる。1985年の国民年金法改正によって主婦（主夫）も国民年金の強制加入者となり，自分名義の老齢基礎年金を給付されることになった。その際，サラリーマンなどの被用者（雇われている人）が扶養する配偶者は国民年金の保険料を拠出せずに，年金を給付できるようにしてしまった。これが国民年金の第3号被保険者問題である。

　これは，主婦（主夫）には所得がなく（あっても少なく）保険料の負担能力がないことと共に，内助の功を担っていることが理由にあげられる。内助の功は，まさに性別役割分業である。

　そして，この仕組みは必ずしも女性に限定せず被用者に扶養されている配偶者を対象とし，一見性中立的である。しかし，実際は第3号被保険者の圧倒的多数は主婦であり，この仕組みは女性が性別役割分業を担っていることを奨励している。

　保険料の負担能力のない20歳になった学生には保険料の拠出を義務づけていること（本人の所得により保険料免除の制度はあるが），同じ被扶養者の主婦でも夫が自営業などの場合は保険料の拠出を義務づけていること，そしてこのような第3号被保険者に給付する年金の財源は夫の加入する年金制度全体でまかなっていることなどを考えると，第3号被保険者に対する優遇的な扱いは説得性を欠いている。

　性別役割分業を行っている家族を前提とした社会保障制度は変革を迫られている。

（神尾真知子）

第2編　憲法のはなし

5 ■ 基本原理

1 憲法とは

(1) **憲法の意味**　憲法は，国家の基本法あるいは基礎法である。およそ国家である以上，すべてに憲法は存在する。これを固有の意味の憲法と呼ぶ。かつて，フランスの国王ルイ14世は「朕は国家である」と言った。こうした国においても，国王の意思で国家の秩序が決まる基本構造が，固有の意味の憲法として存在していた。

しかし，個人の尊重ということが自覚されるようになった今日においては，ほとんどの国家の基本法は，個人を尊重する個人主義，民主主義，自由主義にもとづいて定められる。こうした憲法は，先の固有の意味の憲法と区別して，**近代的意味の憲法**と呼ばれている。近代的意味の憲法とは，18世紀末の市民革命によって主張された，国王の専断的な権力を制限して広く市民の自由と人権を保障する憲法のことである。その最も重要なねらいは，政治権力の組織化というよりも人権保障にある。

(2) **近代的意味の憲法の原則**　近代的意味の憲法では，個人を個人として尊重することと，それを保障するために国家権力に制約を加えるとともに，国家権力が個人の権利を制約する根拠をはっきりと定めることが，その重要な内容となっている。このように，国家権力が憲法の制約を受け，憲法の定めるところにしたがって行使されることを，**立憲主義**という。

近代的意味の憲法の内容のうち，実質的なものは次の原則である。すなわち，個人主義における個人の尊重のあらわれである**基本権の保障**，国民が国政に参加する**民主主義の原則**，国家権力を分散化し互いに抑制させる**権力分立の構造**である。1789年のフランス人権宣言が，「すべて権利が保障されず，権力分立が定められていない社会は，憲法をもつものではない」と明言しているのは，

その趣旨である。他方，近代的意味の憲法の形式的な内容としては，第1に，憲法をすべて文章の形で明確に示しておく**成文憲法**である。国家権力が個人の権利を制約する根拠は文章化されなければ，権力の行使が慣行を生み，むやみに個人の権利が侵害されるおそれがあるからである。憲法典が存在しないイギリスを除いて，現在ほとんどの国が成文憲法を採用している。第2は，**硬性憲法**である。すなわち，改正するには，法律の制定や改正よりも厳格な手続を必要とする性質を有する憲法である。硬性憲法であることにより，時の権力によって憲法の実質的な内容が容易に変更されることを防ぎ，個人の権利を普遍的に保障している。この硬性憲法に対して，通常の立法手続と同じ要件で改正できる憲法を軟性憲法と呼ぶ。日本国憲法は硬性憲法である（憲法96条）。

2　日本国憲法の成立

日本における最初の近代憲法は，明治憲法（大日本帝国憲法）であった。明治憲法は，建前の上では国民の基本権の保障，国民の政治参加，三権分立の制度を認めていた。しかし，国家権力は，天皇の手におかれ，天皇が国家を統治する「国体」思想がとられる点に特徴があった。その明治憲法が，大きな変革を迫られることになったきっかけは，1945年8月15日のポツダム宣言受諾である。ポツダム宣言は，日本の降伏の条件として，①思想の自由等の基本的人権の保障，②民主主義の強化，③平和的かつ責任ある政府の樹立などの内容としていた。これを受けて，当時の占領軍最高司令官のマッカーサーは，日本国政府に対し新しい憲法の制定を指示した。今日の日本国憲法は，このポツダム宣言の内容を基礎として制定されたものである。国民主権を原理とする新憲法の制定は日本にとって一種の革命ともいえる国家構造の一大転換であった。

3　日本国憲法の基本原理

日本国憲法は，①国民主権，②平和主義，③基本的人権の尊重，④権力分立の4つを基本原理とする。これらの基本原理は，憲法改正手続をもってしても，変更することが許されないと考えられている。

(1)　**国民主権**　日本国憲法は，前文で「主権が国民に存すること」を宣言し，「人類普遍の原理」として国民主権を採用する。国民主権とは，国の政治

のあり方を最終的に決定する権限が国民にあるという意味である。これは，国家生活で個人の基本的人権が十分に尊重される政治が行われるようにするために，基本的人権をもつ国民自らの意思にもとづいて政治が行わなければならないという考えにもとづいている。明治憲法が天皇主権制をとっていたのとは大きく異なる。また，国民主権は，民主政治あるいは民主主義と一体をなす原理である。

国民主権の原理の内容は，憲法上，次のような形となって具体的にあらわれている。

第1に，国民が憲法の制定・改正権（**憲法制定権力**）をもつことである。明治憲法下では，憲法は天皇が制定し，憲法を改正するには天皇の勅命と裁可を必要としたが，日本国憲法では，国民が憲法の制定者である。日本国憲法96条が憲法改正の成立に国民投票における過半数の賛成を要件にしているのが，その根拠である。このような憲法を民定憲法といい，明治憲法のような憲法を欽定憲法という。

第2に，国民が政治に直接または間接に参加することである。直接に参加するとは，国民がいわば国家機関としての地位で政治を行うということである。たとえば，公務員の選定罷免権（憲法15条1項），国会議員の選挙（憲法43条1項），地方公共団体の長や議会議員の選挙（憲法93条2項），最高裁裁判官の国民審査（憲法79条2項）がその例である。間接に参加するとは，多数の国民が国政全般に直接に参与することは不可能であることから，国家の機関に影響を及ぼすという形で政治を行うということである。日本国憲法は，国民が選挙を通じて国会議員を選び，その代表者によって政治を行う**代表民主制**という方式を採用する（前文）。そして，主権をもつ国民により直接に選挙された代表者によって組織される国会は，内閣や裁判所に比べて国民とより密接な関係にあることから，「国権の最高機関」（憲法41条）たる地位が与えられている。

第3に，天皇の地位は国民の意思にもとづくことである。日本国憲法は天皇の神格性を否定するととに天皇を国の象徴とし，その地位は「主権の存する国民の総意に基く」（憲法1条）ものとしている。

(2) **平和主義**　平和主義は，日本国憲法の大きな特徴である。日本国憲法は，過去の日本のあり方を反省し，ふたたび戦争の惨禍によって基本的人権が

著しくふみにじられることがないように，恒久の平和を念願することを明言した（前文）。さらに，9条では，国権の発動たる戦争と，武力による威嚇または行使を永久に放棄することをうたっている。このような徹底した平和主義は，世界でも他に例をみない宣言である。そして，憲法は，この平和主義にもとづいて，国民が「平和のうちに生存する権利」（**平和的生存権**）を有することを確認している（前文）。なお，憲法98条2項は，条約および確立された国際法規を誠実に遵守することが必要であると定めている。これは，他国と協調して国際社会の平和な秩序を重んずる趣旨のあらわれであると解されている。

このように，わが国は憲法上広く戦争を放棄し，徹底した平和主義を採用した。しかし，世界的にみると現実はなお国家が軍備を撤廃するところまで進んでおらず，国際連合もまだ世界平和を保障するだけの機能を果していない。このような国際社会の現実をふまえて，われわれ国民が憲法の前文と9条にかかげられた理想をいかにはたしてゆくべきかは現在の大きな課題である。たとえば，わが国の安全保障をどのように確保するか，さらには，わが国の国際的地位の向上とともに，世界平和の維持のためにどのような積極的な貢献をすべきであるかはきわめて重要な政治的課題である。

この課題は憲法9条の下で，侵略戦争のみならず自衛戦争まで放棄したと考えるべきか，自衛戦力の保持は許されるか，集団的自衛権の行使は認められるかという問題と深く関わるが，詳細は，本書「平和主義」の項（42頁）を参照されたい。

(3) **基本的人権の尊重**　基本的人権は，人種・性別・身分などの区別なく普遍性を有し，国家権力をもってしても侵すことのできない不可侵性を有する権利である。このような基本的人権の観念は，ロックやルソーらの自然法思想を背景として形成され，近代革命を経て歴史的に獲得されてきたものである。日本国憲法もまた，11条において「国民は，すべての基本的人権の享有を妨げられない」ものとし，その基本権の内容を，第3章の中にカタログ化している。また，97条は，基本的人権は，人類の多年にわたる自由獲得の努力の成果であって現在および将来の国民に対し，侵すことのできない永久の権利であるとして，憲法が保障する基本的人権の背景と普遍性を明らかにしている。

憲法第3章は，個々の基本的人権の保障の前提として，次のような原則規定

をおいている。

　第1は、基本的人権の永久不可侵の原則である（憲法11条）。とくに、国権の最高機関である国会の制定した法律によっても、基本的人権を侵すことができない点が重要である。明治憲法では、基本的人権は、天皇が憲法を通じて与えた臣民の権利であり、法律の範囲内で保障されるにすぎなかった（**法律の留保**といわれる）とは大きく異なる。

　第2は、個人の尊重、いいかえると個人主義が規定されている（憲法13条）。

　第3は、憲法の保障する権利・自由の保持責任と、濫用の禁止である（憲法12条）。基本的人権は、それを獲得した国民が常に自分自身で守る努力を怠ってはならないのは当然である。その一方で、自分本位に主張することは許されず、**公共の福祉**のために利用する責任を負っている。しかし、国家が公共の福祉を理由として一般的に人権を制限できるとすると、法律をもっても侵すことができないという基本的人権の本質を失わせるおそれがある。そこで、国家が人権に制約を加えるときは、人権の性質や機能、制約の程度などを考え、人権の価値と、制約する目的に含まれる利益とを衡量して、憲法上許されるかどうかを判断しなければならない。

　第4は、**法の下の平等**である（憲法14条）。法の下の平等とは、不合理な差別を禁止することである。そして、この平等は、「法の前の平等」すなわち、法を適用する者にとっての平等だけではなく、「法の平等」すなわち、法を作る者をも拘束する平等も含んでおり、およそ国政全般にわたって差別を禁止する趣旨であると解されている。

　憲法第3章は、原則規定につづいて、基本的人権の内容として多くの人権をカタログ化している。

　まず、**自由権**として、精神活動の自由（憲法19条〜21条、23条）、人身の自由（憲法18条、31条、33条〜39条）、経済活動の自由（憲法22条、29条）がある。

　つぎに、**社会権**も基本的人権の中に含まれる。社会権は、人間が人間らしい生活をすることが保障される現代的な権利である。社会権は自由権とは異なり、国民が国家の積極的な政策により保護を受けることを内容とするので、権利を具体化するための法律の制定や国の財政などの政策によってはじめて実現する。国家の関与の排除を目的とする「国家からの自由」ではなく、国家に対して一

定の行為を要求する「国家への自由」と呼ばれるゆえんである。憲法は社会権として，生存権（憲法25条），教育を受ける権利（憲法26条1項），勤労の権利および労働基本権（憲法27条，28条）を設けている。

さらに，時代の進展につれて，当初，憲法が予想していなかった人権がある。たとえば，プライバシー権，環境権である。これらは，**新しい権利**と呼ばれ，主として幸福追求権（憲法13条）のような包括的な人権を根拠に主張されることが多い。これもまた基本的人権として保障されるべきである。

(4) **権力分立**　国家権力が1人あるいは1つの機関に集中することは，権力の歯止めを効かなくし，国民の権利・自由を侵すおそれが大きい。そこで，近代憲法は，国家権力の作用をその種類によって別個の機関に分け，権力を分散させ，なおかつ互いに抑制させる構造をとることとした。日本国憲法も，権力分立を1つの基本原理として，国家作用のうち，立法権は国会に，行政権は内閣に，司法権は裁判所に分配している（憲法41条，65条，76条1項）。同時に，その3つの機関について構成や権限の点でまったく分離させるのではなく，互いに牽制しあう構造を採用している。

第1に，国会と内閣との間は，いわゆる**議院内閣制**がとられ，密接な関係がある。国会は，国会議員の中から内閣総理大臣を指名し（憲法67条1項），国務大臣の過半数は国会議員から選ばれなければならない（憲法68条1項）。内閣は，行政権の行使について，国会に対して連帯責任を負い（憲法66条3項），衆議院の不信任決議に対抗して，衆議院を解散することができる（憲法69条）。

第2に，国会と裁判所との間では，最高裁判所が法律に対する違憲審査の権限を有する（憲法81条）点が重要である。また最高裁判所は規則制定権をもち（憲法77条）その限りで立法的作用をもつ。他方，国会は，弾劾裁判所を通じて，裁判官罷免の裁判を行う（憲法64条）ことにより，司法権を抑制している。

第3に，内閣と裁判所の関係では，裁判所は，行政庁の命令や処分の違憲性や違法性を判断できる。他方，内閣は，裁判官の任命権（憲法79条1項，80条1項）によって，裁判所を牽制している。

権力分立は，現代国家において，当初の抑制と均衡の形態を大きく変容させている。その顕著な例が行政国家化現象である。すなわち，権力分立が考えられた当初は，国家から自由な市民に対して，国家作用は最小限であるべきだと

する自由主義的な思想に基づいていた（消極国家，自由国家）。ところが，現代国家にあっては，社会的弱者のために国家が積極的に関与することが要請される（積極国家，社会国家）。その結果，行政権の役割は肥大化し，法の執行機関たる内閣が国政の決定に中心的役割を営む現象が生まれてきた。したがって，現代国家における権力分立のありかたは再検討される必要がある。ただ，その場合でも，権力分立制の根本理念が個人の人権保障にあることをふまえ，国家権力の強大化を防止するよう努めなければならない。

4 憲法の最高法規性

これまで挙げた4つの基本原理により支えられた日本国憲法は，国家の**最高法規**であるといわれる。最高法規とは，国法の中で最高の地位を占める法規のことである。最高法規である憲法の下では，国のその他の法規すなわち法律，命令，規則，条例などが憲法に反する場合には，違憲として無効である。憲法98条1項は，そのことを明定している。最高法規としての憲法の本質は，むしろ他の法規とは異なって，その内容が個人の権利や自由があらゆる国家権力によって不可侵のものとして保障する規範を中心として構成されている点に求められるべきだと解されている。したがって，憲法97条は，最高法規性の実質的な根拠を示している。

加えて，日本国憲法は，憲法の最高法規性を直接または間接に確保するねらいから次の規定を設けている。すなわち，最高裁判所の違憲立法審査権（憲法81条）であり，公務員や天皇に対して課される憲法尊重擁護義務（憲法99条）である。これらはすべて，国家権力の行使者が憲法に反してはならないという考えにもとづく。

地球的規模の環境保全や，宇宙空間の開発利用，通商や援助をめぐる多国間の取決め，難民保護，さらには軍事協力条約など，条約の今日的意義は高まるばかりである。そこで，憲法の最高法規性に関連して，先の98条1項が「条約」を除外していることから，憲法と条約とはどちらが優位に立つのかという困難な問題がある。一般的な見解によれば，条約は締結されると直ちに国内法的にも効力をもつが，条約の締結自体が憲法の授権であることを根拠に憲法には劣位すると解されている。ただし，条約締結後，事後の国会承認（憲法73条3号）

がない場合でも国際法上は有効であると解されたり，国会の承認権には条約の修正権は含まれないと解されたり，現実に条約が失効することはほとんどその例をみない。条約をめぐる憲法上の問題は，なお検討を要する課題である。

(渡辺森児)

6 天皇

1 国民主権と象徴天皇制

　日本国憲法における天皇制は，明治憲法下の天皇制と比較して，国民主権原理を基本理念とする性格の異なった制度である。すなわち，明治憲法下にあっては，主権者は，万世一系の天皇であって，国家統治の淵源として統治権を総攬していた（明治憲法1条，4条）。一切の国家権力，つまりは立法権，司法権，行政権はすべて究極において天皇の手中に掌握され，かつ天皇が行使するものとされていたのである。そして，天皇の地位は，神勅，つまり天照大神の意思にもとづき，神聖にして不可侵な存在であった（明治憲法3条）。

　しかし，1945年8月，ポツダム宣言受諾とともに，太平洋戦争の敗戦を迎えると，国民主権を人類普遍の基本原理として採用する日本国憲法の制定が行われた。その際，明治憲法下の天皇制は，国民主権原理とあいいれないものであったが，日本固有の歴史，伝統あるいは国民感情を尊重しようとする見地から，天皇制それ自体はなお必要が認められて存置されるにいたった。

　日本国憲法1条は，天皇の地位は，「主権の存する日本国民の総意に基く」と規定している。これは，憲法が，国民主権原理を基本原理として採用しつつも，同時に，国民主権原理と調和させる形で変革を受けた全く新しい天皇制をとることを意味している。その当然の結果として，日本国憲法においては，天皇の神格性は認められない。

　このように，日本国憲法における天皇は，国民の民意にもとづき，国家および国民統合の象徴たる地位に立ち，それにふさわしい権能のみが認められる存在にすぎない。こうした天皇制は**象徴天皇制**と呼ばれる。

2　天皇の地位

　天皇の地位について，日本国憲法1条は，「日本国の象徴であり日本国民統合の象徴」であることを表明している。それでは，「象徴」とはいかなる意味であろうか。一般に，象徴（Symbol）という言葉は，無形の観念を表現する有形の物体をいうとされる。たとえば，鳩は平和の象徴，白百合の花は純潔の象徴とされる。また，ドイツでは，黒・赤・黄の三色旗を国の象徴であると法定されている。しかし，天皇が象徴であることをこれらと全く同じに考えることは実際には無理である。それは，天皇は，鳩や花や国旗とは異なり，現存する生身の人間であるからである。人間である以上，その行動・行為にはおのずと特定の思想や政治的な考えがつきまとい，一般的な観念とはとらえにくい。そこで，象徴としての天皇は，君主としての性格をもつのかどうかが理論上問題とされなければならない。ここでは，代表的な君主制国家であるイギリスの例と比較してみよう。

　イギリスのウェストミンスター条例では，「王位は，イギリス連盟諸国の自由な結合の象徴である」（前文）と定めている。つまり，イギリスにおいても，国王は「象徴」としての存在であるという点で，日本の天皇と同様である。しかし，イギリスでは，議会制民主主義に立脚しながら，主権は議会における国王にあり，政府は国王の政府であり，その政府による政治は国王の名の下に行われるものである。また，裁判所も国王の名において判決を下す。このように，イギリスでは，国王が現実に政治権力をふるうわけではないが，少なくとも憲法の規定の上では，重要な国政の担当者とされることによって，国民を統合する威厳をもっている。この場合の国王は，君主である。ただし，イギリスの場合は，君主の大権をそのままに，その行使を運用の面で憲法により民主的に統制した制度である（君臨すれども統治せず）ことから，**絶対君主制**とは区別して，**立憲君主制**と呼ばれる。

　これに対し，日本では国民主権を前提とし，天皇は，国政に関する権能をもたず，ただ形式的・儀礼的行為のいくつかを行いうるにすぎない。しかも，その形式的・儀礼的行為でさえ，内閣の助言と承認を必要とし，責任の所在はすべて内閣にあるとされている。このように，国民主権を基本理念とする日本国

憲法の中で，政治権力とは無縁の象徴天皇は，もはや君主とはいえないとみるのが一般的である。

象徴としての天皇が元首としての性格をもつといえるかも問題である。元首といえるための最も大きな要素は，外国へ向けて国家を代表する権限（対外的代表権）があるかどうかである。たしかに，天皇は，外交文書の認証や全権委任状の認証など外交に関する一定の国事行為の権能をもち（憲法7条5号，8号，9号），実務的にも，外国の大使の信任状の名宛人が天皇とされているので，元首ととらえることもできるかもしれない。しかし，これらの行為は，内閣の助言と承認にもとづいて行われなければならず，形式的儀礼的なものにすぎない。こうして，天皇は，元首とはいえないと考えるのが一般的である。

象徴としての地位が認められる天皇には，法文上，いろいろな特別な扱いがなされている。1つは，天皇の地位が世襲制であること（憲法2条）である。本来，世襲制は，民主主義や平等原則とはあいいれないものであるが，日本国憲法は，天皇制を存置するために必要であるとして，あえて採用しているのだと解されている。皇位継承の資格は，皇統に属する男系の男子にあり（皇室典範1条），女子の天皇は認められていないのも，平等原則の例外である。しかし，女子の天皇は，推古天皇をはじめ歴史上の実例もあり，国際的にも女王は珍しくない。憲法が規定するのは，皇位が世襲制であることだけであり，男系の男子に限られるのは，法律（皇室典範）上の要件であるから，法律を改正すれば，女子の天皇の出現も可能である。そのほかには，天皇には陛下という特別の敬称が認められること（皇室典範23条），天皇の誕生日は国民の祝日とされること（国民の祝日に関する法律2条）などがある。なお，象徴については，国法上特別の保護を与え，ときには刑罰をもってのぞむこともある。たとえば，刑法92条1項は，外国に対して侮辱を加える目的で，その国の国旗その他の国章を損壊した者を処罰すると定めている。天皇についても，かつて刑法が天皇に対する不敬罪を罰していたが，昭和22年の刑法改正で削除されるにいたった。

3　天皇の権能

日本国憲法下における天皇の権能は，天皇の地位が国家および国民統合の象徴であることに対応し，一定の範囲と限界がある。憲法第4条は，「天皇は，

この憲法に定める国事に関する行為のみを行ひ，国政に関する権能を有しない」と規定している。ここにいう「国事」と「国政」とは，文言上は，似通った言葉であるが，憲法1条が，象徴天皇制を明言していることと関連して明確に区別されなければならない。すなわち，「国政に関する権能を有しない」とは，明治憲法における統治権，つまり国の政治的な意思決定や国の政治に影響を与える行為をなす権能をもたないということである。したがって，ただちに国政を決定する行為ができないことはもちろん，たとえば，選挙権を行使したり，特定の政党を支持したりすることも許されない。そして，天皇が行うことができる「国事に関する行為」（国事行為）とは，憲法6条，7条に制限的に列挙されている事項から判断すると，政治とは実質的に関係のない無色の行為であり，国家機関としての国会や内閣がすでに実質的に決定した国家意思を天皇が外部に公認，表示する形式的，儀礼的な事実行為にすぎないと理解できる。

　国事行為の主要なものは，(1)内閣総理大臣および最高裁判所長官の任命（憲法6条），(2)憲法改正，法律，政令，条約の公布，(3)国会の召集，(4)衆議院の解散，(5)国会議員の総選挙の施行の公示，(6)国務大臣および法律で定めるその他の官吏の任命の認証ならびに全権委任状および大使，公使の信任状の認証，(7)批准書その他の外交文書の認証等（以上，憲法7条）である。このうち，国会の召集と衆議院の解散は，国政に影響を及ぼす政治性の強い行為であるので，天皇の権能とすることには疑問を感じるかもしれない。この点については，内閣が「助言と承認」を行う前提として実質的決定を行い，それにより，天皇の国事行為が形式的・儀礼的なものになるならば，憲法の精神に反しないと説明されるのが一般的である。

　さらに，天皇が国事行為を行うためには，内閣の助言と承認が必要であり（憲法3条），内閣が実質的に内容を決定することから，天皇は単独に国事行為を行いえず，また行為の結果に対して責任も問われない。反対に，国事行為以外の天皇の行為には，それはあてはまらない。私的地位における行為，たとえば，物を買うという行為は，天皇が単独に行うことができる。問題となるのは，天皇が国会の開会式や，外国訪問，外国の賓客を招いての宮中晩餐会などで行うスピーチ，いわゆる「おことば」である。「おことば」は，アジア諸国や交戦国からの来訪や自身の訪問に際しては，「過去」に言及する政治的内容のも

のとなることが多いからである。「おことば」は，公的地位に当然に伴う「公人としての行為」に含まれるとか，「象徴としての地位に基づく行為」に含まれるとか，論ずる者によって分類が異なるが，いずれにせよ，公的性質の行為である以上，天皇の単独の行為とはせずに，内閣の直接または間接の補佐と責任とにおいて行われるものと理解されるべきであろう。実際の運用では，以前は閣議にかけられ，近年は宮内庁の責任において処理されているそうである。

ちなみに明治憲法の下では，天皇の大権行使には国務大臣の「輔弼」（ほひつ）を必要としていた。輔弼は，各大臣の個別的行為であって，助言と承認を含み，また，大臣の意見と異なる「聖断」が下される可能性があった。これに対し，日本国憲法下の助言と承認は，各大臣の個別的行為ではなく内閣の行為であって，天皇からの発議に対する内閣の承認ということは認められず，また内閣の意見と異なる天皇の行為は成立する余地のないものと理解されている。これは天皇が象徴として国政に対する権能をもたなくなったことの当然の帰結である。

4　皇室の財政

日本国憲法は，天皇の地位や権能のほかに，皇室の経済および財政に関する制度にも，変革を加えている。すなわち，明治憲法は，皇室の経済および財政についても，皇室自律主義を固く守り，議会や一般国民の関与を許さないのを原則としていた。これに対し，日本国憲法は，88条において，すべて皇室財産は，国有に属するものとし，すべて皇室の費用は，予算に計上して，国民の代表たる国会の議決を経なければならないものとしている。憲法がこのような規定を設けたのは，皇室が，いたずらに巨大な財産を所有し，財閥化の疑惑を招くことがないようにし，経済面においても，皇室の立場を明朗にしようとの意図からであるとされている。

天皇や皇族は，もちろん私有財産をもつことができる。皇室財産のうち，三種の神器や宮中三殿のような皇位とともに伝わるべき由緒あるものは，皇室の私有財産として，皇位とともに，皇嗣（皇位を継ぐ者）がこれを受けるものとされている（皇室経済法7条）。皇室費は，国会の議決を経た後，国庫から支出されるが，このうち宮廷費を除く内廷費，皇族費は公金としての性質を失い，天皇や皇族の私有財産となる。宮廷費は，宮廷諸費に充てる費用で，その性質

は公金であり，宮内庁で経理される。天皇や皇族の私有財産は，一般財産法の適用下に置かれることとなっている。

また，憲法は，8条において，天皇や皇族と皇室外の者との財産の授受についても，国会の議決を要するものとしている。これは，皇室に財産が集中し，それがため権力が増大したり，また譲渡した国民との間に特殊な関係の生ずるのをおそれるためである。ただし，いちいち国会が承認を与えるほどの必要がない行為，たとえば，日常生活上の食料の買入などについては，例外的に，皇室経済法および皇室経済法施行法に国会の議決を経なくてもよいとの規定が設けられている（皇室経済法2条，同施行法2条）。

5 天皇の人権

天皇や皇族は，日本国籍を有する者でありながら，日本国憲法が世襲制を基礎とする象徴天皇制を認めたことにともない，特別な取扱いがなされている。そこで，天皇は，日本国憲法第3章「国民の権利及び義務」に定める人権の主体である「国民」に含まれるのかが，議論の的となっている。日本国憲法下では，明治憲法下のような皇族と「臣民」の区別は存在しないとの基本的認識から，天皇も「国民」に含まれるとする考え方，日本国憲法そのものが，近代国家における平等原理に対する例外を基本的に認めた以上，天皇は「国民」ではないとする考え方の両方がある。しかし，いずれにせよ，天皇も，人間であることにもとづいて認められる権利は享有を許されないはずはないから，憲法第3章の諸規定の中で，すべての人に人として与えられた権利を享有することができるのは当然である。たとえば，天皇は，その生命，自由および幸福追求に対する権利について最大限尊重される。しかし，その他の人権に対しては，どのような人権がどの程度保障されるかは，個別的に検討するほかはない。

まず，世襲制を前提とする天皇には，居住移転および職業選択の自由，婚姻の自由がないと解される。さらに，国政に関する権能を有しない天皇には，言論の自由も一定の限度内での保障が認められるにすぎない。また，同様の理由で，参政権も認められない。そのほか，天皇の象徴たる地位に由来して，財産権の保障について憲法上の制約があることはすでに述べたとおりである。

〔渡辺森児〕

7 ■ 平和主義

1 憲法における平和主義

　日本国憲法は，前文に次のような規定を置いている。「日本国民は，正当に選挙された国会における代表者を通じて行動し，われらとわれらの子孫のために，諸国民との協和による成果と，わが国全土にわたって自由のもたらす恵沢を確保し，政府の行為によって再び戦争の惨禍が起ることのないやうにすることを決意し，……この憲法を確定する。……日本国民は，恒久の平和を念願し，人間相互の関係を支配する崇高な理想を深く自覚するのであって，平和を愛する諸国民の公正と信義に信頼して，われらの安全と生存を保持しようと決意した。われらは平和を維持し，専制と隷従，圧迫と偏狭を地上から永遠に除去しようと努めてゐる国際社会において，名誉ある地位を占めたいと思ふ。われらは，全世界の国民が，ひとしく恐怖と欠乏から免かれ，平和のうちに生存する権利を有することを確認する。……」

　また9条は「①日本国民は，正義と秩序を基調とする国際平和を誠実に希求し，国権の発動たる戦争と，武力による威嚇又は武力の行使は，国際紛争を解決する手段としては，永久にこれを放棄する。②前項の目的を達するため，陸海空軍その他の戦力は，これを保持しない。国の交戦権は，これを認めない。」と規定している。

　このように日本国憲法は，前文において，戦争を再びしない決意をして，恒久**平和主義**，そして諸国民の相互信頼にもとづく普遍的世界平和を維持する組織の樹立と実効化による**国際協調主義**を宣言するとともに，全世界の国民の「平和的生存権」の尊重をうたっている。そして，9条において戦争およびこれに準ずる行為を永久に放棄することによって一切の戦争を非合法化し，国家の交戦権を否定し，すべての戦力を保持しないとする非武装平和主義を規定し

た点において憲法史上画期的なものといわれている。

　いうまでもなく，この平和主義宣言は，日本国憲法において初めてなされたわけではない。その萌芽はすでにフランス革命におけるフランス人権宣言（1791年）の中に見いだすことができる。革命前のフランスでは，君主が，戦争の開始や終結権をもっていた。しかし革命後，戦争を行うには議会の承認が必要であり（第3編第3章），同時に侵略戦争の否定，他国民の自由を侵害しないこと（第6編）が宣言されたのである。この規定内容は，1848年第2共和制憲法，1946年第4共和制憲法へと承継されていった。そして今日に至るまでに多数の国家が憲法を制定してきたが，たとえば，スペイン（1931年），フィリピン（1935年），イタリア（1947年）などの17国が侵略戦争の放棄条項を初めとして，武力行使の禁止を中心とした平和主義の規定を内容とするものとされる。

　このような各国憲法制定の動きは国際法の整備に関する動向と相互的に関連しつつ発展してきたものといえる。すなわち国際法の分野では，1919年の国際連盟規約，1928年不戦条約，1945年の国連憲章を通じて，戦争及び武力行使の禁止が拡大されてきたという経緯があった。しかし不戦条約は，自衛戦争と国際連盟規約およびロカルノ条約（1925年）による制裁戦争を禁じてはいない。また，国連憲章においても国連自体による軍事行動参加の場合と（国連憲42条，53条），**自衛権**行使の場合（同51条）には例外的に武力行使が認められている（自国を他国の侵略から守るという自衛権には，自国を自ら防衛する個別的自衛権と，自国が直接攻撃されていないにもかかわらず，自国と密接な関係にある外国に対する武力攻撃を実力をもって阻止する**集団的自衛権**とがある。）。このように，近年にいたって国際法上は，国際的な紛争は**集団的安全保障制度**によって解決されるべきであることが意図されていながらも，従来，各国が当然に有すると考えられてきた国家主権である，自衛の戦争をなす権利，および軍備を保持する権利は否定されないままであり，紛争の終局的解決手段として戦争を予定していることには変わりがなく，各国は集団的安全保障制度に参加する上に必要な限度において国家主権が制限されることを承認するにすぎないという状況がある。すなわち，未だ戦争の全面的放棄という思想にはいたっていないのである。

　これに対して，わが憲法9条は，国際的な紛争は，戦争という手段によって解決されるべきではないという思想にもとづくものといえる。それは，第二次

世界大戦によって，戦争というものが人間の自由と生存にとってどれほど悲惨な結果を招くことになるかということを痛感し，人権が尊重される平和な社会・国際秩序の確立を求める声が高まっていた戦後の時代精神を反映するものでもあった。

2　憲法9条と自衛隊

　以上のような国際法の状況や各国憲法の中にあって，第二次世界大戦の惨禍の反省から生まれたわが国の憲法9条は，平和主義の徹底を示しており，世界的に見ても極めて注目に値する条文である。しかしながら，平和主義を基調として規定された条文であるにもかかわらず，現実には防衛費が年々増加の一途をたどり，近時，自衛隊の存在そのものを憲法上明文化すべきであるとの意見まで散見される。さらに最近では，この憲法自体が外国から押しつけられた憲法であり，新たな憲法を自主的に制定すべきであるとする改憲論議も少なくないところである。そこで以下では，憲法9条の解釈について，政府見解，学説の解釈，裁判所の判断を概観してみることにする。

　(1)　**政府見解**　　帝国議会での審議において，「戦争」には防衛戦争と侵略戦争があるという前提に立って，また，国家の自衛権は否定できないとの観点から憲法9条に異論を唱えた議員に対して，政府側は，防衛戦争は正当であると解することは戦争を誘発する危険があり，およそ文明と戦争は両立しえないとの答弁をしている。このことから，憲法制定当時の政府の憲法9条に対する捉え方は，第二次世界大戦の惨禍の反省を出発点として，いわゆる「**侵略戦争**」ないし武力行使の永久禁止に止まらず，国際紛争解決のために一切の武力を用いず，制度としての戦争を廃止し，2項で「**交戦権**」を否定することによって自衛のための武力行使も否定するというような絶対的な戦争放棄であると考えていたことがうかがわれる。このような見解に反対するものは共産党とごく一部の学説を除いてほとんどなかったといわれる。そして，戦力不保持を明文化することによって軍備全廃を目指すとともに，それによって周辺各国及び世界の軍縮の漸進的実現を促進することに努め，戦争と軍備によって侵害・圧迫されることのない「平和的生存権」の日本国民に対する保障の実現を提示することによって世界の平和秩序の構築につとめるという規定として捉えてい

たものと思われる。しかし朝鮮戦争の勃発（1950年）を契機として，アメリカから警察予備隊の設置が指令された頃から，国際政治の状況の変化に伴って政府見解は微妙に変化し始めたのである。

当初，警察予備隊について政府は「国家地方警察及び自治体警察の警察力を補う」ことを目的とする「警察」であって，軍隊ではないとしていた。やがて1952年，警察予備隊（7万5000人）は保安隊（陸上11万人，航空機120機）・警備隊（海上・艦船68隻，7500人）に発展的に解消した。さらに1954年，日米相互防衛援助協定（MSA協定）が発効し，自衛隊法により保安隊・警備隊は自衛隊に改編された。

こうした改編が進む中で，政府は自衛力であれば軍備を整えても構わないのだという防衛力論へと傾斜していく。たとえば，鳩山内閣の9条に対する解釈は，9条1項は侵略戦争放棄の意味であり，2項の「前項の目的」も侵略戦争放棄の目的に制限して解釈するのである。したがって2項にいう戦力は侵略戦争を行うための戦力であり，自衛のための戦力保持は認められているというものであった。

また憲法9条の「**戦力**」の解釈につき，政府は，保安隊・警備隊当時は（1952年），「近代戦争遂行に役立つ程度の装備・編成を具えるもの」であるとする近代戦争遂行能力説をとり，そのような「戦力」に当たるか否かの基準は「国の置かれた時間的・空間的環境で具体的に判断せねばならない」として，保安隊・警備隊はこのような「戦力」ではないとしていた。

しかし自衛隊が発足すると，政府見解は決定的に変化する（1954年）。まず，憲法は自衛権を否定しておらず，「自衛隊のような，自衛のための任務をもち，その目的のため必要相当な範囲の実力部隊を設けることは」9条に違反しないとし，「戦力」とは「自衛のための必要最小限度を超えるもの」を意味し，自衛のために必要相当程度の軍備を持つことは違憲ではないとしたのである。この解釈の下，自衛隊はその限度を超えていないので戦力ではないし，違憲でもないとするのが今日に至るまでの政府見解である。そして「自衛力」の具体的限度は，「その時々の国際情勢，軍事技術の水準その他の諸条件により変り得る相対的な面を有する」とされている。

(2) **学説**　憲法9条をめぐる学説の状況としては，戦力や自衛隊の存在に関する解釈について対立しているが，以下のように大別することができよう。

まず，①侵略戦争はもちろん，自衛のための戦争も含めて一切の戦争が放棄されていると解する見解である。この見解によれば，自衛隊の存在は憲法違反ということになる。つぎに②憲法9条1項は，侵略戦争の放棄だけを意味し，自衛のための戦争までは憲法上禁じられていないとする見解である。この見解によれば，9条2項の「前項の目的」は侵略戦争の放棄ということに限定して解するので自衛のための戦争であれば，これをもてることになり，自衛隊の存在も合憲ということになる。さらに③憲法9条1項は侵略戦争の放棄を意味し，自衛のための戦争は憲法上禁じられていないと解する。ただし，2項は戦力不保持，交戦権の否認をしているから，自衛のための戦争，制裁戦争も否定していると解する見解である。この他にも，憲法9条は法的規範ではなく，政治目標を宣言したに過ぎず，単なる努力目標と解する見解や，同条は当初は全面的戦争放棄と戦力不保持を規定していたが，その後の国際情勢の変化により解釈の変更が必要となってきているとする見解もある。これらの見解によれば，自衛隊の存在は合憲ということになる。

以上，見てきたとおり，諸説が存在するが，学会の多数が支持する見解は③であり，したがって自衛隊の存在は違憲であると解するのが支配的であるといってよいと思われる。

(3) **裁判所の判断**　憲法9条に関する裁判所の判断は主として自衛隊の存在に関連するものである。すなわち，自衛隊は戦力ではなく，したがってその存在は合憲であるとする政府と，それに反対する国民との間で裁判がたびたび繰り返されている。その1つは，日米安保条約が憲法に違反するか否か，憲法9条の「戦力」の概念が争われた砂川事件である。この事件は，砂川基地拡張に反対する人々が，東京の米軍立川飛行場の測量を妨害するため米軍基地内に立ち入った行為が，安保条約・基地協定にもとづく刑事特別法に違反するとして起訴されたものである。第1審は（東京地判昭和34年3月30日下刑集1巻3号776頁），米駐留軍は，合衆国が極東地域の平和と安全維持のために戦略上必要と判断した場合には，日本区域外にも武力行使を展開することになる。それは，一面で，わが国の要請とそれに対する施設，区域の提供，費用の分担その他の協力があるから可能となる面が否めず，わが国が外部からの武力攻撃に対する自衛の目的で米軍の駐留を許容していることは，指揮権の有無，米駐留軍の出

動義務の有無に拘わらず，わが憲法9条の禁じる「戦力」にあたり，違憲であるとした。これに対して，最高裁判所は（最判昭和34年12月16日刑集13巻13号3225頁），憲法9条が規定する「戦力」とは，わが国の指揮権，管理権を行使しうるものに限られ，外国の軍隊はここにいう戦力に該当しないとしたのである。

そして自衛隊の存在が違憲か否かがはじめて争われた事件は恵庭事件である（札幌地判昭和42年3月29日下刑集9巻3号359頁）。これは北海道恵庭町の酪農業者が，近くの自衛隊演習場内の実弾射撃演習の爆音等による乳牛の被害に関して抗議し，自衛隊の野外通信線を切断したところ，その行為が自衛隊法121条違反として起訴されたものである。被告側は，自衛隊法121条を含む自衛隊法全般ないし自衛隊等の違憲性を強く主張した。判決は無罪であるが，被告の行為が自衛隊法121条の構成要件に該当しない以上，自衛隊の憲法問題を判断することは裁判の主文の判断に直接かつ絶対に必要な場合ではないから判断する必要がないとして憲法判断は避けている。

その後，この問題が初めて判断された事件が長沼ナイキ基地訴訟であった。この事件は，航空自衛隊ミサイル基地建設のために農林大臣が森林法上の保安林に指定されていた北海道長沼町の馬追山国有林について指定解除処分を行ったことに対し，地元住民が当該指定解除処分は森林法26条に定める「公益上の理由」に該当しないとして，その取消しを求めたものである。第1審判決は（札幌地判昭和48年9月7日判時712号24頁），自衛隊の存在に対する詳細な実体審理を尽くして，その存在を違憲としたことで画期的判決といわれている。しかし第2審判決は，いわゆる「**統治行為論**」（政府や国会などの政治部門によってなされる国家行為について法律的判断が可能であっても，その行為が高度に政治的であることを理由として，裁判所の審判の対象にはならないとする考え方）により保安林指定解除に伴って代替施設が完備されたことにより原告には訴えの利益がなくなったとして，訴えを却下した。憲法9条2項の解釈については，自衛のための戦力の保持が禁じられているか否かにつき積極，消極の両説があるとしつつ，「自衛のための戦力の保持に関する憲法第9条2項前段は，一義的に明確な規定と解することができないものといわなければならない。」としている。そして自衛隊の存在については，客観的にわが国の戦争遂行能力が他の諸国との対比において明らかに侵略に足る程度に至っているものであるか否かによっ

て判断すべきであり,「……各種要素を将来の展望も含め,広く,高度の専門技術的見地から相関的に検討評価しなければならないものであり,右評価は現状において客観的,一義的に確定しているものとはいえないから,」違憲ではないとしている。これにつづく上告審においても控訴審判決を支持して上告は棄却されたのである（最判昭和57年9月9日民集36巻9号1679頁）。

この後,百里基地訴訟においても同様に,自衛隊の合憲性が争われた。この事件は,昭和31年に国が茨城県小川町百里原に航空自衛隊基地建設のための土地買収に着手したが,その土地の所有権をめぐって国と住民との間に生じた事件である。第1審判決は統治行為論を採り（水戸地判昭和52年2月17日判時842号22頁),第2審判決も1審を支持し,住民側の控訴を棄却（東京高判昭和56年7月7日判時1004号3頁)。つづく上告審（最判平成元年6月20日民集43巻6号385頁）においても請求棄却され,憲法9条の解釈については「土地売買契約は純粋に民事的な行為で,憲法九条が直接適用される余地はない」として自衛隊に関する憲法判断は示されなかったのである。

3 憲法9条と自衛隊のこれから

憲法前文は「平和を維持し,専制と隷従,圧迫と偏狭を地上から永遠に除去しようと努めてゐる国際社会において」わが国が国際秩序の形成・維持に向けて格段の努力をすべきことを求めているが,現在の国際社会情勢は,領土問題,宗教上の対立や民族問題に根ざす地域紛争の激化,大勢の難民や大規模な人権侵害などの問題が複雑化,多様化する様相を呈している。そのような状況下にあって,わが国はいわゆるPKO協力法（1992年6月),周辺事態法（1999年5月),テロ対策特別措置法（2001年11月）などが成立した。そして国連が行う活動（PKO）に伴って,自衛隊の海外派遣が行われ,その存在は既成事実化しつつある。わが国は国際法上,主権国家として集団的自衛権を有すると考えられるが,憲法9条の下で許容される自衛権の行使は,自国防衛のために必要最小限度の範囲に止まるべきであって,集団的自衛権を行使することはその範囲を超えるものであり憲法上許されないとの見解も示されている。憲法の平和主義の実現にとって国防を目的とする自衛隊は,安全保障の国際的な枠組みの中でどのような役割を果たせるのかという問題が提起されている。　　　（鈴木貴博）

8 ■ 基本的人権とは何か

1 日本国憲法における基本的人権

基本的人権とは，人が人として生まれながらにもっている権利をいい，単に**人権**または**基本権**とよばれることもある。

これはきわめて当然の権利のように思われるが，身分を問わず，性別を問わず，あらゆる者の権利として認識されるまでには長い闘争の歴史があった。当初，基本的人権は国王から貴族が獲得したものであり（1215年イギリスのマグナカルタ），それを市民が貴族から獲得したが（1789年フランス人権宣言），それが男女すべての市民の権利とされるまでにはまださらに時を要した。たとえば婦人参政権が認められたのは，イギリスで1918年（ただし当初は31歳以上のみ），アメリカでは1920年，フランスおよび日本では1945年である。もちろん現在に至っても，世界すべての国で基本的人権があまねく尊重されているとはいえない。

日本国憲法11条は，「国民は，すべての基本的人権の享有を妨げられない。この憲法が国民に保障する基本的人権は，侵すことのできない永久の権利として，現在及び将来の国民に与へられる。」と宣言し，そしてこの基本的人権の本質を同97条は，「この憲法が日本国民に保障する基本的人権は，人類の多年にわたる自由獲得の努力の成果であって，これらの権利は，過去幾多の試練に堪へ，現在及び将来の国民に対し，侵すことのできない永久の権利として信託されたものである。」としている。

しかしこのような崇高な思想も，ただ宣言されるだけでは画餅に帰すだけであり，権利のなかみをカタログ化して，制度として保障していく必要がある。**自由権**は，基本的人権の根幹をなすものであるが，その自由権のうちたとえば**信教の自由**（憲法20条）を保障するために，憲法は，**政教分離の原則**（憲法20条1項後段・3項）を定めている。また**学問の自由**（憲法23条）を保障するために，

大学の自治*を認めている。

> * 憲法23条に,「大学の自治」を明示はしていないが,それは当然のコロラリーとして含まれると考えられている。学問の自由は,中世ヨーロッパにおいて大学の自由を中心に発展してきたという沿革による。

2　基本的人権の内容

基本的人権は,もともと国(とくに絶対君主)からの個人の自由をめざすものであったので,**自由権**がその中心となる。憲法は,**精神的自由**(19条～21条,23条),**身体的自由**(憲法18条,31条～40条)および**経済的自由**(22条,29条)を保障している。この他,憲法に規定はないが,**プライバシー権**や**環境権**という**一般的自由権**も考えられるであろう(自由権については,9「自由権」を参照)。

この自由権を確保するために,国民が国家の決定権をもつ必要があり,国政に参加する権利,すなわち**参政権**もまた基本的人権の一翼をになう。参政権には,**選挙権**,**被選挙権**および**公務員就任権**が含まれる(参政権については,11「参政権」を参照。)。

自由権の保障は,産業革命をもたらし,高度な自由資本主義社会を発展させていったが,それは,豊かな資本家と貧しい労働者という新たな階級社会を出現させた。この貧富の差の問題は,自由権とは逆のベクトル,すなわち国家に生存・生活を確保してもらう権利—社会保障を中核とする**社会権**—を生み出した(社会権については,10「社会権」を参照。)。

基本的人権の内容の分類は,絶対的な分類ではなく,相互に重なり合う部分もあるが(たとえば社会権に含まれる**教育を受ける権利**は,**思想・良心の自由**という自由権的側面もある),自由権,参政権および社会権がその3つの支柱であると理解してよいであろう。

3　基本的人権は絶対的に不可侵か

永久に不可侵であるとうたわれる基本的人権ではあるが,**公共の福祉**の制約を受ける。国民は自由および権利を濫用してはならず,「公共の福祉のためにこれを利用する責任」を負い(憲法12条),国民の権利は「公共の福祉に反しないかぎり」最大の尊重がなされる(13条)。また経済的自由(**職業選択の自由**および

財産権）は，公共の福祉に反しないかぎり認められる（22条1項，29条2項）。

「公共の福祉」の概念は，必ずしも明らかではないが，イギリスの思想家ベンサム（Jeremy Bentham, 1748～1832）の「最大多数の最大幸福」の言葉によくあらわされているように，相互に矛盾・衝突する個々の人権の適正な調和を意味するものと考えられる。

しかしながら，基本的人権の制約の根拠を公共の福祉に求め，抽象的な議論を行うよりも，むしろ個別具体的な基本的人権の制約が合憲かどうか判断するための基準を論じていくべきであるという考え方に次第に移行してきた。言い換えれば，基本的人権を制約するような個々具体的な事実に対して，裁判所の違憲審査の基準をつくっていこうというものである。

こうした考えのもとで，アメリカで体系化された基準が**二重の基準**（double standard）である。この基準によれば，人権カタログの中で**精神的自由**は**経済的自由**に優越し，前者を制約する法律の違憲審査にあたっては，より厳格な基準で審査されなければならない。日本の判例においても，薬局開設の許可制に関連して，許可要件に既存薬局との距離制限をもうけた薬事法の規定の合憲性が争われた事件の最高裁大法廷判決で，「職業の自由は，それ以外の憲法の保障する自由，殊にいわゆる精神的自由に比較して，公権力による規制の要請がつよく，憲法22条1項が，『公共の福祉に反しない限り』という留保のもとに職業選択の自由を認めたのも，とくにこの点を強調する趣旨にでたものと考えられる」と判断されたが（「**薬局事件**」最判昭和50年4月30日民集29巻4号572頁），これは二重の基準の考えをとっているものと考えられる＊。

＊　この最高裁判決は，薬局開設の許可制限が薬局経営の保護という目的（社会政策・経済政策目的）ではなく，国民の生命および健康に対する危険の防止という目的（警察目的）にあるとしたうえで，警察目的である場合には，当該規制が目的のために必要かつ合理的であり，許可制に比べてよりゆるやかな規制によってはその目的が達成できないと認められることを要するとした。そして薬事法6条による配置規制は，薬局の競争激化による不良医薬品供給の危険等を防止する目的のために必要かつ合理的な規制とはいえないとし，同条は違憲であるとの判断を示した。ある規制手段の合憲性を判断するにあたり，当該規制目的を達成するためによりゆるやかな手段が存在するかどうかを精査し，それがありうるとされた場合には当該規制を違憲とする基準を，「より制限的でない他の選びうる手段の原則（LRAの基準）」という。

4　基本的人権を享有できるのは誰か——外国人の人権

人権規定をおく日本国憲法3章は、「国民の権利及び義務」というタイトルを掲げている。憲法で保障する基本的人権は、日本国民にのみ限られるのであろうか。日本も批准している条約である**国際人権規約B規約***2条は、「この規約の各締約国は、その領域内にあり、かつ、その管轄の下にあるすべての個人に対し、人種、皮膚の色、性、言語、宗教、政治的意見その他の意見、国民的若しくは社会的出身、財産、出生又は他の地位等によるいかなる差別もなしにこの規約において認められる権利を尊重し及び確保することを約束する」と規定している。国際化の進む現在、憲法の保障する基本的人権を日本にいる外国人との関係でどのように考えていくべきであろうか。

> *　ナチスによるユダヤ人虐殺など、第二次世界大戦中の苦い経験から、基本的人権を国際社会全体で保障していこうという理念のもとに締結された国際条約。「経済的、社会的及び文化的権利に関する規約」(いわゆる**A規約**)と「市民的及び政治的権利に関する国際規約」(いわゆる**B規約**)から構成される。とくに後者は「自由権規約」ともよばれ、個人の人権保障規定を掲げるだけでなく、その実効性をもたせるための制度(**B規約人権委員会**)を設けている。A規約およびB規約は1966年に国連総会で採択され、1995年現在で国連加盟国の約7割がこれに加入している。日本も1978年に署名、翌年批准している。

ひとくちに外国人といっても、単なる旅行者から定住外国人までさまざまであるが、**国際協調主義**(憲法98条2項)をとる以上、外国人もまた基本的人権を享有できると考えられている。ただし人権の性質に応じて、保障の有無・度合いが異なるとされ、とくに制約を受ける権利として、**入国・在留の権利**および**参政権**(公務員就任権も含む)があげられる。

前者については、いわゆる**指紋押捺制度**が問題とされてきた。これは外国人登録法によって滞在1年以上の16歳以上の者には指紋押捺が義務づけられているが、これが憲法13条およびB規約7条(「品位を傷つける取扱の禁止」)に違反するとの批判がある。ただし現在では、法定特別永住者(在日韓国人・在日朝鮮人・在日台湾出身者)については、指紋押捺に代わる制度がもうけられた。

後者については、昨今の問題として、公務員採用試験の**国籍条項**の問題がある。

従来、政府の公定解釈として、公権力の行使または国家意思の形成に携わる

公務員は日本国民に限るとされ，補助的事務および専門的な学術的・技術的事務についてのみ外国人の採用が認められてきた。しかし最近は，地方自治体レベルで，公務員の一般事務職採用試験の受験資格から国籍条項がはずされることが多い。

公務員の職責は多岐にわたり，なにをもって「公権力の行使または国家意思の形成に携わる公務員」とするか判断のむずかしいところがある。東京都の保健婦をしている在日韓国人が国籍を理由に管理職試験が受けられなかった事件で，東京高裁は，管理職試験から一律に外国人を排除することは違憲であるとの判断を示した（平成9年11月26日判決。一審の東京地裁は，原告敗訴であったが，外国人の間接的な公権力の行使について法律で権限を与えることは憲法の禁ずるところではないとして，新たな立法の余地は示唆していた。）。この判決で注目されるのは，国家公務員への外国人採用の可否についても検討を加えていることである。すなわち国家公務員を，①大臣，国会議員，裁判官など立法・行政・司法の権限を直接行使する公務員，②公権力の行使や公の意思決定に参画することで間接的に国の統治作用にかかわる公務員，③補助的事務や専門分野の事務に従事する公務員，の3つに分類し，①については外国人の就任は憲法上認められず，③については職業選択の自由や法の下の平等の憲法の保障が及ぶとし，②については外国人の就任を一律に認めないとするべきではなく，認められないものと認められるものとを区別する必要があるとした。

このような外国人の政治参加の入口を拡げる流れは，狭義の参政権にもみられ，最高裁は地方自治体レベルの選挙について，永住資格のある外国人に限って認めることは，憲法の禁ずるところではないとの判断を示している（最判平成7年2月28日民集49巻2号639頁）。

5 死刑制度を考える

基本的人権が保障しようとするものは，人の生命，心の自由および財産である。その中でも最も重要なのが生命であることはいうまでもないが，それに対して国が唯一，合法的に侵害を加えることのできる**死刑**について，最後に考えてみようと思う。

死刑制度については存置派と廃止派が対峙している。キリスト教国を中心と

する国々の**死刑廃止条約**への参加の中で，世界は死刑廃止への流れが形成されつつある。現在，死刑廃止条約を批准していないのは，日本の他，アメリカ合衆国，中国，イスラムの国々である。

死刑を含む刑罰の論拠は，**応報刑論**（いわゆる「目には目を，歯には歯を」）と**目的刑論**（一般人に対する犯罪抑止目的および当該犯罪者に対する再教育目的をもつというもの）の両方によって支えられている。応報刑論と一般的抑止効果を重視する立場は，死刑存続派に近づくであろうし，犯罪者に対する再教育・更生を重視する立場は，廃止論に共感するであろう。

死刑廃止論者が主として廃止の根拠とするのは，①死刑が「残虐な刑罰」（憲法36条）に該当するおそれがあること，②誤判による死刑判決の可能性があること，③特に少年死刑囚*の場合には更生の余地があること，などである。

* 少年法上，少年とは20歳未満の者をいい（同法2条），家庭裁判所で刑事処分相当との審判がなされるのは16歳以上であり（同法20条但し書き参照），死刑判決を言い渡すことができるのは18歳以上の者に対してだけである（同法51条参照）。

このような死刑廃止論に対して最高裁は，「犯行の罪質，動機，態様ことに殺害の手段方法の執拗性・残虐性，結果の重大性ことに殺害された被害者の数，遺族の被害感情，社会的影響，犯人の年齢，前科，犯行後の情状等各般の情状を併せ考察したとき，その罪質が誠に重大であって，罪刑の均衡の見地からも極刑がやむをえないと認められる場合には，死刑の選択も許される」との考え方を示している（「**連続射殺魔事件**」最判昭和58年7月8日判時1099号148頁）。

この事件は，19歳の少年による4件の射殺事件であり，一審の死刑判決を控訴審判決は無期懲役に減刑したが，最高裁はこれを破棄し，高裁に差し戻した。その後，差戻控訴審および差戻上告審で死刑判決が下され，死刑が執行された。この死刑囚の生い立ちがきわめて不幸であったこと，獄中で執筆活動に打ち込み文学賞を受賞したり，被害者の遺族に印税を託したりしたことなどから（ただし受取り拒否をした遺族も多かった），死刑制度の是非をめぐる象徴的な事件とされた。

加害者（死刑囚）の人権への配慮を必要とする一方で，被害者およびその遺族の人権も尊重されなければならず，死刑制度を存置するにせよ廃止するにせよ，十分な議論がなされる必要があろう。　　　　　　　　　　（西山由美）

9 ■ 自　由　権

1　自由権とは何か

自由権とは，国家権力によって自由を侵されない権利をいい，基本的人権の根幹となる権利である。これは，その内容に応じて次のように分類することができる。

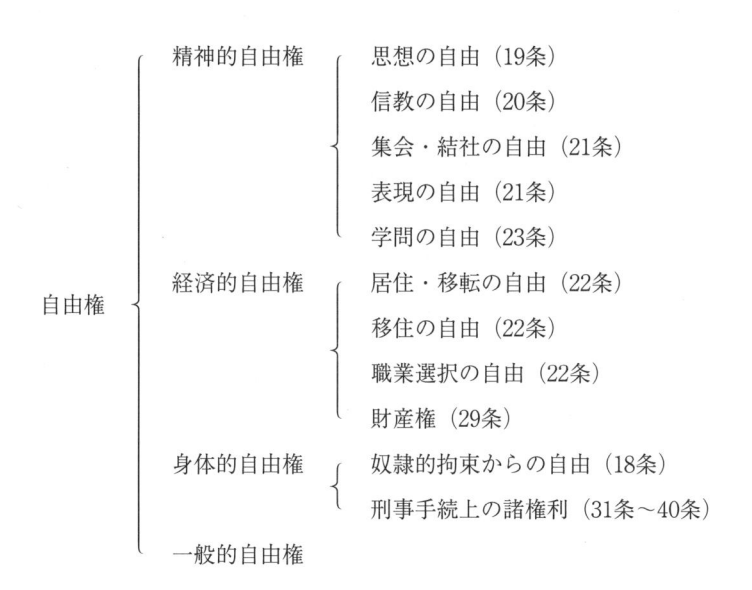

```
              ┌ 精神的自由権 ┌ 思想の自由（19条）
              │             │ 信教の自由（20条）
              │             ┤ 集会・結社の自由（21条）
              │             │ 表現の自由（21条）
              │             └ 学問の自由（23条）
              │
              │ 経済的自由権 ┌ 居住・移転の自由（22条）
自由権 ───────┤             │ 移住の自由（22条）
              │             ┤ 職業選択の自由（22条）
              │             └ 財産権（29条）
              │
              │ 身体的自由権 ┌ 奴隷的拘束からの自由（18条）
              │             └ 刑事手続上の諸権利（31条～40条）
              │
              └ 一般的自由権
```

　本稿では，**精神的自由権**の検討を中心とするが，他の自由権についても若干ふれておく。

　経済的自由権とは，市民の自由な経済活動を保障するものである。市民革命当初は，市民の不可侵の権利として強く保障されたが，現代では**公共の福祉**の

観点から，法律による規制を受けることがある。もっとも昨今は，規制緩和の動きが進んでいる（たとえばコンビニエンスストアで酒類や一定の医薬品が購入できるなど）。

身体的自由権とは，身体的拘束を受けない自由をいい，旧憲法下でもこれを保障していたものの，官憲による人権侵害があったことの反省から，現行憲法ではとくに刑事手続的権利が詳細に規定されている。身体的自由でとくに問題になるのが，死刑が「残虐な刑罰」（憲法36条）にあたるかどうかということである。これについては，憲法31条が「何人も，法律の定める手続によらなければ，その生命……を奪われ……ない。」と定めていることから，憲法は死刑を是認しているとも考えられる。しかしながらヨーロッパ諸国を中心に死刑廃止が進み，**死刑廃止条約**（日本は批准していない）が締結される中で，改めて死刑制度を考える必要があろう（死刑制度については，本書8「基本的人権とは何か」参照）。

一般的自由権とは，他の3つの自由権のように憲法上の個別具体的な規定をもたないが，憲法制定当時と現在との社会的状況や人々の価値観の変化にともなって，新たに保障されるべきものとして認識される権利である。その根拠を憲法13条（**幸福追求権**）に求め，**環境権**，**プライバシー権**，**自己決定権**等がこれに含まれる。このうち自己の生命に対する決定権に関して，不治の末期患者のいわゆる安楽死（オイタナジー）の是非が論じられる。2001年，国レベルで初めてオランダにおいて安楽死法が成立したが，患者の自由意思をどこまで尊重すべきか，またどのような要件のもとで安楽死の執行が認められるべきかなど，検討課題はなおも多い。

以下，自由権の中心となる精神的自由権のうち，現代社会において論点・争点の多い信教の自由，表現の自由，報道の自由，および知る権利について，考えてみる。

2　信教の自由

オウム教団による一連の事件は，憲法の保障する信教の自由がどこまで認められるべきなのかという問題を改めて考える契機となった。キリシタン弾圧の歴史をもつ日本では，宗教団体や宗教活動に対する信教の自由は他の自由に比べてより厚く守られているとはいえ，宗教の名を借りた犯罪は許されるべきで

はない。

　僧侶による加持祈禱を受けた者が，それによって死亡した事件において最高裁は，「憲法第20条が何人に対しても保障する信教の自由は，基本的人権の一として極めて重要であるが，絶対無制限のものではなく，公共の福祉の観点から制約を受ける場合がある」として，被害者を死に至らしめた被告の宗教的儀式は，信教の自由の保障を逸脱していると判断した（「**加治祈禱事件**」最判昭和38年5月15日刑集17巻4号302頁）。

　また，キリスト教徒が教会学校に出席するために日曜日授業参観を欠席したため欠席扱いになり，その欠席処分の取消しを求めた事件で東京地裁は，「[信教の自由が]内心にとどまるものではなくそれが外形的行為となってあらわれる以上，法が許容する合理的根拠に基づく一定の制約を受けざるをえないことについては信仰の自由も例外となるものではない」と判断した（「**日曜日授業参観事件**」東京地判昭和61年3月20日行集37巻3号347頁）。

　これら2つの判例からもわかるように，信教の自由はそれが内心にとどまるかぎりにおいては絶対的なものであるが，それが行為となって外にあらわれて社会生活とかかわってくる場合，必要最小限の制約を受けたり，または限度を越えたものとして処罰を受けたりすることになる。

　憲法は，信教の自由を制度的に保障するものとして，**政教分離の原則**を定めている（20条1項後段・3項）。この問題については従来から，国家と宗教とのかかわりをまったく許さないとするものではなく，行為の目的および効果が相当とされる限度を越える場合にこれを許さないとの考えがとられてきた（**目的・効果基準説**）。この基準に照らして最高裁は，市が市民体育館の起工式を神式で行ったことについては，社会の一般慣習に従った世俗的なものであり，政教分離の原則に反しないとする一方（「**津地鎮祭事件**」最判昭和52年7月13日民集31巻4号533頁），県知事の靖国神社への玉串料奉納については，相当とされる範囲を越えたものとして政教分離の原則に反すると判断している（「**愛媛玉串料事件**」最判平成9年4月2日民集51巻4号1673頁）。

3　表現の自由

　パソコン通信の電子会議室に中傷書き込みがなされたことについて，これが

名誉毀損にあたるとして，書き込みをした個人の他，パソコン通信会社と電子会議室をとりしきるシステムオペレーターに損害賠償を命じた事件があった。個人の意思・主張の表現方法としては，従来から演説，新聞，雑誌，テレビ，ラジオ，映画，写真等がもちいられてきたが，新たな表現媒体としてのコンピュータは，いまだ管理や規制が十分に行われていないために，さまざまな問題を惹き起こしている。犯罪を犯した少年の写真がインターネットに流れたり，暴力的またはわいせつな画像が発信されたりしている。

　民主主義を支える重要な役割をになう**表現の自由**を保障しつつ，**プライバシー権**の保護を考慮しなければならない中で，パソコン通信規制に公的規制をかけるのか，自主規制に任せるのか，今後検討を重ねていかなければならない。

　このように自由な意思の表現は，ときとして他人のプライバシーを侵害することもありうる。作家の三島由紀夫が知事選挙に落選した元大臣夫妻をモデルとした小説を出版したことに対して，同元大臣が私生活ののぞき見描写はプライバシーの侵害であると訴えた事件で，東京地裁はプライバシー権侵害の成立要件を以下のように示した上で，原告の請求を認めた。

　①　公開された内容が一般に知られていない，私生活上の事実であること
　②　一般人の感受性を基準にして，公開されることが心理的負担であること

　判決では，原告の元大臣が公人であるとしても，無制限な私生活の公開が許されるものでないこと，小説の芸術的価値が違法性を阻却するものでないことも示された（「**宴のあと事件**」東京地判昭和39年9月28日下民集15巻9号2317頁）。この判決は，表現の自由がプライバシー保護の観点から制約を受ける場合の要件を示したものとして，あらゆる表現媒体について参考となろう。

4　報道の自由

　報道の自由は，表現の自由に含まれるものであり，報道は国民の**知る権利**に奉仕するという重要な役割を負っている。しかしながらおびただしい情報がマスコミを通して提供される中で，加熱するスクープ合戦，記事のねつ造，プライバシー侵害記事，緊迫した事件現場や戦場へのマスコミの侵入など，ときとして取材方法の問題点も指摘される。

　取材の自由もまた，一定の制約を受けることは当然のことである。新聞記者

が外務省事務官と関係を結び，国家秘密を入手した事件で，最高裁は「［取材の］手段・方法が法秩序全体の精神に照らし相当なものとして社会観念上是認されるものである限りは，実質的に違法性を欠き正当な業務行為であるというべきである」として，手段・方法の相当性を逸脱している取材については，取材の自由の保障は及ばないとした（「**外務省秘密漏洩事件**」最判昭和53年5月31日刑集32巻3号457頁）。

報道の自由については，法廷内へのテレビカメラの持ち込みが，主として報道関係者から主張される。現在日本では，開廷前数分間のカメラ撮影と開廷中のスケッチのみが認められている。これに対してアメリカでは，法廷内へテレビカメラが入ることが許される。法廷の様子や裁判を公開することにより一般の人々の遵法精神が培われるとの考えがある反面，法廷のワイドショー化や被告人や証人など訴訟関係者の人権を侵害するおそれも否定できない。

さらに報道の自由をめぐって論じられるのが，**実名報道**の問題である。アメリカでは報道の自由が日本に比べて相当厚く尊重されており，14歳の少年による乱射事件では，新聞が写真入りの実名を報道，テレビニュースでも少年の父親のプロフィールや家族写真を放映した。

日本では，実名報道に伴う犯罪者の家族へのいやがらせや同姓同名者の被害も考慮し，完全な実名報道に踏みきっていない。とくに少年犯罪については，**少年法**61条が本人が特定されるような氏名・容ぼう等の掲載を禁じている。神戸で小学生2人を殺害した少年の写真が写真週刊誌に掲載されたことが問題になったが，少年法61条が罰則規定をもたないなど，記事掲載禁止規定には不十分な点がある。なお女子高生を長期にわたって監禁・暴行をして死亡させ，コンクリート詰めにして捨てた少年4人を実名報道した週刊誌の編集長が「野獣に人権はない」と発言し，論議を巻き起こしたこともある。

5　知る権利

報道の自由を含む表現の自由は，伝統的には情報の発信者を中心に構成されてきたが，しだいに情報の受信者にも着目し，市民は政治・経済・社会について必要な情報を獲得する権利があると考えられるようになった。これが**知る権利**である。

この知る権利は,「情報を知る権利」にとどまらず「情報を求める権利」も含むと考えられる。もっとも求める権利（＝**請求権**）が自由権といえるかどうかという問題があるが,**国際人権規約B規約**19条は,表現の自由を「あらゆる種類の情報及び考えを求め,受け及び伝える自由」としていることからもわかるように,情報を求める権利も自由権であると考えられよう。

この情報を求める権利にいう「情報」は,個人情報の場合もあるし,公的な情報もある。前者については,たとえば自己の内申書の公開を学校に求める場合,いじめを苦に自殺した子供の親がそのいじめに関するクラスの作文の公開を求める場合などがある。後者は,行政情報の開示を請求する場合などがあり,最近では**市民オンブズマン**が行政情報の開示を求め,公務員のカラ出張や交際関係を監視していく動きがみられる。

オンブズマンとは,市民が行政監視・苦情処理を行う,スウェーデンで生まれた制度である。各地の市民オンブズマンが県職員のカラ出張を糾弾し,県の不正支出を指摘し,オリンピック開催中の県会議員の開催地への出張目的に疑義を呈したというように,市民オンブズマンによる行政監視がさかんに行われている。これら市民オンブズマンが行政情報を入手するための手がかりとしたのが,**情報公開条例**である。

情報公開条例は,アメリカの**情報自由法**（1966年）の影響を受けて,昭和57年に山形県金山町を皮切りに,市町村・都道府県レベルで制定されていった。この情報公開に関するルールづくりを,国でなく地方自治体が先駆けた理由としては,①国の情報は多岐にわたる上,国家秘密事項も多いが,地方自治体の情報は比較的身近なものであること,②地方自体の長は選挙で選ばれるため,アメリカの大統領制度に近いこと,が挙げられる。ただし情報公開条例は,情報を開示しない項目（**不開示情報**）を設けるのが一般的で,個人情報や法人情報,犯罪情報,行政運営情報（許認可・試験・交渉等に関する情報）などは不開示とされ,行政情報すべてが公開されるわけではない。市民オンブズマンが知事の交際費に関する公文書の公開を求めたところ,非公開の処分を受けた事件で,最高裁は情報公開条例中の不開示事由に該当することを認めた上で,以下のような判断を示した。すなわち,知事の交際事務の相手方や金額の公開は,「交際の相手方との間の信頼関係あるいは友好関係を損なうおそれがあり,交

際それ自体の目的に反し，ひいては交際事務の目的が達成できなくなるおそれがあるというべきである。……知事の交際は，それが知事の職務としてされるものであっても，私人である相手方にとっては私的な出来事といわなければならない」（「**大阪府公開条例事件**」最判平成6年1月27日民集48巻1号53頁）。

　国レベルでは，平成11年に**行政機関の保有する情報の公開に関する法律**（いわゆる「**情報公開法**」）が成立した。

（西山由美）

10 ■ 社 会 権

1 社会権の意味

　私たちは，人から自分のプライヴァシーを侵されたくないなど，他の人や国から何かを侵されないことを望むし，これが法的には1つの権利のありようであることはまちがいない。そこで，このような権利が保障されるためには，国は消極的であればよいこととなる。つまり何もしなければよい。
　しかし一方で，私たちは，より積極的に国に何かをしてほしい，あるいは，より充実した制度を作ってほしいという国に積極的なアクションを望む場合もあるはずである。たとえば，老後の収入の心配をなくしたい，より高い教育を受けたいとか，最近のバブル経済という経済倫理を無視した結果から，多くの企業が不良債権をかかえたために，いわゆるリストラやはたまた倒産という重大な社会的問題から生じた失業問題に対して働く場を確保してほしいとか，国にさまざまな要望を1人ひとりがそれぞれに持っているはずなのである。その原因は，都市化し且つ高度に科学技術化した現代社会にあっては，私たち1人ひとりの努力には限界があるので，どうしても国にたよって私たちの生活を守ってゆく必要があるからだといってよい。そこで，これらの要求をなすための権利を社会の中で私たち1人ひとりが人間として尊重されて生きてゆくための権利という意味で「社会権」と呼んでいる。
　日本国憲法は，この社会権について，私たちがそもそも生命体として生きてゆく権利としての生存権，私たちが生きてゆくための知識や技術を身につけるための教育を受ける権利，そして生きてゆくため必要な収入を得るための勤労関係の権利を定めている。そしてそのほか，さらに最近では，行政に何かをしてほしいということを裁判で求めることも行われるようになってる。このような意味で，これらの権利もまた最近では憲法13条の幸福追求の権利の1つの

具体化だと考えられる傾向にある。そこで、ここでは以上の権利について、順次みてゆくこととしよう。

2　生存権

　私たちが、1人の人間として生きていく中で、生きるためにさまざまなものを望んでいる。たとえば、わが国でも近年大規模な災害が続いたが、災害の被災者になった人々は、体をあたためる毛布や、食物、そして生活の基盤となる住居が必要になってくる。また、私たちはいずれ必ず老人となる。そのような年齢に達した人々は、医療を十分に受けたいと考えるし、若者だった時とは異なり十分に働くこともできないので収入にも不安を持つようにもなるだろう。また、体に障害を有する人々は、十分に社会の中で自己の目標を実現してゆくためにたとえば車イスで移動しやすい都市つくりをしてほしいと願っている。さらに最近では、地球環境が工業化により破壊されてきているので、私たちがそもそも生きてゆくための環境保護を願うことも当然の要求として出てくる。日本国憲法は「個人の尊重」「幸福追求の権利」（憲法13条）を人権のいわば総則規定（基本となる考えを示した規定）として定めているが、この基本となる考えからは、当然に人として生きるために国に以上述べたようなさまざまな要求に応じ施策を講じることを求める権利、すなわち生存権が求められることとなる。日本国憲法は、これを「健康で文化的な最低限度の生活を営む権利」（憲法25条1項）と「社会福祉、社会保障及び公衆衛生の向上」（憲法25条2項）をなすべきよう努めることを国に求めている。

　それでは、この生存権とはどのようなものとして理解されているのだろうか。これを理解するために、私たちは一度、国の側に立って考えてみてみることとしよう。もし、あなたが厚生労働大臣だとしたならば、当然、できるかぎり年金や福祉受給金を十分に支給したい、低額あるいは場合によって無料で医療を受けさせたいと考えるだろう。国土交通大臣だったとしたら、どんなに予算を使ってでもすみやかに移動しやすい都市を作りたいと考えるだろうし、同じく交通網を整備したいと考えるだろう。一方、国民の側からも環境問題を考える人々なら、どんなことをしてでも地球環境を守りたいと考える。さて、それではこのような考えを実際に実現するためには資金がいるので、財源を確保す

ることがどうしても必要となってくる。つまり財政的な措置を何とか講じなければ，年金や福祉受給金は払えないし，医療費も支払われない。他の行政の分野も，事情は同じである。つまり，生存権は，それを実現するためには予算的措置が必要であり，逆に国の台所が苦しければ「ない袖はふれない」という問題に直面せざるを得ないのである。つまり，この権利は，国の財政事情に左右されるという性格を持っている。

そこで，一般には，国は憲法25条の精神に照らし，その目標の実現に努力すべきことを国に求めた規定だと解されている。そこで，国会や地方議会，行政府は立法や行政政策の面からその目標に向けてどうすれば，どういう段階を踏めば実現に向うのかという実現へのいわばプログラムを組むことがまず必要となろう。そこで，このような考え方は国の側から見た場合，国はプログラムを組む責務を課されているという意味で「プログラム規定説」と呼ばれている。

さて，私たち国民・住民はプログラムを争えるのだろうか。私たちの身近かな例で説明をしてみると，音楽会を聞きに行った時，チケットを買った時に渡された演奏曲目に変更があった，あるいはアーティストの一部に入れ変えがあった場合を考えてみよう。開催者の側では，努力をしたがアーティストの調子や病気等でやむを得なかったということとなり，また聞く側でも当初の予定どおり変更なしで行えとは言えない。つまり，この場合アーティストのコンディションに左右されるのであり，あたかも生存権が国の財政状況に左右されるのと似ているといってよいだろう。そこで，この生存権は，裁判所に国民・住民が当初の予定どおりプログラムがはこんでいないので，早く実現せよと自らの権利として訴わせることはできないこととなる。最高裁判所は，都市計画はいわば「青写真」なので争えないと述べているが，より大きな国の目標としての生存権の実現にも実は基本的に同様の考え方が当てはまるのである。そこで，私たち国民・住民は，この権利を持ってはいるが，裁判所で執行を国に求めることはできないという意味で具体的な権利ではなく，いわば抽象的な権利に止まらざるを得ないこととなろう。

最高裁判所も，きわめて有名な朝日訴訟において憲法25条1項は「国の責務を宣言したにとどまり個々の国民に対して具体的権利を賦与したものではない」（最〔大〕判昭和42年5月24日民集21巻5号1043頁）と述べてこの考え方を確

認している。すなわち，憲法25条は，堀木訴訟でも述べられているように「福祉国家の理念」（最〔大〕判昭和57年7月7日民集36巻7号1235頁）を宣言したものなので，理念やそれに向うプログラム自体を直接に25条を根拠に争うことはできないこととなる。なお，最高裁判所は障害福祉年金の対象者から外国人等を除外したことは立法府の裁量だとし（いわゆる塩見訴訟，最判平成1年3月2日判時1363号68頁）同様の考え方を維持している。

最後に，最近は，この憲法25条に，環境権の根拠を求める考えが有力となっている。国も平成5年に環境基本法を制定している。このように，25条は国の立法，行政政策の実施によりその理念に向ってゆくものと考えてよい。

3　教育を受ける権利

私たちは，自分の人生を豊かで幸せにするためには，知識や技術を身につけることが必要となるだろう。たとえば，パソコンを使えれば，世界中と対話がすぐにできるし，自分に必要な情報も居ながらにして手に入れることができる。そこで，このような技術を身につけるために教育を受けたいと考えるだろう。このように，この教育を受ける権利も教育を受ける者を中心に考えなければならず，そのような意味で，やはり最近では憲法13条の幸福追求を求める権利の一つの具体化だと考える考え方が強まってきている。

ところで，日本国憲法は「法律の定めるところにより……ひとしく教育を受ける権利を有する」（憲法26条1項）と定めている。そこで，この権利は私たちひとりひとりの権利であり，かつてのように国の方針に添った人間を育てるとの国の権限（このような考え方は国家教育権説と呼ばれた）と考えられては絶対にならない。そして，もう一方で憲法は「国民は，法律の定めるところにより……受けさせる義務を負ふ」（憲法26条2項）と定め，国民全体の立場からのみ教育を考える（このような考え方を国民教育権説と呼ぶ）のではなく，私たちひとりひとりの人格を形成する個人の権利として考えるべきことを求めている。法律に従ってとは，そのような意味であり，現に教育基本法1条は「教育は，人格の完成をめざし」と述べていることは，このことをよく表わしているものと考えて差しつかえはない。

ところで，この権利を私たち1人ひとりが有しているので，国は教育施設や

教員を整える義務を負うこととなる。ところで，この場合，前にも述べた生存権と同様に，財政的措置が必ず必要になってくる。そこで，基本的には，この教育を受ける権利も，生存権と同じように，いわゆるプログラムを組むことを国に求めた規定だと考えられている。

判例も，以上のような理解から，「国が義務教育を提供するにつき対価すなわち授業料を徴収しないことを意味し，このほかに教科書，学用品その他教育に必要な一切の費用まで無償としなければならないことを定めたものではない」（最〔大〕判昭和39年2月26日民集18巻2号343頁）と述べて，このような考え方を確認している。

要は，「子どもの教育は教育を施す者の支配的権能ではなく，子どもの学習する権利」（最〔大〕判昭和51年5月21日刑集30巻5号615頁）なので，国民教育権説，国家教育権説といった概念的な分類に終始するのではなく，私たちひとりひとりの幸福実現のための権利と考えるべきこととなるというのが有力な考え方として示されている。

4　勤労に関する権利

私たちは，働いて収入を得ると同時に，そこから人間関係や社会の動きや職業の意味や内容を学ぶことにより人間的にも生長してゆく。このように，勤労に関する権利は，社会権としての側面と人格権としての側面双方を合せ有していると考えられる。そこで，日本国憲法は「国民は勤労の権利を有し義務を負う」（憲法27条1項）と定めている。そこで，ここでいう義務も誰かから強制されるという意味での義務ではなく，私たち1人ひとりが幸福で充実した人生をおくるよう努力すべきという意味と考えればよいだろう。

さて，国の側に立ってみれば，私たちに職業を得る機会を提供し，そして職業を得られない者については何らかの救済措置を講じることを義務づけている。そこで，この権利も，職業を得られない人が，国にそれを裁判で求めることもできるとか，生活費を要求する具体的権利が発生するとかというものではなく，あくまでも立法その他で機会の提供と措置を備えることを国に求めるという性格と考えられている。そこで，実際には，職業安定法や雇用対策法が制定されている。その理由は，私たちの社会が，資本主義経済というフェア・トレード

を基本としている限り，リストラからも容易に理解できるようにこの権利の実現は企業の経営状態にかかっているので，国が請求を受けて，無理に職業を提供することが実はできないからなのである。もっとも，たとえば勤労者は，公務員法上の職務遂行権（みだりに，理由なくその職をうばわれない権利）や私企業へは理由のない解雇を争う権利等として間接的にその理念が及んでいることは忘れられてはならない。

ところで，日本国憲法は，この外にいわゆる労働基本権を定めている。これは，勤労者の団結権，団体交渉権，団体行動権から成り立っている。そこで，国はこれらの権利の行使をさまたげてはならないし（刑事上・民事上の責任を課してはならない），むしろこれらの権利を保護する立法等をなすべき義務を負っている。労働組合法等の各種労働立法に，私たちはその例を見ることができる。

5　行政の規制を求める裁判

さて，今まで私たちは，憲法13条の幸福追求の権利，すなわち人間として1人ひとりが自らを実現しようとする権利をより権利章典として具体化したと現在では言われる社会権のそれぞれを見てきた。

ところで，その中で，いくつか最高裁判所の判決を引用した。これらの争いの多くは，たとえば，受給金を受けれないあるいは減額されたのでそういう結果を導く根拠規定を置いている生活保護法であるとか国民年金法が憲法25条に違反しているという法律自体を違憲だという争いとして裁判所の前には表われてきていた。つまり，立法府の立法行為そして内容が争われる例がほとんどだった。そして，そこでは憲法25条はプログラムを組めとの立法府への要求なので，国民はそれを根拠に争えないというのが裁判所の判断であった。

しかし憲法25条の理念は，何も立法府のみに及ぶわけではなく，当然にそれは行政府へも及んでいるのである。

私たちは，最近，行政へどのような要望がよせられているのかを具体的にいくつかの例を見てみよう。それはたとえば，テレビのコマーシャルにつられて買ってはみたが，コマーシャルで流されているイメージと実際の製品はずいぶん違っているので業者に引き取るように，あるいはこれ以上に被害者が出ないように行政として働きかけてほしい。あるいは，野良犬がウロウロしていて，

安心できないので何とかしてほしい。あるいは，ルールに違反してゴミをすてる者に何とかゴミ収集のルールを守るように働きかけてほしいなどである。

　ところで，もし行政がこれらの問題に何も対応しないでいるうちに，より大きな消費者問題となったり，犬にかまれた人が出たり，ゴミのニオイから体をこわす人が出たらどうだろうか。日本国憲法は17条で国や公共団体の損害賠償を規定している。そこで，この17条を受けて制定された国家賠償法で損害を裁判所に求めることができる。そして，判決の中の理由で裁判所が，「行政はこれこれをすべきだった」という趣旨の判断がもし示されれば，間接的には，いわば「行政の尻をたたく」こととなる。実は，このような訴訟を行政が規制権限を行使しないことを争う訴訟と呼び，現在かなり多く訴えがおこされていることにも今後は注意を向けてみるべきだろう。

（田村泰俊）

11 　参　政　権

1　自己を実現する権利としての参政権

　私たちは，毎日，朝に目ざめ時，一日の予定をどうしようかと自分で考えて決めている。また，少し長期展望かもしれないけれども，人生のさまざまな節目に，それぞれの進路を真剣に考え自ら求めて決めようとする。最近では，そのような若者の姿は『深夜特急』（沢木耕太郎著）の旅する主人公の中にみなさんは見ただろうし，むかしの人々は「人は考える葦(あし)」だと述べた書物（デカルト）の中に見つけたのではないだろうか。このように，人が自ら，考え，求め，決定する権利を自己を実現する権利と呼んでいるが，それは日本国憲法では個人の尊重や幸福追求の権利（憲法13条）として規定している。つまり，私たち1人ひとりの人生を，この社会の中で十分に意味あるものとしてたいせつにする権利と考えることができる。

　さて，私たちは1人で生きているのではなく多くの人々が集まって社会を作って生活している。それぞれの人々はそれぞれの考えから自らの人生の中で幸福を求め，どこにそれを求めるのかを自ら決定してゆく。その中では，他人の求めるものとぶつかったり，自ら求めるものを実現するために国会あるいは地方議会や行政に望むものもあるだろう。たとえて言えば，音楽を高い音を出して聞きたい人は，静かな中で本を読みたい人とそれぞれの権利を行使した場合にぶつかることになるし，何かの目的でお金をためていた人は，銀行等の金融機関が経営に行き詰った時には，自らの預金を行政が保障するという方針を打ち出し保護してほしいと思うだろうし，国会にはそのような法律を作ってほしいと強く望むだろう。つまり，社会には人々の利害を調整するルールが必要だし，より良く私たちの生活を幸福なものにしてもらうためどのような方針や政策を望むのかを行政や議会に伝える必要もあることを理解することができる。

つまり，私たちの幸福を求めるためのルールを「法律」あるいは「条例」として作るのが議会であり，その議員を選ぶ制度が選挙なのであり，法律や条例を実行するのが行政なのである。そして，それを私たちの幸福追求の面から見れば，私たちそれぞれの自己を実現する目的からそれはルールを作り，政策を決めるための選挙に参加する権利，そして，行政に自分たちの要望を伝える権利つまり「参政権」として捉えられることとなる。そして，最近の有力な考えは，このように幸福追求権を基礎に参政権を考えようとする傾向にある。

2　参政権にはどのようなものがあるのだろうか

(1) 請願権　参政権とは，国民が自らの幸福を追求するために，広く議会や行政に自らの考えを伝えるための権利だということは理解できただろう。

さて，最近，私たちの身の回りでは，私たちの身体に有害なダイオキシンを私たちの生活環境からなくしてほしい，あるいは，地球が温暖化してきているので何とか対策を立ててほしい，有害な図書やビデオから子供たちを守ってほしいなどさまざまな要望を持っている。それでは，このようなさまざまな要望をどのようにして行政や国会に伝えていったらよいのだろうか。

普通は，まず考えるのは政府や都道府県・市町村に，何とかしてほしいという要望や苦情を伝えることだろう。なぜなら，こういった問題の解決の実現を求められる行政は，公の目的を有し私的利益の追求とは異なるので，すべての人々の利害の調整に向いているからなのである。そこで，日本国憲法もそれを実際に担い実行する公務員は「全体の奉仕者」（憲法15条）だと定めている。少しむずかしいかもしれないが，最高裁判所も「一般職公務員は全体の奉仕者であり，政治的に中正の立場を堅持すべきもの」（最〔大〕判昭和33年3月12日刑集12巻3号501頁）と述べて，公正な立場でその職務をなすことを強く求めている。ともあれ，まず行政に私たちは，私たちの身の回りや生活からの要望を公正・公平に処理してもらいたいと考えるだろう。そこで憲法はこのようなさまざまな要望を伝える権利を「請願権」（憲法16条）として定めた。このように，請願権は当然に自己の幸福を実現する権利をより具体的なものとした権利だと考えてよいだろう。それでは，実際にこの請願はどのようにして行われるのだろうか。まず要望を行政に伝えようとする人々は，まさにこの請願は自ら

の要望を真剣に伝えようとする制度なので，意思を十分に伝える目的から「平穏に」なすことが求められている。一方で，それを受ける側では，それを受け取り誠実に処理する義務があると一般に理解されている（請願法5条）。このような相互の，真剣，かつソフトな手法と考えられているので，請願の内容は「およそ人々の要望全て」にわたると理解されることも当然である。ところで，法の一般的考え方として，強制的な制度とは異なり「ソフト」な手法というのは，相互の真剣な意思のやり取りを期待するものなので，むりやり義務を果させるものではない。このことは憲法上の請願権にももちろん当てはまるので，行政としては必ずなんらかの決定をなすべきことを義務づけられるわけではない。その意味では，ソフトな手法としての限界も私たちは知っておくべきだろう。そこで，最近は，川崎市や鴻巣市を中心とする自治体では，請願権をその基礎とする住民の苦情処理システムをさらに強化したいわゆる「自治体オンブズマン・パーソン」の制度を発足させたりもし，さらに全国のいくつかの自治体に徐々に広がりを見せている。このような手法を有している自治体の住民は，請願権の趣旨から，その自治体の事務の範囲内であれば何でも苦情を申し立てることができることとなる。実際に，より十分に住民の人々の苦情をくみ取るということから話しやすい場であることが求められるので市庁舎とは別な場所に置かれることも多い。そして，苦情を聞くオンブズマン・パーソンは市長のいわば諮問機関として位置づけられはしているが，公正・中立という点に十分な配慮をなすことが求められているので，元市議会議員・元市長・元市職員ではなく，市とは利害関係のない元裁判官や大学教授等が任命されることが多い。そして，この自治体オンブズマン・パーソンは，その意味で市長からは相対的に独立しているので，市長に対する勧告権を与えられている場合もある。なお，最近は，この自治体オンブズマン・パーソンによる処理がかなり効果的だという報告もなされ，期待が持たれている。

(2) **選挙権**　以上に述べた請願権や全体の奉仕者という公的機関への権利やそこへ従事する者への要請は，当然に国会や自治体の議会，議員にも当てはまることは容易に理解することができる。そこで，ソフトな手法としての請願を全国民・全住民の代表としての議会へなすことができることもこれまた当然のことといわなければならない。

しかし，私たちは，私たちの身の回りに生じるさまざまな問題について，要請がなかなか実現しない時など，そのより根本的な解決を目ざす場合には，国会や自治体の議会に対し，行政や違反者に直接的に従う「義務」を課しうる法律や条例を制定してほしいと考えるだろう。一例をあげれば，最近は青少年に有害な場所として，いわゆるテレフォン・クラブがあることは周知のことだろう。そこで，地方自治体の議会では，40以上の都道府県でいわゆる「テレ・クラ」条例や「青少年保護条例」を制定している。

そこで，私たちがさらに国の法律を制定してほしいとか，自治体の条例をさらに強化してほしいと考えた場合，どのようにすればよいのだろうか。民主主義という私たちの国の政治の基本的な考え方からは，そのような主張を公約とする者に選挙で投票することによりそのような立法が実現することを望むだろう。それゆえ，日本国憲法は，「選挙については，成年者による普通選挙を保障する」（憲法15条2項）と定めて，選挙権を私たち成年者全てに与えている。ところで，この権利は自由に考え決定するという自己の幸福を追求する権利にもよるので，自由に考えた結果の投票でなければならない。他人の目を気にしたり，国に自分の考えを知られると何か不利益を受けるのではないだろうかと考えると自由に決めようとする心にプレッシャーがかかることになろう。そこで日本国憲法は，このようなプレッシャーをのぞく目的から制度的に「すべて選挙における投票の秘密」が完全に守られて，さらに投票について「公的にも私的にも責任を問われない」（憲法15条3項）ことを保障している。そこで私たちは，自由に自らの意思と決定により，それぞれの立候補者へ投票するべきなのである。

ところで，以上のように私たちの身の回りに生じるさまざまな問題について，全員が1人1票を有し選挙のさいに投票できることは普通選挙からは当然のことである。しかし，もし私たちがたとえば衆議院議員の選挙で，同じくテレフォン・クラブへの規制を法律でもなすべきだとの主張をする者がA選挙区でもB選挙区でも立候補していて投票したとしよう。さいわいに，A選挙区でもB選挙区でも青少年保護を目的に法律を制定すべきだという公約の候補者が当選した。ところで，A選挙区では1万票で当選し，人口の多いB選挙区では5万票でやっと当選したという場合，B選挙区の人々は，5人集まらなければA選挙区の1人分にしかならないと感じることも当然とも考えられる。1人

1票は確かに保障されてはいるが，その1票の重さはB選挙区ではA選挙区の結局のところ5分1ではないのだろうか。

日本国憲法はその14条で，すべての理由のない，つまり不合理な差別を禁止している。そこで，憲法は1票の重さについては何も述べていないが解釈でこのような不合理な差別の禁止を選挙権について読み込んでゆくことが必要となった。ところで，このように，明文で憲法の条文に書き込まれていない新しい権利を憲法の中に読み込むことは，法解釈を憲法の番人として行う裁判所（司法権）の役割である。そこで，B選挙区の住民は，選挙人たる資格で裁判所に憲法問題を争う憲法訴訟（憲法問題を争点とする訴訟で，個人の私的権利ではなくパブリックな問題解決を含むのでこう呼ばれている）として訴えを起こすこととなろう。現に，このような請求について，最高裁判所は「人口の異動が，とうてい看過することのできないと認められる程度の投票価値の著しい不平等を生じさせ，かつ，それが相当期間継続して，このような不平等状態を是正する何らの措置も講じないことが，国会の裁量的権限に係るものであることを考慮しても，その許される限界を超えると判断される場合に，初めて違憲となる」（最〔大〕判昭和58年4月27日民集37巻3号345頁）と述べて1票の重さについて，平等であるべきことが選挙権の1つの内容となることを認めている。そしてついに，昭和58年12月の衆議院議員選挙で，最大人口較差が1対4.40にまで拡大しているとし「違憲と断定するほかはない」と最高裁判所は現実に違法性を認めることとなった（最〔大〕判昭和60年7月17日民集39巻5号1100頁）。なお，少しむずかしいかもしれないが，判決は違法宣言のみを行う「事情判決」という方法でなされるが，これは，上の判決で述べられている相当期間内での是正を国会みずからに求めるためである（なお，アメリカでは裁判所自身が選挙区の線引をしている）。

なお，現在は，このような不合理を回避しようと，いわゆる各選挙区から1人の当選者とする制度と各政党の得票に比例し当選者を各政党に割りふるという制度を合わせて行う小選挙区比例代表並立制が採用されている。

(3) **国民・住民投票および請求権**　現代の都市化社会は，きわめて動きが早く，私たちの身の回りは毎日のように新しい問題が生じて来ている。特に，私たちに一番身近な行政機関である地方自治体に対して，私たちは，自らの幸

福を実現してほしいと考えている。そこで日本国憲法「地方公共団体の長，その議会の議員……は，その地方公共団体の住民が，直接これを選挙する」（憲法93条2項）と定め民主主義を実現しようとしているが，このように変化のはげしい時代には，すべてを選挙での公約で示し，住民の投票による意思確認を行うことは不可能に近い，そこで，4年間の任期の中で新たに生じてくる問題について中間的に住民にその民意を問うたり，住民から要求をなす権利を認めておくことがぜひとも必要となってきた。

日本国憲法は，地方自治制度を定めているが（憲法92条)，ここでいう「地方自治の本旨」とは私たち自らがその幸福を実現するために住民の自治が認められるということなのである。そこで，私たち住民が，公約で示されなかった問題や選挙時と事情が著しく変化した問題について，地方自治法は住民の意思を入れるためのさまざまな制度を置いている。たとえば，青少年に有害なビデオのコマーシャルを一般家庭のポストに入れないよう青少年保護条例を改正・強化を求めようとする場合には，有権者の50分の1以上の署名があれば，条例の制定改廃請求権（自治法12条，74条）にもとづき長に対し法的対応を求めることができる。さらに，そもそも選挙をやり直し民意を問い直すべきだと考えた場合には，同じく3分の1以上の署名で，選挙管理委員会に対して解散や解職の請求（自治法13条）もできることとなっている。

しかし，最近では，以上のような制度のほかに新しい制度の活用もなされるようになってきている。たとえば，平成9年12月21日には，沖縄県名護市では，条例にもとづいて米軍普天間飛行場の移設先として同市の海上に海上ヘリポートの建設に賛成するのか反対するのかについて市民投票が行われた。すなわち，市民に直接民意を問おうとしている。このような手法は，他の自治体でも原発誘致の是非をめぐって行われた例もある。たしかに行政の責任者（自治体の長に対して）法的拘束力はこの投票結果については認められてはいないが，現実の高い投票率と民主主義という憲法の理念からその結果は十分に尊重されなければならない。

さらに最近は，国際化社会の中で，同じ社会の中で異なった価値観の人々が共に社会を作るという「共生」の考え方から，外国の人々の意見を聞くシステムを整えたり，自治体の議会への選挙への参加が検討され始めている。

また，国や自治体では，広く国民・住民の意見を求めるパブリック・コメント制度が，閣議決定や要綱でスタートしてきている。この制度は，一般的は国民・住民の「参画」の制度として位置付けられている。

(4) **公職就任権**　社会に生じるさまざまな問題について，むしろ議員や自治体の長という職にみずからがつくことによって，それぞれの問題を解決したいと考えた人は，何か権利を有しているのだろうか。最高裁判所は「立候補の自由は」15条1項の「保障する重要な基本的人権の一つと解すべきである」（最〔大〕判昭和43年12月4日刑集22巻13号1425頁）と述べて，このような場合，法的権利として捉えるべきだという考えを示している。このような権利を公職就任権として捉えている。

（田村泰俊）

12 ■ 刑事事件と人権

1 刑事事件と憲法

　刑事事件に関する法律といえば，普通，刑法や刑事訴訟法を思い浮かべる人が多いと思う。そして憲法といえば，平和主義，基本的人権の中でもよく耳にする表現の自由や信教の自由，いわゆる権力分立にかかわる国会，内閣，裁判所などに関する条文を，まずイメージする人が多いだろう。

　しかし，憲法の基本的人権について定めている第3章「国民の権利及び義務」をよく読むと，その約3分の1が刑事事件に関する条文であることがわかる。それは，人身の自由に分類される憲法31条および憲法33条～39条と，受益権に分類される憲法32条および憲法40条である。このように刑事事件に関する多くの条文が憲法に規定されている理由は，刑事事件においては，**被疑者**（犯罪の容疑はあるがまだ起訴されていない人）や**被告人**（起訴された人）に対する人権侵害が歴史的に多く行われてきた（無実の者が犯人とされた場合はもちろんのこと，たとえ真犯人であっても受けてはならない不当な扱いを受けてきた）うえ，現在でも国家権力による個人に対する人権侵害のおそれがあることから，その防止のために必要な規定を，とくに定めているのである。

　まず，刑事手続全体に関する規定について述べた後，実際の刑事手続きの流れに沿って，関連する条文を見ていくことにしよう。

　(1) **適正（法定）手続きの保障**　憲法31条は，①刑事手続きの法定主義と，②**罪刑法定主義**とを定めている。①刑事手続きの法定主義とは，捜査，公判などの刑事手続きが恣意的に行われて人権が侵害されないよう，法律によって定められていなければならない，特にある人が不利益な処分を受ける場合は，告知・聴聞・防御の機会が十分に与えられなければならないということを指す。さらに，最近は，手続きだけでなく，刑法の内容それ自体も適正でなければな

らないという「**実体的デュープロセス**」も主張されている。②の罪刑法定主義とは、近代刑法の大原則で、犯罪と刑罰は、あらかじめ法律によって定められていなければならないということである。犯罪に科せられる刑罰は、必然的に害悪・苦痛の側面をもっているために、国家が恣意的に科すようなことがあれば、いちじるしい人権侵害をもたらす。そこで、国民の代表からなる議会で可決された法律によって、どのような行為が犯罪となり、それに対してどのような刑罰が科せられるのかがきちんと定められ、事前に国民に知らされていなければならないのである。これを法律主義といい、罪刑法定主義の民主主義的側面を表している。これに対して、憲法39条の**事後法**（**遡及処罰**）**の禁止**は、罪刑法定主義の自由主義的側面を表している（**29**「刑事裁判」参照）。

(2) **裁判を受ける権利**　憲法32条の裁判をうける権利は、民事・行政事件においては、何人も自ら訴訟を提起することができ、裁判所は適法な訴えについて裁判の拒絶をすることはできないし、適正な手続にもとづいて適正な内容の裁判をしなければならないということである。一方、刑事事件におけるそれは、何人も裁判所以外の機関（たとえば警察など）によって刑罰を科せられることはないという意味である。ここでいう裁判所とは、憲法76条1項に規定されるところの最高裁判所および法律で定められた下級裁判所を指す（**15**「裁判所・司法制度」参照）。

　では、実際の刑事事件においてどのような手続きが行われ、その過程で被疑者や被告人にどのような人権が保障されるのか、見てみよう。

2　捜査——捜査の開始とその流れ

　なんらかの犯罪（**25**「犯罪」参照）が行われると、それに対する捜査が開始される。捜査のきっかけ（端緒）は、被害者や第三者（目撃者）からの届け出、警察の職務質問、取調べなど、さまざまである。捜査を行うのは、警察官（司法警察職員）や検察官である。

　警察官は、証拠を収集し、被疑者を特定した後、身柄拘束の必要があれば裁判所に逮捕状を請求し、その発付を受けて被疑者を逮捕する。その後取り調べを行い、逮捕後48時間以内に被疑者の身柄を検察官に送致する（いわゆる身柄送検）。検察官は、被疑者をさらに拘束する必要があるときは、送致を受けて

から24時間以内に裁判官に勾留を請求する。勾留期間は10日間だが、一般の事件についてはさらに10日間の延長（すなわち最長20日間）が可能である。この間に、警察も捜索・押収等の捜査を続け、書類や証拠物を検察官に送る。検察官は、これら全体の捜査から、被疑者が犯罪を犯したこと、裁判でそれを立証できることを確信したときは、被疑者を起訴し、裁判所に公判を請求する。これが、一般的な捜査の流れである。

(1) **任意捜査と強制捜査**　捜査には、処分を受ける人の同意を得て行う任意捜査と、強制処分である強制捜査とがある。前者の例は、聞き込み、張り込み、被疑者の任意同行、取り調べなどであり、後者の例では、被疑者の身柄を拘束する逮捕・勾留や、証拠物の捜索・押収などが代表的なものである。

憲法は、強制捜査に際して個人の人権が不当に侵害されないように、憲法33～35条の各規定を設けている。しかし、科学技術の進歩に伴い、憲法や刑事訴訟法制定当時には予想できなかった新しい捜査方法が行われるようになってきた。そこで、それらが任意捜査に当たるのか強制捜査に当たるのか、区別が問題となる微妙なケースも現れてきている。

　　新しい科学的捜査と人権　新しい捜査方法とは、犯罪現場などの写真またはビデオ撮影、電話などの盗聴、声紋鑑定、最近では、遺伝子操作などでも話題になったDNA（デオキシリボ核酸）の特徴により犯人識別を行うDNA鑑定などがある。これらは、犯人特定のためのより確実な方法ではあるが、伝統的な強制処分とも異なるうえ、憲法が保障するプライバシーの権利や人格権（いずれも憲法13条の幸福追求権の内容）の侵害につながるおそれもあることから、その限界と規制のあり方が問題となることがある。

(2) **逮捕と勾留—令状主義**　逮捕とは、被疑者の身柄を最長72時間拘束する強制処分であり、憲法33条は、逮捕に関する**令状主義**の原則を定めている。

一口に逮捕といっても、通常逮捕、現行犯逮捕、緊急逮捕の3種類がある。被疑者が犯罪を犯したことを疑うに足りる相当な理由と、逃亡や証拠隠滅のおそれがあるときに裁判官に逮捕状を請求し、その発付を受けて行うのが通常逮捕である。これに対し、現行犯逮捕とは、現に罪を行いまたは現に罪を行い終わった者（現行犯人）を逮捕する場合で、憲法が要求する令状主義の例外である。刑事訴訟法は、その範囲を準現行犯（犯人として追いかけられていたり、身

体や服に犯罪の証跡があるときなど）にも拡張しているほか，検察官や警察官だけでなく，私人（私たち一般人）による逮捕も認めている。緊急逮捕とは，一定の重い罪（刑罰の上限が死刑・無期または3年以上の懲役・禁固）にあたる犯罪を犯したことを疑うに足りる十分な理由があり，急速を要し，逮捕状を請求することができないときに，とりあえず令状なしで逮捕し，直後に裁判官に逮捕状を請求するものである。

次に，勾留（起訴前の勾留）とは，被疑者が犯罪を犯したことを疑うに足りる相当な理由があり，住所不定，罪証隠滅または逃亡のおそれのいずれかがあるときに，裁判官の勾留状発付を受けて，被疑者の身柄を最長20日間拘束する強制処分である。憲法34条は，これに関して，①不法に監禁されない権利（正当な理由がなければ勾留されない），②弁護人依頼権，③勾留理由開示制度（要求があれば，その理由を直ちに本人およびその弁護人の出席する公開の法廷で示すこと）等を規定している。これをうけて，刑事訴訟法にも詳細な規定があり，勾留された者が裁判所の勾留決定に不服を申し立てたり，勾留中に弁護人と立会い人なしで会い，書類や物の受け渡し等ができること（いわゆる弁護人との接見交通権）などを定めている。ただし，起訴前の勾留については，保釈は認められない。

もちろん，逮捕・勾留の要件が備わっていない場合は被疑者の身柄拘束は行われず，任意同行・任意出頭を求めての取り調べが行われた後，被疑者在宅のままで起訴される事件も多い。

代用監獄　代用監獄とは警察の留置場のことであり，本来の起訴前の勾留場所である拘置所に代用されることが多いため，こう呼ばれる。代用監獄が問題とされる理由は，逮捕・勾留に伴い，被疑者が捜査機関の24時間監視の下におかれ，厳しい取り調べを受けることで，自白の誘導や憲法38条の黙秘権の保障の形骸化が懸念されるからである。代用監獄に対しては廃止を主張する厳しい批判がある一方で，警察の捜査・取り調べを効率よく行うためには，警察署から遠く数も少ない拘置所よりも留置場の方が都合がよい，被疑者や弁護人にとっても面会などに便利である，といった利点も主張されている。

別件逮捕・勾留　別件逮捕・勾留とは，ある重大な甲事件の容疑で被疑者を取り調べたいが，逮捕・勾留令状を請求できるだけの証拠がそろっていないため，証拠がそろっている別の軽い乙事件について逮捕・勾留し，より重大な甲事件の取り調べを行うことをいう。実際に，その過程で甲事件に関する自白を

得，改めて甲事件で逮捕することもある。しかし，もともと甲事件については逮捕・勾留の要件がないのに身柄拘束することになり，憲法の要求する令状主義に反し，違法であると批判されている。

被疑者の取調べ—不利益供述強要の禁止　日本では，代用監獄や別件逮捕・勾留問題に関しても触れたように，被疑者に対する取調べの厳しさと自白の重視がよく指摘される。そこで，憲法38条が規定する①**不利益供述強要の禁止**（憲法38条1項），②**自白法則**（憲法38条2項・3項）が，とくに重要となってくる。

不利益供述強要の禁止とは，①いわゆる**黙秘権**を認めたもので，起訴された被告人だけでなく，被疑者や証人等，すべての人に認められる（被疑者・被告人については，刑事訴訟法198条2項，311条等にも規定がある）。ただし，黙秘権とはあくまで，自己に不利益な事実（犯罪者として訴追されたり有罪判決を受けるおそれのある事実）を言わなくてもよい権利（自己負罪拒否特権）であり，うそを言う権利ではないから，虚偽の事実を述べたときは，宣誓後に供述した証人であれば偽証罪，その他の場合でも名誉毀損などの罪に問われる可能性がある。②自白法則とは，強制，拷問による自白や不当に長く拘禁された後の自白，すなわち任意になされたものではないと疑われる自白は，証拠とすることができないということである。また，自白だけでは有罪とすることができず，自白以外の証拠（これを補強証拠という）が必要である。自白法則は，憲法38条1項の黙秘権の保障を制度的に保障するものといえよう。

当番弁護士制度　当番弁護士制度とは，刑事事件で逮捕された被疑者やその家族の依頼を受けて，各地の弁護士会が，待機中の当番弁護士を警察署や拘置所にいる被疑者のもとへ派遣する制度である。最初の面会は原則として無料で，被疑者の権利や弁護人の役割その他の法律相談に応じてもらえる。さらに弁護士を頼みたいが金銭的に余裕がない人のために，法律扶助協会が資金援助をしてくれる場合もある。身柄拘束の早い段階から弁護士がついて，大部分が法律の素人であろう被疑者の防御活動を助けることは，被疑者の人権保障や誤判の防止に役立つ。公訴提起後の被告人には，後述するように憲法37条が国選弁護人制度を保障しているにもかかわらず，起訴前の被疑者には国選弁護人の選任が認められないため，いわばそれに代わるものとして実施されているのが，当番弁護士制度である。

証拠の収集——捜索・押収　逮捕・勾留と同様に強制処分である捜索・押収に関して，憲法35条は，住居・所持品の不可侵等対物処分についての令状主義を規定している。例外は，逮捕の際行われる捜索・押収で，刑事訴訟法は，令状なしで行うことができるとしている。

3　捜査の終結

これらの一連の捜査の後，警察は，被疑者の身柄拘束が行われなかった事件（在宅事件）について，書類や証拠物と共に事件を検察官に送致する（いわゆる書類送検）。しかし，捜査の過程で犯罪でなかったことが判明したり，証拠が十分発見できなかったときは，捜査は警察段階で終了する。そのほか，犯罪の証拠が十分そろっていても，被害の軽微な窃盗，詐欺，横領，賭博等については，検察官に事件を送致せず，警察段階で説教などをして，処理を終わらせることもある。これを，微罪処分という。

4　起　訴

警察から事件の送致を受けた検察官は，裁判所に公訴を提起（起訴）するかどうかを決定する。起訴やそれに続く公判手続きについては，第4編29「刑事裁判」において詳しく述べるので，ここでは，関連する憲法上の人権規定を紹介するに止めよう。

被告人の基本的権利　被疑者が起訴されると，法律上の呼び名は被告人となる。憲法37条は，被告人の①公平な裁判所の迅速な公開裁判を受ける権利，②証人審問権，③弁護人依頼権の保障を規定する。

①の裁判所の公平性，中立性を補完するために，日本では，起訴に関する起訴状一本主義（公訴提起の際，起訴状のみを提出する原則）や公判手続きにおける当事者主義などがとられている。裁判公開の原則は，憲法82条が要求するところでもある。②被告人は，すべての証人に対して審問する機会を十分に与えられ，公費で強制的手続きにより証人を求める権利もある。また，ここから，公判手続きにおける伝聞排除の法則も導かれる（①，②については，**29**「刑事裁判」参照）。③弁護人依頼権は，勾留された被疑者にも認められているが（憲法34条），被告人にはさらに，次に述べる国選弁護人制度が認められている点が

重要である。

　国選弁護人制度　被告人が、貧困などの理由で弁護士を依頼できなかったり、依頼したがどの弁護士からも断られたような場合は、裁判所が、国の費用で弁護士を選任してくれる。これを、国選弁護人制度といい（これに対して、被告人自らが選任した弁護人を私選弁護人という）、憲法は、公訴提起後の被告人にのみ、保障している。

5　その他の刑事事件をめぐる人権規定

　これまで、捜査を中心とする刑事手続きをめぐる憲法上の人権規定について述べてきたが、このほか、憲法36条が**拷問および残虐な刑罰の禁止**を、憲法39条が事後法の禁止（刑罰法規不遡及）の原則を、憲法40条が刑事補償請求権を定めている。第4編**29**「刑事裁判」で詳しく述べる。

6　犯罪報道と人権

　憲法21条の**表現の自由**の内容として、報道機関の報道の自由と国民の知る権利とがあり、自由な民主主義社会を守るためにも、これらが最大限尊重されなければならないことはいうまでもない。しかし、他方で、被疑者・被告人に関するマスコミの実名報道は、刑事訴訟法上の大原則である**無罪の推定**（被告人は有罪の確定判決があるまでは、犯罪者として扱われない）に反したり、犯罪者処遇（有罪の確定判決を受けた者に刑を執行し、指導、監督、援助などを行うこと）の目的である犯罪者の将来の社会復帰を妨げることにもなりかねない。また、現在の日本では、犯罪報道が過熱し、被疑者・被告人の経歴や人間関係など、犯罪と関係のない事実まで公表されることがあるが、憲法の保障するプライバシーの権利の侵害ではないかが問題となる。さらに、それが（週刊誌やテレビのワイドショーによって実際行われているように）犯罪者の家族や被害者にまで広がるならば、これは明らかに行き過ぎであろう。

7　少年犯罪と人権

　20歳未満の少年が犯罪を犯した場合、少年法にもとづいて、成人の受ける刑事手続きとは異なる保護手続きが行われる（**29**「刑事裁判」参照）。これは、少

年は心身ともに未成熟で成長途上にあり，たとえ犯罪を犯しても一過性のものであったり，適切な援助，教育によって完全に立ち直ることも可能であるという考えにもとづいている。少年法が，少年の犯罪・非行の報道に際して，氏名，住所，顔写真などを新聞その他の出版物に掲載することを禁止していること（少年法61条）も，少年の健全育成という少年法の理念や少年の人権保障の観点から，理解・尊重されなければならない。

8　社会で顧みられない者の人権

　以上，刑事事件と人権について見てきたが，このほかにも，有罪判決を受けて実刑（これに対し，刑罰の執行を一定期間猶予されることを執行猶予という）を科され，刑務所に収監された受刑者の人権も守られる必要がある。この章で登場する被疑者，被告人，受刑者といえば，社会でまじめに働いている普通の人々から見れば，犯罪を犯した，またはそう疑われているとんでもない悪者という意識が強く，そのような者に人権など認める必要はないと考えられがちである。

　しかし，そもそも人権とは，裕福な者，身分の高い者などいわゆる社会的強者だけではなく，すべての人間に平等に認められる権利であり，とくに，従来あまり顧みられなかった女性，子供，高齢者，身体および精神障害者などの社会的弱者にも十分認められることが，その社会の人権意識の高さのバロメーターであるといってもよい。被疑者，被告人，受刑者も社会で最も顧みられない者であることに間違いはなく，そのような者たちにも人権を認めることが，ひいては普通の人々の人権もより良く守られ，より住み良い社会をつくることにつながるということを，忘れてはならない。

　なお，犯罪の被害者の人権が十分に守られるべきことはいうまでもない。日本では，1981年の犯罪被害者補償制度（犯罪により死亡した被害者の遺族または重障害を受けた被害者に対して，国が給付金を支給する）に続き，2000年には被害者の公判手続傍聴や公判記録閲覧等を定めたいわゆる「犯罪被害者保護法」が成立したが，被害者の負った深い心の傷などの精神面のケアをどうするかなど，今後の課題は残されている。

（島岡まな）

13 国会

　議会制度は，フランスやアメリカの市民革命を契機に西欧諸国で採用されるようになり，現在では世界各国が採用している。日本においては，大日本帝国憲法が帝国議会を設置したが，帝国議会は統治権の総攬者である天皇の立法権の協賛機関にすぎず，その組織と権限にはさまざまな制約（議会の権限の及ばない天皇の大権事項，独立命令や緊急命令，予算審議権の制約）があった。また，帝国議会は貴族院と衆議院から構成されていたが，貴族院は皇族・華族など勅任議員で構成され，権限も衆議院と対等であった。さらに，議会に基礎をおかない強い政府（超然内閣制）が作られ（後に政党内閣になるが），行政には議会のコントロール権は及ばなかった。日本国憲法は，「国会は国権の最高機関であり，唯一の立法機関である」（憲法41条）とし，国会を国民主権主義を実現する重要な機関としている（図1参照）。

1　国会の地位

　憲法は，前文で，「日本国民は正当に選挙された国会における代表者を通じて行動し」と規定し，代表民主制（間接民主制）を採用することを明らかにしている。国会は，全国民を代表する選挙された議員で組織される（憲法43条1項）**国民の代表機関**である。国会は，代表者を通じて国民の意思を反映し，国民全体の利益を代表する。

　また，国会は**国権の最高機関**（憲法41条）である。憲法は，前文と1条で，国民主権主義を採ることを明らかにしている。国民主権とは国政の最終決定権が国民にあることをいう。国会は，主権者国民の代表機関であることから，国権の最高機関ということになる。

　最高機関の意味については，次の表にあるように説が分かれているが，政治的美称説が通説・判例である（表1参照）。

図1　日本国憲法の権力分立

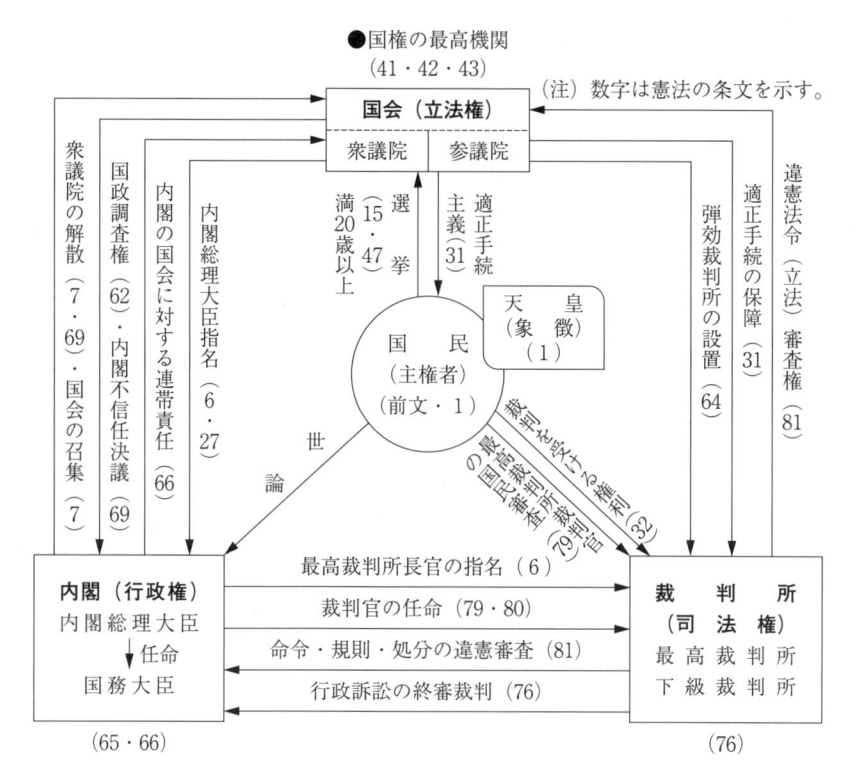

●国権の最高機関
（41・42・43）

国会（立法権）
衆議院　参議院

（注）数字は憲法の条文を示す。

国会から国民へ：選挙（15・47）満20歳以上、適正手続主義（31）
国民から国会へ：世論
国会から内閣へ：内閣総理大臣指名（6・27）、内閣の国会に対する連帯責任（6・27）、国政調査権（62）・内閣不信任決議（69）、衆議院の解散（7・69）・国会の召集（7）
国会から裁判所へ：弾劾裁判所の設置（64）、適正手続の保障（31）、違憲法令（立法）審査権（81）

天皇（象徴）（1）

国民（主権者）（前文・1）

国民から裁判所へ：裁判を受ける権利、最高裁判所裁判官の国民審査（79）
裁判所から国民へ：（32）

内閣（行政権）
内閣総理大臣
↓任命
国務大臣
（65・66）

内閣から裁判所へ：最高裁判所長官の指名（6）、裁判官の任命（79・80）
裁判所から内閣へ：命令・規則・処分の違憲審査（81）、行政訴訟の終審裁判（76）

裁判所（司法権）
最高裁判所
下級裁判所
（76）

　国会は，**唯一の立法機関**（憲法41条）である。国家は国会が作る法にもとづいて国政を行う（法治国家）。「立法」は，形式的意味の立法（法律の制定）ではなく，実質的意味の立法（国民の権利・義務に関する法規範，一般的・抽象的法規範をすべて含む広い意味の法の制定）を意味する。

　唯一の立法機関は，国会が国の立法権を独占し，国会以外のものが立法することを原則として認めない**国会中心立法の原則**と立法は国会の議決のみで完結し，他の国家機関の関与を原則として許さない**国会単独立法の原則**を意味する。しかし，憲法が認める例外もある。国会中心立法の原則の例外には，地方公共団体の条例制定（憲法94条），委任立法（憲法73条6号），両議院の規則制定権（憲法58条2項），最高裁判所の規則制定権（憲法77条1項）がある。また，国会単独立法の原則の例外には，内閣の法案提出権（憲法72条），地方特別法の住民投

表1　国権の最高機関性に関する学説

	意　義	根　拠
＊政治的美称説	国会が国政の中心に位置する重要な国家機関であることを政治的に強調したにすぎない。国民代表機関としての国会に与えられた政治的美称である。	最高機関性を法的意義を有するものとして国会を絶対権力視することは権力分立の原理と理論的に整合しない。
統治機関説	国会は，文字どおり，他の二権に対して君臨する機関である。国権の発動を統括する機関である。	国会の活動は立法権に限定されない。立法権を超えた最高機関性をもつ。統一的な国家意思を形成する。
総合調整機能説	憲法が国会に与えた諸権限は三権の間の総合調整を行う機能を持つものである。	議会の地位が相対的に低下している。法的意味のない単なる政治的美称すべきでない。権力分立は単純に平等な三権分立でない。

票（憲法95条）がある。なお，形式的・儀礼的な行為ではあるが，法律への署名・連署（憲法74条），天皇の法律の公布（憲法7条1項）もその例外である。

2　国会の構成

国会は，衆議院と参議院（憲法42条）の二院制をとっている（表2参照）。

二院制をとる理由としては，多数決主義の抑制，民意の反映，慎重な審議，政治性の希薄化，急激な変動の抑止，補充的役割があるとされる。しかし，当

表2　衆議院と参議院

	衆　議　院	参　議　院
任　期	4年　解散の場合は任期終了前	6年　3年毎半数改選
議員定数	480人（小選挙区選出300人　比例代表選出180人）	247人（選挙区選出149人　比例代表選出98人）
議員資格	満25歳以上	満30歳以上
選挙区	小選挙区選出議員は小選挙区から選出，比例代表選出議員は全国11ブロックの選挙区から選出	地方選出議員は都道府県を単位とする大選挙区から選出，比例代表選出議員は全国を一区とする選挙区から選出

初，衆議院の政党に依拠した数の政治に対して，参議院は理の政治を実現するべく多くの無所属議員からなっていたが，比例代表制が導入され，政党化がより強くなり，参議院の存在意義が薄れている。

両院は一つの国会を構成するものとして同時に活動する（同時活動の原則）。両院は，同時に召集され，開会し，閉会する（憲法54条2項）。この例外には，衆議院が解散されたときの参議院の緊急集会がある。しかしながら，両院の議員はそれぞれ別の選挙によって選出されているので，独立に活動する（憲法56条）（独立活動の原則）。この例外としては，両院協議会，合同審査会，一つの院の議案の発議者の他院での提出理由の説明がある。

3　衆議院の優越

国会の議決は原則として両院で議決が一致したとき成立するが，両院の意見が異なり，議決を困難にする場合もある。そこで，例外として，衆議院の優越を認めている。

権限事項としては，衆議院の予算先議（憲法60条1項）と内閣不信任決議（憲法69条）がある。衆議院の方が任期が短かく，解散もあるので，民意を反映しやすいからである。

議決面では，次の場合に衆議院が優越する（表3参照）。

両院が対等なものとしては，憲法上，憲法改正の発議（憲法96条1項），皇室の財産授受についての議決（憲法8条），予備費支出の承諾（憲法87条2項），決算の審査（憲法90条1項），法律上，国会と休会の議決（国会15条）がある。

4　国会の活動

国会は，**会期制度**をとっていて，一定の期間（会期）に限って活動能力を有する。また，会期中議決するに至らなかった案件は後会に継続しないという**会期不継続の原則**（国会68条）がとられている。例外として，委員会は，各議院の議決により付託された案件については，閉会中も審査でき，審査された議案等は後会に継続（国会47条2項，68条但書）する。

同一の問題につき同じ会期中に再びこれを審議しないという**一事不再議の原則**もとられている。衆議院の法律案の再可決はその例外である。

表3　衆議院の議決面での優越

憲法上	法律案の議決（59条）	衆議院で可決，参議院で異なった議決をしたとき，衆議院の再可決により，法律が成立する。（参議院が60日以内に議決しないときには，否決したものとみなす）
	予算の議決（60条）	参議院で衆議院と異なった議決をし，両院協議会でも意見が一致せず又は参議院が30日以内に議決せず→衆議院の議決を国会の議決とする
	条約の承認（61条）	予算の議決と同じ
	内閣総理大臣の指名（67条）	衆議院と参議院が異なった指名の議決をし，両院協議会でも意見が一致せず又は参議院が10日以内に指名の議決せず→衆議院の議決を国会の議決とする
法律上	臨時会・特別会の会期の決定，会期の延長（国会13条）	会期延長について両議院の議決が一致せず又は参議院が議決しないときは衆議院の議決による
	検査官の任命の同意（会検4条）	憲法67条2項の例により，衆議院の同意が国会の同意となる。

表4　国会の種類

	召集権者	時　期	会　期	延　長
常　会（52条）	天　皇	毎年一回　一月中	150日	1回
臨時会（53条）	天　皇	臨時に必要あるとき いずれかの議員で総議員の1/4以上要求したとき 衆議院議員の任期満了による選挙後及び参議院議員の通常選挙後30日以内	両議院一致の議決で決定	2回まで
特別会（54条）	天　皇	衆議院の解散による選挙後30日以内	両議院一致の議決で決定	2回まで
緊急集会	参議院議長	衆議院の解散中 緊急に必要のあるとき 内閣が緊急集会を求める	緊急の案件をすべて処理した時	

国会では，次のような種類の会議がされる（表4参照）。

国会の議事手続きは次のように行われる。まず，会議を開くには，総議員の1/3以上の出席が必要である（憲法56条1項）。これを定足数という。

表決は，原則として出席議員の過半数で行われる（憲法56条2項）。可否同数のときは議長に決裁権がある。しかし，特別多数（出席議員の2/3以上）を必要とする場合もある。議員の資格争訟の裁判で，議員の議席を剥奪するとき（憲法55条但書），会議を秘密会にするとき，（憲法57条1項但書），懲罰として議員を除名するとき（憲法58条2項但書），法律案を衆議院で再可決するとき（憲法59条2項）である。また，憲法改正の発議（憲法96条1項）には，各議院の総議員の2/3以上の賛成が必要である。

会議は公開が原則である（憲法57条）。会議録の保存，公表，頒布（憲法57条2項）がされ，出席議員の1/5以上の要求があれば，各議員の表決を記載しなければならない。傍聴の自由，報道の自由も認められている。例外として，特別多数の表決で秘密会を開くことができる

国務大臣は，何時でも議案について発言するために議院に出席できる。また，答弁または説明のため出席を求められた時は議院に出席しなければならない（憲法63条）。

5　国会の権能

国会の権能としては，憲法改正の発議権（憲法96条1項），法律案の議決（憲法59条），予算の議決（憲法60条），条約の承認権（憲法61条，73条3号），内閣総理大臣の指名権（憲法67条），財政監督権（財政国会中心主義，租税法律主義）（憲法83～91条）がある。国会の議決は原則として両院の議決が一致したときであるが，前述したように衆議院の予算先議があり，法律案の議決，予算の議決，条約の承認，内閣総理大臣の指名については衆議院の優越がある。また，裁判官に対する弾劾裁判所を設置（憲法64条）し，「公の弾劾」（憲法78条）も行う。

国会の定める法律にすることが必要とされているもの（法律事項）には，皇位の継承（憲法2条）→皇室典範，国民の要件（憲法10条）→国籍法，国家賠償請求権（憲法17条）→国家賠償法，刑事補償請求権（憲法40条）→刑事補償法，議員及び選挙人の資格（憲法44条）・議員の選挙に関する事項（憲法47条）

→公職選挙法，弾劾に関する事項（憲法64条2項）→裁判官弾劾法，内閣の組織（憲法66条1項）→内閣法，下級裁判所の設置（憲法76条2項）→裁判所法，地方公共団体の組織・運営に関する事項→地方自治法などがある。

6 議院の権能

議院の権能には，独立して活動をするために，役員選任権（憲法58条1項），所属議員の資格争訟の裁判権（憲法55条），所属議員の釈放要求権（憲法50条），逮捕許諾権（国会33条），議院規則制定権（憲法58条2項），議院懲罰権（憲法58条2項），国政調査権（憲法62条）がある。

国政調査については最高機関性に関する統括機関説から国権の発動を統括するため議院は独立してその権能を行使することができるとする独立権能説と政治的美称説から国会の権能を効果的に行使するための補助的権能として国政調査が認められるにすぎないとする補助的権能説がある。権力分立制をとっていることから補助的権能説が通説・判例である。

国政調査をする際に，証人の出頭，証言ならびに記録の提出が要求できる。正当な理由なく拒絶した場合には，議院証言法によって刑罰が科せられる。

国会の権能は国政全般にわたり，議院内閣制によって国会は行政権をコントロールする立場にあるので，行政権については国政調査権の及ぶ範囲も相当に広い。しかし，検察事務については，刑事司法の公正を維持する見地から特別の配慮が必要で，検察権の行使に政治的圧力を加える目的でする調査や捜査の続行に重大な支障を及ぼすような調査は許されない。また，司法権については，司法の独立の見地から特別の配慮が必要で，現に裁判所に係属中の事件の調査は許されないし，確定後の判決の調査も許されない。しかし，住専の問題で大蔵省の責任を明らかにするために被疑者に参考人として予算委員会で発言してもらったように異なる目的で調査すること（併行調査）は許される。国政調査は，国民の利益に奉仕するために行われるので，基本的人権を侵害する目的・方法での調査は許されない。プライバシー権や内心の自由を侵害する調査をしてはならない。

7　衆議院の解散

衆議院だけに認められる権能として衆議院の解散（憲法7条，69条）がある。憲法69条は，衆議院で不信任の決議案を可決し，または信任の決議案を否決したとき，10日以内に衆議院が解散されないかぎり，内閣は総辞職しなければならないと規定する。衆議院の解散については，この69条に限定する説と7条を根拠とする説がある。69条の場合のみならず，重大な問題が生じたり，国会が内閣の提出した重要法案を否決した場合などに国民に信任を問う必要があるとき解散が認められ，助言と承認を通じて内閣に解散権があるとする7条説が通説である。

解散により，衆議院議員のすべてが議員としての身分を失う（憲法45条但書）。解散の日から40日以内に衆議院議員の総選挙を行い，選挙の日から30日以内に国会（特別国会）が召集（憲法54条1項）される。解散が会期中になされた場合には，参議院も閉会となる（憲法54条2項）。

8　国会議員の特権

国会議員は，全国民を代表する選挙された議員であり，選挙を通じてのみ身分を取得する（憲法43条）。両議院の議員及びその選挙人の資格は公職選挙法によって定められているが，人種，信条，性別，社会的身分，門地，教育，財産又は収入によって差別されてはならない（憲法44条）。

また，国会議員が身分を失うのは，任期の満了，衆議院議員については衆議院の解散，他の議院の議員になったとき（兼職禁止），被選挙権を失ったとき，資格争訟の裁判で資格がないとされたとき，懲罰による除名，選挙に関する争訟において選挙または当選が無効とされたとき，院の許可を受けて辞職するときである。

国会議員の特権には，歳費受領権（憲法49条），不逮捕特権（憲法50条），免責特権（憲法51条）がある。議員として活動するには，それに必要な経済的な裏付けがなければならない。歳費は，一般人の給与に相当するもので，一般職の国家公務員の最高の給料額より少なくない歳費が支給される。なお，歳費とは別に，退職金，通信手当てなども支給される。

不逮捕特権によって，政府が議員の活動を妨げるために身体を不当に拘束したり，逮捕権を濫用することから議員の自由な活動を守るため，また，議院の審議に支障が生じないようにするため，議員は会期中（参議院の緊急集会を含む）逮捕されない。また，議院は会期前に逮捕された議員の釈放要求をなしうる。しかし，訴追されない特権ではない。院外における現行犯の場合と院の承諾がある場合（国会33条）には，逮捕が認められる。

免責特権は，議員の自由な活動を保障するもので，議員が議院で行った演説，討論，表決について，院外で民事・刑事上の責任，懲戒責任を負わないとするものである。「議院で行った」という意味は，議院の活動として議員が職務上行ったものを指し，院の内外を問わない。やじや私語，暴行・傷害・名誉毀損等の違法行為はこれに含まれない。院外で責任を問われないのであって，院内で懲罰の対象となることはある。また，法的責任を問われないのであって，政党の除名処分のような法的責任に含まれないものは除かれる。

9　財政国会中心主義

国政の任務遂行に必要な財源を確保し，これを管理，支出する作用である財政は，国民生活に大きな影響を及ぼすだけでなく，国政の方向と性格をも決定する。また，国政が民主的に運営されるためには，その基盤となる財政についても民主的にコントロールされなければならない。そこで，83条は，「国の財政を処理する権限は，国会の議決に基づいて，これを行使しなければならない」と規定し，財政を国民代表機関である国会のコントロールの下におく**財政国会中心主義**を採用した。

84条は「新たに租税を課し，または現行の租税を変更するには，法律又は法律の定める条件によることを必要とする」と，**租税法律主義**を規定している。租税は，国または地方公共団体が公の経費に当てる目的で私人から一般的に無償でかつ強制的に徴収する財貨のことをいう。租税と実質的に同じくする公権力により一方的に賦課・徴収されるもの（国の専売品の価格，水道や郵便などの国や地方公共団体の独占事業の料金など）もこれに含まれる。租税の種類や課税の根拠だけではなく，納税義務者，課税物件，課税標準，税率などの課税要件や，徴収手続き等のすべてが法律で定められなければならない。この例外には，

（地方公共団体の条例で定める）地方税と（条約による協定税率や政令で定める）関税がある。

85条は、国費の支出および債務負担に国会の議決を必要とするとして、財政国会中心主義を財政の支出面で具体化している。この国会の議決は予算の形式でなされる（憲法86条）。法律によって国費の支出が義務づけられている場合でも、さらに予算の議決がなされなければ支出できない。債務負担も返済の時点で国費の支出を伴うので国会の議決が必要とされる。国会の議決には、このように法律の形式によるものと予算の形式によるものがある。

公費の支出については、さらに89条が憲法上の制約を規定する。89条前段は、政教分離原則（憲法20条）原則を財政面から保障するために、宗教上の組織や団体の使用、便益もしくは維持のため支出またはその利用に供してはならないと規定する。ただし、重要文化財等の管理修理のための補助金の交付は違憲でないとされる。また、89条後段は、公の支配に属しない、慈善、教育もしくは博愛の事業に対し支出またはその利用に供してはならないと規定する。公費の濫費を防止するためである。私学助成金はこれに反しないとされる。

内閣は、予算を国会に提出して、その審議を受け、議決を経なければならない（憲法86条）。予算は、一会計年度の歳入歳出の見積もりである。予算作成は内閣の専権事項（憲法73条5号）であり、内閣総理大臣が内閣を代表して予算案を国会に提出する（憲法72条）。予算の先議権は衆議院にあり、議決についても衆議院の優越が認められている（憲法60条）。予算が新年度開始前に成立しないときは、内閣は暫定予算を作成し、国会に提出する。予見し難い予算の不足に当てるため、国会の議決にもとづいて予備費を設け、内閣の責任でこれを支出することができる。予備費の支出については事後に国会の承認を得なければならない（憲法87条）。

国の収入支出の決算は、会計検査院がこれを検査し、内閣がその検査報告とともに国会に提出しなければならない（憲法90条）。これによって国会による事後的コントロールが確保される。また、内閣は、国会および国民に対して、定期的に、少なくとも毎年1回、国の財政状況について報告しなければならない（憲法91条）。

（有澤知子）

14 ■ 内　　閣

　大日本帝国憲法においては，天皇が行政権を行使し，各国務大臣が天皇を輔弼（旧憲法55条）する形がとられており，その国務大臣の合議機関が内閣であった。内閣は憲法上の機関でなく内閣令で定められた機関にすぎなかった。初期とは超然内閣制が採られ，帝国議会のコントロールは内閣に及ばなかった（後に政党内閣となる）。国務各大臣は天皇によって任命され，天皇に対してそれぞれが単独に責任を負っていた。また，国務各大臣は，対等であり，内閣総理大臣も同輩中の首席にすぎなかった。

　日本国憲法は，「行政権は内閣に属する」（憲法65条）とし，内閣が行政権を行使することを明らかにした。そして，第5章を内閣とし，内閣を憲法上の機関とした。議院内閣制が採用され，内閣は国会の民主的コントロールを受け，国会に対して連帯責任を負う。内閣総理大臣は内閣の「首長」となり，その地位と権限が強化され，内閣の統一性と行政の一体性がはかれるようになった。

1　行　政　権

　行政には，実質的意味の行政と形式的意味の行政がある。
　「行政権は内閣に属する」（憲法65条）ということは，行政権が内閣に属し，内閣が行政権を行使し，内閣が**実質的意味の行政**の最高機関であることを意味する。行政の意味は，法に従いながら国家目的の積極的実現を目指して行われる，統一的かつ継続的な国家活動であるとする積極説もあるが，行政に属するすべての作用を表すことができないので，立法と司法の作用を除いた国家作用のすべてが行政であるとする控除説がとられている。
　「内閣は行政権の行使について国会に連帯責任を負う」（憲法66条3項）ということは，**形式的意味の行政**，すなわち，形式上内閣に属せしめられている作用すべてについて，内閣が国会に責任を負うことを意味する。内閣は，行政の

方針を定め，行政機関を指揮監督する（憲法72条）ことから，行政に関する機能についてはもちろん，内閣が行う実質上立法や司法に属する機能（政令の制定，恩赦の決定）についても国会に対して連帯責任を負う。

他の機関も例外的に実質的意味の行政に関与している。たとえば，会計検査院が決算の審査をすること（憲法90条）や，国会が財政に関する議決（憲法83条以下）や内閣総理大臣の指名（憲法67条）をすること，最高裁判所の下級裁

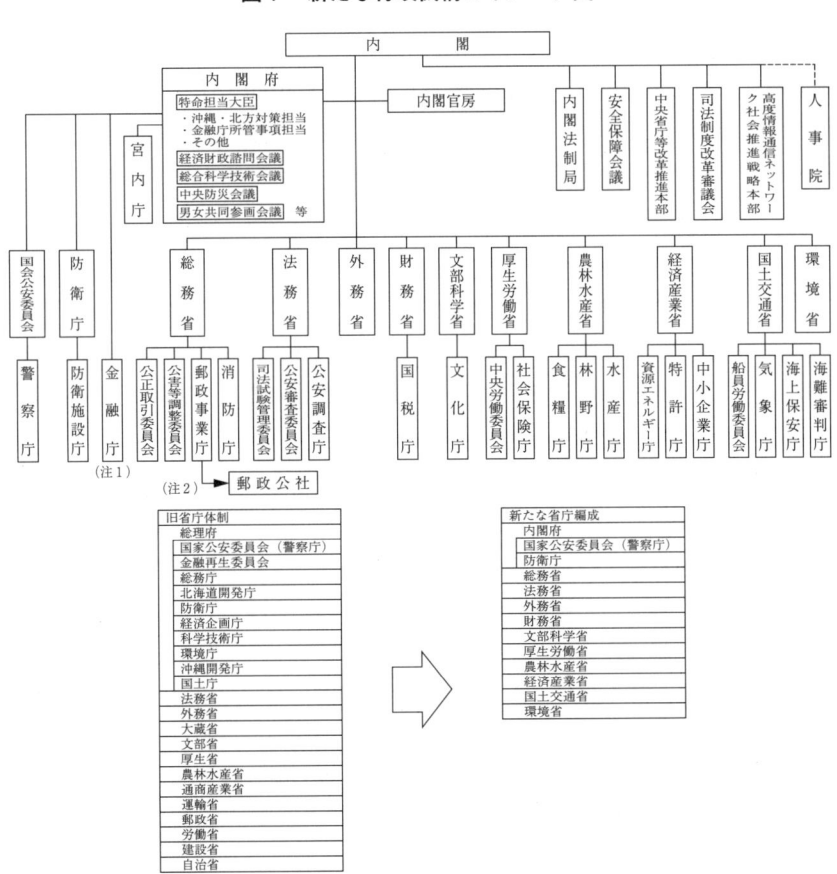

図1　新たな行政機構のイメージ図

```
                           ┌──────┐
                           │ 内 閣 │
                           └──┬───┘
  ┌────┬──────┬──────┼──────┬──────┬──────┬──────┬──────┬──────┐
┌─┴─┐┌─┴─┐ ┌──┴──┐  ┌─┴──┐ ┌─┴─┐ ┌─┴──┐ ┌─┴────┐ ┌─┴────┐ ┌─┴──────┐ ┌─┴──┐
│内閣府││宮内庁││内閣官房│ │内閣法制局│ │安全保障会議│ │中央省庁等改革推進本部│ │司法制度改革審議会│ │高度情報通信ネットワーク社会推進戦略本部│ │人事院│
└───┘└───┘ └─────┘  └────┘ └───┘ └────┘ └──────┘ └──────┘ └────────┘ └────┘
```

内閣府：
・特命担当大臣
　・沖縄・北方対策担当
　・金融庁所管事項担当
　・その他
・経済財政諮問会議
・総合科学技術会議
・中央防災会議
・男女共同参画会議　等

省庁：国会公安委員会―警察庁／防衛庁―防衛施設庁／総務省（金融庁（注1），公正取引委員会，公害等調整委員会，郵政事業庁（注2）→郵政公社，消防庁）／法務省（司法試験管理委員会，公安審査委員会，公安調査庁）／外務省／財務省（国税庁）／文部科学省（文化庁）／厚生労働省（中央労働委員会，社会保険庁）／農林水産省（食糧庁，林野庁，水産庁）／経済産業省（資源エネルギー庁，特許庁，中小企業庁）／国土交通省（船員労働委員会，気象庁，海上保安庁，海難審判庁）／環境省

旧省庁体制：総理府／国家公安委員会（警察庁）／金融再生委員会／総務庁／北海道開発庁／防衛庁／経済企画庁／科学技術庁／環境庁／沖縄開発庁／国土庁／法務省／外務省／大蔵省／文部省／厚生省／農林水産省／通商産業省／運輸省／郵政省／労働省／建設省／自治省

⇒ 新たな省庁編成：内閣府／国家公安委員会（警察庁）／防衛庁／総務省／法務省／外務省／財務省／文部科学省／厚生労働省／農林水産省／経済産業省／国土交通省／環境省

（注1）金融庁は平成12年7月設置，金融再生委員会は平成13年1月廃止。
（注2）郵政事業庁はその設置の2年後の属する年に郵政公社に移行。
出所）http://www.kantei.go.jp/jp/cyuo-syocho/aratana.html

判所裁判官の名簿作成（憲法80条）などである。

　内閣の下には，内閣の指揮監督を受けず独立して職務を行使する独立行政委員会（人事院，国家公安委員会，公正取引委員会，中央労働委員会など）がある。これらの委員会の委員の任命は内閣で行うが，任期制で，強い身分保障がされ，公正・中立な立場で準立法的権限や準司法的権限を行う。これについて，内閣の指揮・監督権限が及ばないので憲法違反ではないかという説もある。しかし，内閣の委員任命権と予算権によってコントロールしているからよいとする説や65条はあらゆる行政を内閣に帰属させる趣旨でなく，民主的統制を国政調査権や法律改正により国会がなしうるからよいとする説，人事行政や警察などは政党内閣による政治的コントロールを受けることなく中立・公平な立場で遂行されるべきであり，その方が個人の尊厳に資するとする説など合憲説が通説である。

2　議院内閣制

　行政権のあり方については，三権を完全に分立させる**大統領制**と行政権を行う内閣が議会の信任に基づき成立し，行政権と立法権が密接に結びつく**議院内閣制**がある。大統領制はアメリカ合衆国がその典型とされ，議院内閣制はイギリスで発達し，現行憲法はこれを採用している。

　大統領制は，権力分立が厳格に実現され，行政権の主体である大統領と立法権を担う議会峻別するものである。大統領も間接的ではあるが選挙によって選ばれ，議会の解散権を持たないし，議会の不信任によって辞職することもない。また，人的にも議会と大統領府は分離され，兼務できない。大統領には法案提出権はないが，議会の法律について拒否権がある。

　議院内閣制は，権力分立によって議会と内閣が分立し，相互に抑制・均衡しながらも，内閣が議会の信任に依拠して存在し，他方，内閣が議会の解散権を持ち，制度上議会と政府の間に連携と均衡の関係を保たせている制度である。内閣の首長である内閣総理大臣は国会議員の中から国会の議決で指名され，内閣の構成員である国務大臣も過半数は国会議員でなければならず，議席を持っているかいなかに関わりなく，議院に出席することができる。また，内閣総理大臣は内閣を代表して法案を提出することができる。

なお，議院内閣制には，行政権と立法権とが密接に結びつき，両者が共働することで，円滑な国政の運営が図れるという面があるが，議会と内閣が癒着することによって民主的コントロールが機能しにくくなるという欠点もある。

憲法では，議院内閣制は次の規定に表われている。

① 内閣総理大臣は国会議員の中から国会の議決で指名される（憲法67条）。
② 国務大臣の過半数は国会議員の中から選ばれなければならない（憲法68条）。
③ 衆議院で不信任決議案を可決または信任決議案を否決したときは，10日以内に衆議院が解散されない限り内閣は総辞職しなければならない（憲法69条）。
④ 内閣は衆議院解散の実質的決定権を有する（憲法7条3号）。
⑤ 衆議院議員総選挙後に初めて国会の召集があったとき，内閣は総辞職する（憲法70条）。
⑥ 内閣総理大臣その他の国務大臣は議席を有すると否とにかかわらず，いつでも議案について発言するために議院に出席できる。また，答弁または説明のため出席を求められたときは議院に出席しなければならない（憲法63条）。
⑦ 内閣は行政権の行使について国会に対して連帯責任を負う（憲法66条3項）。
⑧ 内閣総理大臣は内閣を代表して議案を提出する（憲法72条）。

3 内閣の成立

内閣は，議会から信任を受けた首長たる総理大臣とその総理大臣が任命した14人以内（特別に必要あるときは3人を限度として数を増加し17人以内とすることができる）のその他の国務大臣をもって組織する合議体（憲法66条1項，内閣法2条1項）である。内閣総理大臣およびその他の国務大臣は文民（憲法66条2項）でなければならないとされ，平和主義の理念を徹底化し，明治時代のような軍部の政治介入を否定する。文民は，現在職業軍人でない者とこれまで職業軍人の経歴をもたない者とを含む。自衛隊が軍としての性格をもっている現在では，文民とは現自衛隊員でない者と解するのが妥当である。

内閣総理大臣およびその他の国務大臣の過半数は国会議員でなければならない（憲法67条1項，68条1項）。内閣総理大臣が国会議員であることは選任の要件であり，在職の要件でもある。ただし，任期の満了または衆議院の解散の場合は，新国会の召集のときに内閣は総辞職する。国務大臣の過半数が国会議員

であることは，内閣成立・存続の要件であるが，内閣全体としてこの要件を満たしていればよいとされる。

4　内閣の総辞職

内閣の一体性と連帯責任の原則から，内閣は自ら進んで辞職するほか，次の場合に総辞職しなければならない。

① 衆議院で内閣不信任案を可決し，または信任決議案を否決した後，10日以内に衆議院が解散されないとき（憲法69条）。
② 衆議院議員総選挙の後にはじめて国会の召集があったとき（憲法70条）。
③ 内閣総理大臣が死亡，失格，辞職などによって欠けたとき（憲法70条）。

内閣が総辞職したとき，国会は，他のすべての案件に先立って内閣総理大臣を指名しなければならない（憲法67条）。なお，総辞職した内閣は，新たな内閣総理大臣が任命されるまで，引き続きその職務を行う（憲法71条）。

5　内閣総理大臣・国務大臣

内閣総理大臣は，内閣の首長であり，内閣を組織し（憲法66条1項），閣議を主宰し（内閣4条），内閣を代表する強い地位と権能をもつ。内閣総理大臣は，国会議員の中から，国会の議決で指名され，天皇が任命する（憲法67条1項，6条）。

内閣総理大臣の権能には，国務大臣の任免権（憲法68条）や，国務大臣の訴追に対する同意権（憲法75条）があり，内閣を代表して議案を国会に提出し，一般国務及び外交関係について国会に報告し，ならびに閣議にかけて決定した方針に基づいて行政各部を指揮監督する（憲法72条）。国会および国民への財政状況の報告（憲法91条）もする。また，法律や政令に署名及び連署（憲法74条）をすることによって，法律の執行責任を明らかにし，政令の制定責任と執行責任を明らかにする。

国務大臣は，内閣総理大臣が任命し，天皇が認証する（憲法68条1項，7条）。国務大臣は，「主任の大臣（総理府及び各省の長）」として，行政事務を分担管理するが，「無任所大臣」や外局（委員会，庁）の長も認められる（憲法74条，内閣3条）。

国務大臣は，内閣を構成する閣僚であり，内閣において対等の発言権をもち，主任の国務大臣として，法律および政令に署名（憲法74条）する。また，議席を有しているかどうかにかかわらず，両議院に出席・発言（憲法63条）することができる。また，閣議に列し，案件いかんに問わず，内閣総理大臣に提出して閣議を求める（内閣4条）ことができる。

6　内閣の権能

行政権は内閣に属する（憲法65条）ことから，内閣は一般行政事務を行う権限を有する。憲法73条は，他の一般行政事務の外，内閣の権能の中で特に重要なものを例示的に列挙している。

(1)　憲法73条の職務

内閣は，国民代表機関である国会の制定した法律を誠実に執行する法執行機関である（1号）。法治国家は法律にもとづいて国政が行われなければならない（法による行政）。なお，最高裁判所が違憲とした法律については，最高裁判所が憲法適合性の最終判断権を持つ（81条）ことから，その法律の執行を控えて国会による法律改正を待つべきとされる。

内閣は法律を執行するために政令を制定することができる（憲法6号）。行政機関によって制定される法規を命令といい，そのうち内閣が制定する法規を政令，各省が制定する法規を省令という。内閣が制定できる政令は，法律を実施するための執行命令と法律の委任にもとづく委任命令に限られる。明治憲法下のように法律に代わる独立命令や緊急命令は出すことができない。なお，政令には法律の委任がなければ罰則や，義務を課しまたは権利を制限する規定を設けることができない。政令は，主任の大臣が案を備えて内閣総理大臣に提出し，閣議を求め，閣議決定の後，主任の大臣の署名と内閣総理大臣の連署によって成立する。政令は，天皇が公布する（7条）。

また，内閣は，国務の総理を行う。行政の最高責任者である内閣は，行政権を統括し，行政各部を指揮監督する（憲法1号）。官吏に関する事務の掌理（憲法4号）も行う。官吏は，行政権の活動に従事する一般職の公務員をいう。官吏に関する事務を処理する基準は，国家公務員法に定められている。人事行政については，人事院が行う。

内閣は，外交関係の処理（2号）や条約の締結（3号）といった外交関係の処理を行う。日常事務は，外務大臣が処理するが，重要な外交関係の処理は内閣が行う。外交交渉を行ったり，外交使節を任免したり，全権委任状や大使・公使の信任状（憲法7条5号）その他の外交文書は内閣が作成する。条約については，国会の民主的なコントロールを受けるという意味でも，国内法的効力を持たせるためにも事前に，時宜によっては事後に国会の承認を必要とする。

　その他，内閣は，予算の作成権を持ち（憲法5号），予算を作成して，国会に提出する（86条）。財政国会中心主義（憲法83条）から，予算については国会の審議と議決が必要とされる。

　恩赦の決定（憲法7号）も内閣の職務の1つである。恩赦には，大赦，特赦，刑の執行の免除および復権がある。恩赦は司法権に属する刑罰権の全部または一部を消滅させるもので，権力分立の例外である。一般的恩赦（大赦）については，政令で要件を定めて行い，個別的恩赦（特赦）については，中央更正保護審査会の申出によって，内閣で決定する。

(2) 憲法73条以外の職務

　内閣は，憲法73条に定められている職務のほかに，次の職務も行う。

　内閣は天皇の国事行為（憲法4条2項，6条，7条）について助言と承認をする（憲法3条）。内閣はこの助言と承認によって，天皇の国事行為について自己責任を負う。栄典の授与の決定（7条7号）や衆議院の解散の決定（憲法7条3号）についても内閣が実質的に決定する。

　裁判所に対しては，最高裁判所の長たる裁判官を指名する（憲法6条2項）。最高裁判所の長官は，天皇によって任命される。内閣は最高裁判所の長たる裁判官以外の裁判官は内閣が任命（憲法79条1項）し，天皇が認証する。また，最高裁判所の指名した者の名簿にもとづいて，内閣は，下級裁判所の裁判官を任命する（憲法80条1項）。

　国会に対しては，内閣は臨時会の召集決定（憲法53条）や参議院の緊急集会の請求（54条2項）を行う。国会の召集も天皇の国事行為であるが，実質的には内閣に決定権がある。内閣は，国会へ法案提出もできる（憲法72条）。法律の多くは内閣の提出した法案が可決されたものである。

　予見し難い予算の不足に当てるため国会に議決にもとづいて予備費が設けら

れているが，内閣が自らの責任でそれを支出する（憲法87条）。すべての予備費の支出については，内閣は，事後に国会の承諾を得なければならない。国会の承諾を得られなかった場合にも，その効力には影響がなく，内閣がそれについて政治責任を負うにとどまる。また，内閣は国の収入支出の決算を会計検査院の報告とともに国会に提出しなければならない（憲法90条）。内閣は，国会および国民へ国の財政状況の報告もしなければならない（憲法91条）。

7　内閣の活動と責任

　内閣は内閣総理大臣とその他の国務大臣によって構成される合議機関であり，その活動は，構成員の合議（閣議）によって行われる（内閣法4条）。閣議は内閣総理大臣が主宰し，各大臣は案件のいかんを問わず内閣総理大臣に提出して閣議を求めることができる。閣議は，閣僚全員の出席を建前としており，全員一致の議決によって行われる。閣議決定ができないときには内閣総理大臣は反対する国務大臣を罷免し，新たな国務大臣を任命することもできる。

　内閣は，行政権の行使について，国会に対して連帯して責任を負う（憲法66条3項）。責任内閣制によって民主的責任政治が確立する。責任の範囲は，内閣に属するすべての権限行使（形式的意味の行政）である。責任の相手方は，国会であり，内閣は，両議院の民主的コントロールの下におかれ，各議院は，質疑，国政調査などによって，内閣の政治責任を追及する。衆議院は，内閣不信任決議や信任の決議案の否決によって内閣に総辞職を求めることもできる。責任の形式は，連帯責任で国務大臣が一体として責任を負う。なお，各議院は，国務大臣の問責決議によって各大臣の単独責任を追及することもできる。

（有澤知子）

15 ■ 裁判所・司法制度

1 司法とは何か

(1) 司法とは「裁判」のこと　日本国憲法の第6章は「司法」という表題をかかげ，76条から82条まで7つの条文を置いている。「司法」というのは，民事あるいは刑事の裁判を通じて，抽象的な法を具体的な事件に適用する行為のことである。一般的には，単純に「裁判」のことだと考えてもらって構わない。

司法は，日本国憲法の基本理念である三権分立のきわめて重要な一部門を担っている。司法権を行使するのは裁判所であるが，裁判所は，国会（立法権）に対して「違憲審査権」（憲法81条）を，内閣（行政権）に対しては「行政事件の終審裁判所」（憲法76条2項）としての地位によって，それらに対して睨みを利かせることになる。反対に，司法権（＝裁判所）は，国会からは「裁判官弾劾」（憲法64条）により，内閣からは「最高裁判所長官の指名」（憲法6条2項）や「裁判官の任命」（憲法79条1項，80条1項）により，相応のコントロールを受けている。むろん，司法権は国民からもコントロールされている。これは，「最高裁判所裁判官に対する国民審査」（憲法79条2項・3項）という制度によって実現されている（もっとも，実際にはあまり機能しているとは思えない）。

(2) なぜ「司法」は重要なのか　ところで，なぜ司法権は重要なのだろうか。端的に言えば，司法は，国会や内閣に対して強制力をもって意見を主張できるおそらく唯一の勢力だからである。三権分立の枠組みの中では，国会と内閣も互いに対立する勢力であるはずだが，日本のように議院内閣制を採用すると，国会と内閣が揃って（しかも互いに無批判に）間違いを犯すこともありうる。だから，国会とも内閣とも人的結合性のない裁判所は，国家の良心の最後の砦としての重要性を持つことになる。

このことは，「司法権の独立」というキーワードで語られることが多い。司

法権の独立とは，まさに司法権とそれを構成する（人的・物的）要素は，国会からも内閣からも干渉されないということである。たとえば，司法権の人的要素たる裁判官の地位は，憲法であつく保障されており（**28**「実務法曹」参照），内閣総理大臣が裁判官をクビにしたり降格することはできないし（憲法78条），議員汚職に有罪を言い渡した裁判官の減給を国会が法律で定めることもできない（憲法79条，80条）。

2 司法権は裁判所に属する

(1) 司法権を行使するのは裁判所　憲法76条1項は，「すべて司法権は，最高裁判所及び法律の定めるところにより設置する下級裁判所に属する」といっている。さらに2項では，「特別裁判所は，これを設置することができない。行政機関は，終審として裁判を行ふことができない」と念を押して，司法権を裁判所に独占させている。

　ここで設置が禁止されている特別裁判所というのは，例えば戦犯裁判所あるいは軍法会議のようなもので，臨時的なものや特別な身分の者のみを対象とする裁判所のことである。このような特別裁判所は，旧帝国憲法の時代には置かれていた。それが戦後の日本国憲法で禁止されることになった理由は，国民に対して平等な裁判を保障し，法の下の平等を徹底させるためである。

　そうであるならば，国民に対して平等な裁判を保障できる限り，事件の性質によって専門の裁判所を置くことは構わないことになる。実際，家庭裁判所という家庭に関する事件や少年に関する事件などを取り扱う裁判所があり，「これは特別裁判所ではないのか？」と争われたこともあったが，判例（最〔大〕判昭和31年5月30日刑集10巻5号756頁）はこれらは特別裁判所ではないとしている。

　注意深く憲法76条2項を読めば分かるが，憲法は，行政機関が「終審として」裁判することはできないと言っているのであって，要するに「前審として裁判することは構わない」と言外に言っていると解される。実際，裁判所法3条2項は，「行政機関が前審として審判することを妨げない」と規定している。厳密に言えば「裁判」と「審判」は少し違うものだが，ここでは同じと考えてもらって構わない。

　専門裁判所である家庭裁判所が認められ，行政機関も前審として審判するこ

とができることから，結局「司法権を行使しうる裁判所」とは，国民に対して平等な裁判を保障することを前提に「最終的に最高裁判所に上訴する途がある裁判機関」という意味であることが分かる。

なお，国会が設置する弾劾裁判所は，裁判官という特別な身分の者のみを対象とする裁判所であるが，これは憲法自身が認めた例外として納得してほしい。

3 裁判所

(1) 裁判所の種類　裁判所というのには何種類かあるらしいということは，おそらくご存じだろう。ここで，裁判所の種類と，その性質およびそれぞれの関係を整理しておくことにしよう。

まず，裁判所の種類であるが，裁判所のヒエラルキーの上から順番に列挙すると，最高裁判所，高等裁判所，地方裁判所・家庭裁判所，簡易裁判所の5種類がある。地方裁判所と家庭裁判所は，ヒエラルキー上は同列である。このように裁判所にいくつもの種類があるのには，2つの事情がある。1つは，三審制という制度上の要請からのものであり，もう1つは裁判所の専門性に関する事情である。

ではまず，三審制とは何だろうか。裁判は裁判官の判断が重要な要素となるが，一方で裁判官が絶対に間違いを犯さないとは言い切れない。そこで，間違った裁判から市民を救うために，例外はあるが，少なくとも3回の裁判を受けられるようにしたのが，この三審制である。具体的には，ある事件について初めて裁判をする裁判所を一般には「第一審裁判所」とよび，ここではその事件に関する事実の確認と法律の適用について審理して判決をする。裁判の当事者がその判決に不服であるときは，より上位の裁判所でその事件に関する事実や法の解釈・適用について再び審理を受けることができる。これが「第二審裁判所」である。それでもまだ判決に不服であるときは，さらにもう一度，さらに上位の裁判所つまり「第三審裁判所」でその事件を争うことができる。ただし，この第三審では，事実についてはもう審理せず（事実審理は1回やり直せば十分ということである），下位の裁判所の判決を見直して法律の解釈や適用に間違いがなかったかどうかをチェックするだけである。

次に，裁判所の専門性とは何のことだろうか。先に，国民に対して平等な裁

判を保障できる限り事件の性質によって専門の裁判所を置くことは構わない，と説明した。ここでさらに現実的側面から説明を加えるならば,「第一審裁判所」には多くの事件が殺到し（訴訟は必ず「第一審裁判所」から始めるのだからこれはあたりまえである），一種類の裁判所でこれらすべてを扱うことは合理的でないので，この殺到する「第一審裁判所の事件」を3つの分野に振り分け，手分けして処理することにしたのである。そこでの振り分け方は,「訴訟の目的の価額が低い事件」,「家庭や少年に関する事件」,「通常の事件（前の2つに当てはまらないもの）」というようになっている。そして,「訴訟の目的の価額が低い事件」は簡易裁判所で迅速に処理し,「家庭や少年に関する事件」は家庭裁判所で非公開で処理し,「通常の事件」は地方裁判所でふつうに処理することとしたわけである。ちなみに,「通常の事件」といったのでは，実際にはいろいろなものがそこに含まれてしまうので，大都市の地方裁判所などではそれら「通常の事件」をさらに分類して，専門部（交通事故専門，破産手続専門等）に割り振っている。

(2) 地方裁判所　まず最も一般的な第一審裁判所として挙げられるのは,「通常の事件」を処理する「地方裁判所」である。これは，全国に本庁が50カ所（各都道府県に1つずつと，函館，旭川，釧路）設置されており，さらに各地に約240ほどの支部が置かれている。

　地方裁判所は，訴訟の目的の価額が90万円以上の民事事件と，内乱罪に関する事件および罰金以下の刑に当たる罪以外の罪に係る刑事事件の第一審を取り扱う。ちなみに，平成12年度に地方裁判所が受け付けた事件数（つまり新しくはじまる裁判の数）がどのくらいかというと，民事・行政事件が1,161,498件（このうち通常の民事訴訟は184,246件），刑事事件が94,141件である。いずれも過去5年間で30％以上の増加となっている。

　さらに，地方裁判所は，簡易裁判所の民事事件の判決に対する控訴のほか，決定，命令に対する抗告についても処理し，第二審裁判所の顔も持っている。ちなみに，控訴も抗告も，ともに裁判官の出した第一審の裁判に対する不服のことである。

　地方裁判所では，一部の例外を除き，原則として1人の裁判官が裁判を処理する（裁判所法26条）。これを単独制という。

(3) 家庭裁判所　家庭に関する事件および少年保護事件（法律上は女子も

「少年」という。ここでいう少年保護とは、要するに「非行少年」に対する保護的な処遇をいう）の第一審を取り扱うのが「家庭裁判所」である。地方裁判所のある都市には、必ず家庭裁判所も置かれている。

家庭裁判所で取り扱う事件を具体的にみてみると、子の氏の変更、相続放棄、保護者選任、戸籍法関係の処理、遺言の検認等の「紛争性のない家庭事件（甲類という）」、親権者の指定・変更、遺産分割、子の監護、婚姻中の夫婦間の事件（だいたいは離婚事件である）、婚姻費用分担等の「紛争性のある家庭事件（乙類という）」、および事件を起こした少年に対する保護処分の審判、の３つに分かれている。いずれの事件でも、裁判官が事件について処分を決めるときは「審判」という方法をとる。厳密には違うものだが、判決と似たようなものである。ただし、「紛争性のある家庭事件」については、裁判官が審判を出す手続にはいる前に、「調停」といって調停委員会の仲介のもと紛争当事者間で話し合って紛争の解決をはかることが義務づけられている。これを「調停前置主義」と呼んでいる（家事審判法18条）。

家庭裁判所が平成12年度に受け付けた事件数は、家事審判が429,115件（このうち、「紛争性のある家庭事件」すなわち乙類審判が9,346件）、話し合いで解決した家事調停が114,822件（このうち婚姻中の夫婦間の事件、要するに離婚に関する事件が半数を占める。）である。また、平成12年度に少年保護事件で保護された少年の数は283,389人である（そのうち道路交通法違反が全体の30％、窃盗が29％）。

家庭裁判所では、手続は非公開で行われ、また裁判官のほかに市民代表の参与員が審判に関与し、家事調停委員が調停に関与するのが特徴である。

(4) **簡易裁判所** 地方裁判所が扱う事件よりも少し簡易な事件の第一審を取り扱うのが、その名も「簡易裁判所」である。これは、全国に400ヵ所以上も設置されている。

簡易裁判所は、訴訟の目的の価額が90万円を超えない軽微な民事事件と、罪の軽い刑事事件（罰金以下の刑に当たる罪、選択刑として罰金が定められている罪、常習賭博及び賭博場開張等図利罪、窃盗罪、横領、盗品譲受け等の罪など）の第一審を取り扱う。また、簡易裁判所に認められている特殊な権限として「支払督促」（金を借りた人の言い分を聞かないで、とりあえず「払え！」という命令）を出したり、公判を開かずに処分を決めることができる「略式手続」（刑事訴訟法

461条以下）や，交通事件即決裁判手続法による「即決裁判」を取り扱うことなどがある。

簡易裁判所が平成12年度に受け付けた事件数は，民事・行政事件が1,846,460件（このうち通常の民事訴訟は312,434件），刑事事件が15,587件である。

簡易裁判所の特徴は，裁判官の任命資格が他の裁判所の裁判官と異なること，司法委員という市民の代表が裁判に関与しうること（民事訴訟法279条）などがあげられる。簡易裁判所の判決に不服があるときは，地方裁判所に控訴する。

(5) **高等裁判所**　地方裁判所および家庭裁判所の上訴審となるのが，「高等裁判所」である。高等裁判所は，全国に8カ所の本庁が置かれ，さらに6カ所に支部が設置されている。

地方裁判所や家庭裁判所の判決，決定に不服があるときは，それを高等裁判所で再び争うことができる。より正確にいうと，高等裁判所は，地方裁判所の第一審判決，家庭裁判所の判決および簡易裁判所の刑事に関する判決または決定・命令に対する控訴または抗告，地方裁判所の民事の控訴審判決および簡易裁判所の判決に対する上告，を処理する（裁判所法16条）。

また，いくつかの法律が，ある種の事件の第一審裁判所を高等裁判所と定めているので（たとえば，裁判所法16条4項により内乱罪に関する裁判は高等裁判所が第一審である。さらに，独占禁止法85条，「職務執行命令」に関する地方自治法151条の2，選挙の効力を争う訴訟のための公職選挙法203条，204条，207条，208条など），第一審裁判所としての顔も持っている。

高等裁判所が平成12年度に受け付けた民事・行政事件数は，37,275件である。日本人は諦めがいいのか，地方裁判所の新受事件数と比較して，かなり少ないことが分かるだろう。

高等裁判所が地方裁判所などと最も異なる点は，常に複数の裁判官が裁判を処理する点であろう（裁判所法18条）。これを合議制といい，通常は3人，場合によっては5人の裁判官が合議体を構成して，裁判を行う。

(6) **最高裁判所**　最高裁判所は，東京都千代田区に一カ所だけ存在する，最上級の裁判所である。高等裁判所の判決に不服があるときは，最高裁判所に上告することができる。

先に説明したように，第三審たる上告審では原則として事実についてはもは

や審理せず，上告された判決に法律の解釈や適用に間違いがなかったかどうかをチェックするだけである。その結果，上告に理由がないときは「上告棄却」といって訴えを退ける。一方，上告に理由があるときは，さらに事実審理が必要かどうかを考えて，必要ならば「原判決破棄差し戻し」といって事件を元の下級裁判所に送り返す。また，上告に理由があるが，これ以上の事実審理は必要ないとするときは，「原判決破棄自判」といって最高裁判所自身の手で事件に決着をつける。

最高裁判所には，最高裁判所長官と14人の最高裁判所判事がいる（**28**「実務法曹」参照）。これら計15人の裁判官が全員揃って審理する法廷を「大法廷」，5人ずつ3組に分かれる法廷を「小法廷」という。したがって大法廷は1つ，小法廷は3つある。どのようなときに事件を大法廷で審理するかについては最高裁判所自身がルールを決めるが，法律，命令，規則または処分が憲法に適合するかしないかを判断するとき，および憲法その他の法令の解釈適用について意見が前に最高裁判所のした裁判に反するとき（つまり判例を変更したいとき）には大法廷で審理することが法律で定められている（裁判所法10条）。

実は，最高裁判所の主要任務は，大法廷で審理しなければならないこの2つのケースと密接に関わりがある。

最初の例は「憲法適合性の判断」であるが，これは憲法によって最高裁判所に付与された権限である「違憲審査権」のことである。つまり，憲法に反する法律，命令，詔勅および国務に関するその他の行為は無効であるが（憲法98条1項），最高裁判所は「一切の法律，命令，規則又は処分が憲法に適合するかしないかを決定する権限を有する終審裁判所」（憲法81条）とされており，わが国におけるあらゆる法令等の憲法適合性は，最高裁判所が最終的に判断することになっている。特に，国会が成立させた法律に対してこの権限を行使することを「違憲審査権」の行使とよび，三権分立の枠組みにおける立法に対する司法の監視の役割を果たしている。ただし，この「違憲審査権」は，ある法律に対して直接行使することはできず，その憲法違反と思われる法律に関して生じた具体的事件を審理するときに行使できるに過ぎない。だから，法律が成立と同時に最高裁判所によって違憲と判断されることは，あり得ない。

二番目の例は「憲法その他の法令の解釈適用の統一」であるが，これはある

法律の規定をどう解釈するべきかについては，最高裁判所が最終的な指針を示すということを意味する。もっとも，高等裁判所以下の下級審の裁判官は常に最高裁判所の判断に拘束されるわけではなく，あくまでも最高裁判所においては「姿勢が終始一貫している」ということを保障するだけである。とはいえ，下級審で最高裁判所の判断にあえて逆らったとしても，行き着く先の最高裁判所でそれが否定されるのでは意味がないので，自然に下級審も最高裁判所の指針に従うことになる（わざと従わない例も結構あるが）。

　最高裁判所は，訴訟に関する手続，弁護士，裁判所の内部規律および司法事務処理に関する事項について，規則を定める権限を認められている（憲法77条）。これは，司法運営のルール作りを通じて立法権や行政権が司法権に圧力をかけるのを防止するため，司法運営のルールは最高裁判所（つまり司法権自身）が決められることにしたものである。

　最後に，事件数をみておこう。最高裁判所が平成12年度に受け付けた民事・行政事件の事件数は，6,476件である。下級審のそれとの比較で，なんだ少ないなと思いがちだが，最高裁判所には15人しか裁判官がいないことを思い出して，その激務ぶりを想像してほしい。

　　なお，裁判所についてよりよく知りたいときは，最高裁判所のホームページ（http://www.courts.go.jp/）をみるとよくわかる。

（中村壽宏）

第3編　生活と法

16 生活環境

1 はじめに

　平成5年，わが国で，「環境基本法」が制定された。昭和42年に制定された「公害対策基本法」（以下，公基法）を発展的に引き継いだ法律である。わが国の環境問題がまさに公害問題に端を発していることがわかるだろう。

　近代工業の発達は，われわれの生活を便利にしたが，その反面，自然を破壊し，生活環境を悪化させてきたことも否めない。わが国でも，経済成長と共に多くの公害事件が発生した。たとえば，読者もご存じの「足尾銅山鉱毒事件」（明治10年～）はその原点ともいえる。有効な法律が存在しなければ，公害源の企業はコスト節約のため公害防止対策を講じようとしない。そのような事件は，国の産業政策ともあいまって数多く生じ，第二次大戦後も，産業復興を遂げゆく中で跡を絶たず，公害対策は長くなおざり状態が続いた。いわゆる**4大公害事件**「熊本水俣病事件」「新潟水俣病事件」「イタイイタイ病事件」「四日市ぜんそく事件」は，そのような無対策状態が引き起こした最たるものである。

2 環境規制法——公害問題と公害規制

　国が公害規制法を初めて制定したのは昭和33年である。いわゆる水質二法である。東京・江戸川のパルプ工場の排水による漁業への被害が問題化して制定された。さらに昭和37年には，四日市ぜんそく事件を契機として「ばい煙の排出の規制等に関する法律」も制定された。しかし，これら法律には公害規制法としてはさまざまな欠陥があった。第1に，それぞれ「産業の相互協和」「生活環境と産業の健全な発展との調和」を目的条項として取り入れたため，汚染の規制が不十分となった。第2に，指定水（地）域制がとられたため，指定は進まず，未指定域では汚染が進行した。第3に，濃度規制であったため，汚染

源・排出量が増えれば汚染が進行するという結果を招いた。

　昭和38年頃から，ようやく公害基本法の制定を含む総合的な公害対策を実施する必要性が認識されるようになり，昭和42年，「公害対策の総合的推進を図り，もって国民の健康を保護するとともに生活環境を保全することを目的とする」（1条）公基法が制定され，ここにやっと本格的な環境対策立法の整備が始まったのである。同法は，公害を「大気汚染」「水質汚濁」「騒音」「振動」「地盤沈下」「悪臭」の6つと定義し（2条），事業者，国，地方公共団体，住民の責務を明らかにしたうえで（3～6条），公害に関する基本的な施策を定めた。しかし，ここでも，生活環境については，経済の健全な発展との調和が図られるべきとする調和条項が導入され，それが国民の強い批判を招くことになった。同条項は，制定のわずか3年後の昭和45年に開かれたいわゆる「公害国会」で早くも削除に追い込まれたのである。

　昭和45年の「**公害国会**」で，わが国の環境対策立法は飛躍的な前進をみせた。このとき，公基法の改正を始め，全部で14件の公害関係法の制定・改正がなされている。公基法の改正としては，前述のように「調和条項」を削除したこと，公害の定義に新たに「土壌汚染」を加えたこと，国のなすべき施策に自然環境の保護を加えたこと等が挙げられる。新たな立法としては，「海洋汚染及び海上災害の防止に関する法律」「農用地の土壌の汚染防止等に関する法律」「公害防止事業費事業者負担法」「廃棄物の処理及び清掃に関する法律」（以下，廃掃法）「人の健康に係る公害犯罪の処罰に関する法律」，そして水質二法に代えて「水質汚濁防止法」が制定された。さらに，すでに昭和43年に制定されていた騒音規制法，（「ばい煙の排出の規制等に関する法律」に代わる）大気汚染防止法が改正の対象となった。「調和条項」の削除，指定地域制度の廃止ないし指定地域の拡大等である（同様の改正は，水質汚濁防止法においても実現されている）。他方，ここで整備された環境対策立法の実施に不可欠な総合的環境行政を推進すべく，昭和46年に，総理府の外局として「環境庁（現在，環境省）」が設置された。

3　環境救済法

　(1)　**損害賠償による救済**　このように，わが国の環境対策は着々と広がりを見せたが，すでに生じた多くの被害の救済は，事後的に実現されざるを得な

かった。それも，環境対策立法が未整備な段階にあっては，行政機関の仲介による被害の救済は望めず，被害者は自ら民事訴訟によって司法的救済を求めていかなければならなかった。民法709条以下の「**不法行為**」の規定である。冒頭に挙げた4大公害事件の被害者も，昭和40年代，不法行為による「**損害賠償**」を求めて次々と訴訟を提起した。不法行為とは何だろう。違法に他人に損害を及ぼした者に，被害者に対して，その損害を原則として金銭に換算して賠償させる制度である。被害者が加害者に対して不法行為にもとづく損害賠償を請求するには，①故意または過失による行為であること（つまり，ある者の行為により損害が生じても，その者に非難されるべき状況がなければ，責任を負わせないということである——過失責任主義——近代民法の基本原則の一つとして，個人に自由な行動を保障），②その行為が被害者の権利または利益を違法に侵害したこと，③損害が発生したこと，④加害行為と損害との間に因果関係があること，⑤加害者に責任能力があることという5つの「法律要件」を満たす必要があり，①～④については原告である被害者の側でその存在を証明しなければならない。ところが，環境被害の救済を求める訴訟では，このような要件の証明がしばしば被害者側にまさに酷ともいえる大きな負担となったのである。従来の考え方は，再検討を迫られることになった。

　(a) 公害による健康被害　　4大公害訴訟では，特に「過失」と「因果関係」が焦点となった。たとえば「過失」は，判例によれば，損害発生を回避するように行動しなければならない注意義務に違反することと説明される。しかし，公害のような科学・企業の発達に伴う「新しい危険」に対する「注意義務」は非常に認定しがたいものである。4大公害訴訟では，裁判所は，被告企業に事前事後の継続的研究調査義務を前提とする高度の注意義務を課すことによって積極的に過失の存在を認定し，被害者救済の要請にこたえた。ただそれでも，産業技術の高度化，産業プロセスの複雑化による「過失なき加害」の可能性は否定できず，昭和47年，大気汚染防止法と水質汚濁防止法に**無過失責任**規定が導入されたのである（同様の規定は，すでに昭和26年「鉱業法」，昭和36年「原子力損害の賠償に関する法律」中にみられ，イタイイタイ病訴訟では，鉱業法109条の無過失責任規定が根拠とされた）。

　また「**因果関係**」についても，公害訴訟の場合，その証明は原告にとって非

常に酷なものとなる。たとえば健康被害であれば，疾病の原因物質，原因物質の発生源から被害者への到達経路，原因物質を排出した工程の特定は，専門知識・資料を持たない原告にとって困難である。そこで，4大公害訴訟では，高度の蓋然性のある因果関係が証明されれば，そこに法的な因果関係があるとする手法（疫学的因果関係論）がとられ，また，それにより因果関係の追及が被告企業の門前にまで及べば，後はむしろ企業側において自己の工程に原因のないことを証明しなければならないとされ，証明の負担軽減・転換がなされた。

さらに，四日市ぜんそく訴訟では，「**共同不法行為**」の成否が問題とされた。すなわち，共同不法行為とは，数人の者が共同の不法行為によって他人に損害を加えたとき（民法719条1項前段），また，共同行為者中だれが実際に損害を加えたか明らかでないときに（同項後段），生じた損害全額について各自に連帯して責任を負わせるものであるが，従来の考え方では，各自の行為も独立に不法行為の要件を満たす必要があるとされた。しかし，たとえば，ばい煙を排出する工場が数多く立ち並んで大気汚染を発生させている場合に，各工場の排出行為と損害との個別的因果関係を証明することは難しい。そこで，四日市訴訟では，そのような証明ができなくても，各工場間に共同関係（関連共同性）があり，共同行為と損害との間に因果関係のあることが証明されれば，共同不法行為の成立を認めるとしたのである（工場間の関連共同性が弱いものであっても，719条1項後段の問題として，共同不法行為が認められる傾向にある）。

こうして，4大公害訴訟はいずれも被害者側の勝訴となり，昭和48年には，これらを背景として「公害健康被害の補償等に関する法律」が制定されるにいたっている。

(b) 生活妨害　　他方，実際の訴訟には，大規模な工場の操業による健康被害だけでなく，戦後の建設ラッシュが続く中で，マンションの建設に伴う日照妨害や隣りどうしの生活騒音など相隣関係的なものも多く見られるようになり，そこでは，すでに述べた不法行為の要件中②の「違法性」がしばしば焦点となった。すなわち，「権利の行使に不法なし」との法理によれば，本来，それぞれが自己の所有地で日常的な活動を行っているかぎり，それに違法性を認めるのは簡単ではない。とくに，それが人の健康に直接的に被害を及ぼすものでない場合にはなおさらである。そこで，判例は，いわゆる「**受忍限度論**」，つ

まり加害者・被害者のさまざまな事情（被害の程度，加害者と被害者の先住後住関係，損害防止施設の設置状況等）や地域性などを総合的に考慮して，個々の事案における被害の受忍限度を決定し，加害行為の違法性の有無を判断するという立場をとっている。日照妨害にもとづく損害賠償請求については，建築基準法に違反する建物であれば，まず受忍限度をこえたものとして相当の慰謝料（精神的損害の賠償——民法710条）が認められるであろうが，違反がなく，たとえば商業地域内，それも幹線道路に面した場所柄であれば，受忍限度内にあると判断される可能性が高い。他方，騒音については，その種類が問題となろう。騒音規制法等が規制対象とし（たとえば工場騒音，自動車騒音），その基準に違反する騒音に対してはまず慰謝料が認められるであろうから，問題は，近隣騒音，生活騒音といった直接に法の規制を受けない類型である。やはり騒音の程度・時間帯は重要であるが，先住後住関係，加害者の防音への配慮の有無等が受忍限度の判断に影響を与えるようである。テニスコート，犬の鳴き声，エアコン室外機の運転音などで慰謝料が認められた例がある。これに対し，最近人気のフローリング床への変更によって階下に響く騒音については，それが通常の生活騒音に限られ，時間帯も短時間であり，防音への配慮もみられる等の事情から，受忍限度内であるとした2，3の例がある。ちなみに，自動車騒音，航空機騒音などでは，道路の設置者・管理者である国などに賠償責任を追及することが可能である（国家賠償法2条1項）。

(2) **差止めによる救済**　さて，これまで述べてきた不法行為による金銭賠償は，あくまでも被害者にとって事後的救済にすぎないのだという点を思い出してほしい。環境被害にとって，被害の原因行為を差し止めることが最も有効な望ましい救済手段であることは確かである。このように，他人の行為の禁止を求める訴訟を「**差止訴訟**」という。ところが，実は，訴訟を通じて他人の行為を禁止することはそう容易なことではない。第1に，現行の民事訴訟制度が差止訴訟を一般的に予定していないこと，第2に，行為の禁止を命じることが被告にかなりのダメージを与えることが多いことが理由である。学説・判例は，1の点，つまり差止訴訟それ自体の認容については積極的方向を打ち出してきたものの，やはり2の点から，請求の認容に対しては基本的に消極的な態度をとっているのである。たとえば，「国道43号線（騒音）訴訟上告審判決」（最判

平成7年7月7日民集49巻7号1870頁）も，差止請求それ自体は民事訴訟として認容しつつも，当該道路がもたらす多大な便益（公共性）を考慮すると差止めを認容すべき違法性は認められない旨判示している。

　では，環境侵害の差止めを請求するための法的根拠をどこに求めるのか。この点について，学説・判例は見解の一致を見ていない。相隣関係的な生活妨害についての初期の判例の中には，「**物権的請求権**」を根拠としているものが数多く見受けられる。物権的請求権とは，所有権など物権に付随的に認められる権利であって，物権の内容を実現することが何らかの事情によって妨げられている場合に，物権者がその妨害を生ぜしめる地位にある者に対してその妨害の除去を請求し得る権利である。しかし，これにもとづく請求は，騒音，振動，日照妨害など所有権に対する侵害と構成し得るものに限られることもあって，環境訴訟一般としては定着し得なかった。そこで，学説・下級審裁判例には，すでに述べた「不法行為」の効果として差止請求権を認めるものもある。これによれば，侵害される権利・利益の種類を問わず，幅広く侵害行為を取り込むことができる。ところが，前述のように故意または過失を要求せざるを得ないこととなり，それは将来の損害を考えるにおいては無意味であることが指摘され，判例および学説の大勢は従来からこれに否定的である。そのような中で，環境被害の本質が生命や健康あるいは快適な生活などの人格的利益の侵害であるという点に着目し，憲法13条後段に保障されている包括的自由権から導き出される「**人格権**」を差止めの根拠とする見解が主張され，学説・判例により有力に支持されてきた。実際に，「大阪国際空港（騒音）訴訟控訴審判決」（大阪高判昭和50年11月27日判時797号36頁）は，人格権を根拠として，午後9時から午前7時までの航空機の発着を緊急の場合を除いて禁止し，注目された。だが，これらのどの法律構成も，差止請求の認否にあたって，損害賠償で加害行為の違法性の有無を判断する基準とされた「受忍限度論」をここでも用い，差止めの場合には，それが個人の自由な活動・社会的に有用な活動を停止させる恐れがあることから損害賠償よりも高い違法性を要求しており，結果としてはかなり消極的になる（前掲「国道43号線訴訟上告審判決」参照）。これに対し，憲法13条，25条を根拠に，環境を破壊から守るために，環境を支配し，良い環境を享受しうる「**環境権**」の存在を主張する見解は，受忍限度論における利益衡量を

排除しようと試みる。しかし，この「環境権」は，その主体，対象となる環境の範囲，差止めが認められる侵害の程度，他の権利との関係が不明確であるなどの理由から，いまだ判例上承認を得るにはいたっていない。

他方，環境被害の原因行為が行政の許認可などの処分にかかっている場合は，その処分の取消請求により間接的に差止めを求めてゆくことになるが（行政訴訟），裁判所の態度はここでもきわめて消極的である。

4　環境保全法——公害対策から環境保護へ

このように，わが国の環境法は，公害対策（公害規制，公害救済）を原動力として発展してきたわけであるが，昭和45年の公基法改正で，国のなすべき施策に自然環境の保護が加えられたことを皮切りに，昭和46年には環境庁（現在，環境省）の設置，昭和47年には「自然環境保全法」の制定と，環境保全のための対策も進展を見せ始めた。しかし，一通りの公害関係立法の整備を終えた後の昭和50年代は，環境法全体が停滞期に入ってしまった。**環境アセスメント法**の挫折もこの時期である。環境アセスメントとは，開発の結果生じるであろう環境への影響を事前に調査予測し，それらを公表して意見を求め，開発計画の手直しなどに役立てようという制度であるが，この時期，開発諸省庁・財界・経済界との綱引きに負けて，結局その法制化が断念されたのである。それどころか，バブル期の昭和62年に制定された「総合保養地域整備法」（リゾート法）などは，全国各地でリゾート施設，ゴルフ場などの建設による自然破壊・乱開発の問題を引き起こした。環境法が再び活動を開始したのはすでに昭和が終わる頃であった。それは，まさに地球的規模の環境悪化が表面化してきたことによる。フロンガス等の使用によるオゾン層の破壊によって，地球に降り注ぐ紫外線の量が増え，皮膚ガンの増加など生物に悪影響を及ぼす可能性が指摘され，「オゾン層の保護のためのウィーン条約」が採択されたのが昭和60年，各国のとるべき対策や目標を詳細に規定するモントリオール議定書が策定されたのが昭和62年，わが国で「特定物質の規制等によるオゾン層の保護に関する法律」が制定されたのが昭和63年である。次いで，炭酸ガスなどの温暖化ガスの増加により地球の大気圏の温度が上昇しつつあることが報告されるようになった。このような温度上昇が海面上昇や異常気象といった地球的規模の影響を引き起こすこ

とはすでに読者もご存じのことだろう。「気候変動に関する国際連合枠組み条約」が平成4年に採択されたが，規制対象となるガスがフロンガスとは違って自然的に存在するものであり，その発生・吸収のシステムが複雑であるため，実際その対策はかなりの難航状態にある。各国における産業・経済への影響も大きい。平成9年の地球温暖化防止京都会議で，前記条約具体化のための議定書策定までにみられた各国間の激しい利害の対立は記憶に新しい（現在，発効に向けて調整中）。このような地球的規模の広がりを持ち，その解決に世界的な協力が必要とされる問題を総称して**地球環境問題**と呼んでいる。環境白書では，ほかに「酸性雨の防止」「海洋汚染の防止」「有害廃棄物の越境移動の規制」「森林の保全」「生物多様性の保全」「砂漠化の防止」「開発途上国の公害防止」等が挙げられている。すでに昭和48年に採択されていた「絶滅のおそれのある野生動植物の種の国際取引に関する条約」（ワシントン条約）に対応する国内的措置を定めた「絶滅のおそれのある野生動植物の種の保存に関する法律」の制定も平成4年のことである。他方，平成3年には，現在のわが国の緊急課題である「ゴミ問題」に対処すべく，廃掃法が改正され，新たに「再生資源の利用の促進に関する法律」（リサイクル法）が制定された。限られた資源を有効利用し，廃棄物の環境への悪影響を排除するには，リデュース，リユース，リサイクルを進めることが望ましい。近時人体への影響が問題視されているダイオキシン（ダイオキシンを含む，生体に性ホルモンと類似した作用をもたらす化学物質を総称して「環境ホルモン」という用語が用いられる。これらの多くは，生物によって分解されずに長く環境中に残留し，生物にとりこまれると，体内に蓄積して，外界におけるよりも高濃度になる。その生態系への影響は計り知れない。世界各国で，精子数の減少や生殖器の異常などが報告されており，環境汚染の新しい形として，国際的に問題化している）は，ゴミ焼却に伴って発生する有害物質であり，この発生を極力回避しなければならないが，ゴミ最終処分場の建設が難しく，焼却処理にも問題がある以上，ゴミ自体の量を減らすことが第一なのである。平成12年には，「循環型社会形成推進基本法」の制定に伴って，前掲廃掃法，リサイクル法（「資源の有効な利用の促進に関する法律」に改称）がそれぞれ整備，強化された。他方で，平成7年の容器包装に関するリサイクル法を皮切りに，個別物品のリサイクル法も次々と制定，施行されている（家電，食品など）。

5　おわりに

　このように，従来の公基法では対応できない環境問題が台頭してくるのに対して，平成5年，公基法を廃止して新たに制定したのが「環境基本法」である。現在および将来の人間が健全で恵み豊かな環境の恵沢を享受すると共に人類存続の基盤である環境が将来にわたって維持されるよう，人間の活動による環境への負荷を減少させ望ましい環境を実現すべきとの観点から，総合的・計画的に環境保全に関する施策を推進することを目的とする。わが国の環境法は，これにより明確に新たな理念と領域をもつにいたったのである。これを契機として，平成9年には，長年の懸案であった「環境影響評価」（いわゆる環境アセスメント三法）も成立した。しかし，他方で，身体の安全・健康に影響を及ぼすという意味で広く公害問題と位置づけられる医薬品・食品公害に関しては，いまだ十分な方策がとられているとはいえず，問題が山積している。安全性に関する「情報公開」を始めとする行政の積極的かつ迅速な対応が求められており，その必要性は，薬害エイズ・ヤコブ病問題などで明確に指摘されるようになった。また，食品については，近年は，添加化学物質を日常的に摂取することによる健康被害，さらにはBSE（いわゆる狂牛病），遺伝子組換え食品等をめぐって，表示の適正化が問題とされ，「食品衛生法」，「農林物資の規格化及び品質表示の適正化に関する法律」（JAS法）の整備，強化が進められている。

　　　　　　　　　　　　　　　　　　　　　　　　　　　　（松尾知子）

17 ■ 不 動 産

1 はじめに

　われわれがこの社会で生活するためには，さまざまな財産が必要である。わが国では，財産は，土地も含めて，個々人の所有に帰属する，すなわち**私有財産制度**を採用している。財産権は，憲法において保障され（憲法29条1項），その他さまざまな法律にもとづいて，財産をめぐる権利関係が確立されている。そのなかで，私有財産制度を基礎づけるべき民法は，物を直接的・全面的に支配する所有権を個々人に帰属させ，それを最大限に尊重する「**所有権絶対の原則**」をその基本理念の1つとする。この原則の下では，個々人が自分の物をどのように使いどのように処分するかは，箸や茶碗はもちろん，土地や建物であっても，全く自由とされる。これに対する妨害については，その排除を請求することが正当な権利として認められるのである。しかし，そもそも私有財産制度の目的は，それが個人の利益に結び付くだけでなく，社会全体の利益にも結び付くと考えられたところにある。その意味で，個々人の所有権には社会性・公共性が本質的に含まれている。そして，現代において，個々人がますます社会的に密接に結び付くにつれ，社会性・公共性に関する意識も高まり，それに反する所有権の行使は許されないとの考えが定着するにいたったのである。すでにわが国の憲法も，財産権の内容は，公共の福祉に適合するように，法律でこれを定めるとし（憲法29条2項），私有財産は，正当な補償の下に，これを公共のために用いることができるとしている（同29条3項）。さらに民法も，これを受けて，私権の公共性・信義誠実の原則・権利濫用禁止の原則を定め（民法1条），所有権の全面的支配権を法令の制限内のものとしているのである（民法206条）。とくに公共性が高いとされる「不動産」所有権に対する制限の増加は近年いちじるしい。

2　不動産とは

不動産とは，土地およびその**定着物**をいう（それ以外の物を動産という）。とくにわれわれの「住」に関連する物資である。定着物とは，一般に，継続的に土地にくっついて利用される性質のものである（建物，樹木，庭石等）。定着物の中でやはり代表的なものは建物であり，わが国では，諸外国と異なり，建物が常に土地とは別個独立の不動産として扱われる点で特徴的である。つまり，土地とその上の建物の所有者が異なることがあるという意味である。そして，1つの建物も，それが数個の部分に区分され，かつ，そのおのおのを独立して建物としての用途に供することができる場合に，各部分の所有者が異なることがある（建物の区分所有）。

3　不動産所有権と相隣関係

不動産は，動産とは異なり，固定し，互いに隣接し合うものである。そのため，ある不動産の利用は，他の不動産の利用に何らかの形で影響を及ぼすことが多い。にもかかわらず，利用を無制限に認め，あるいは逆に影響の排除を無制限に認めれば，隣人どうしの円満な共同生活は不可能となる。そこで，民法は，すでに，**相隣関係**による所有権の制限について規定を設けている。相隣関係にある者双方に対して，権利の行使を制限したり，他方による侵害を容認させたり，一定の作業を強制したりして，相互の利用の有効性を確保しようとしているのである（民法209条～238条）。たとえば，他人の土地に囲まれて公路に通じていない土地の所有者は，公路に出るために隣地を通行でき（民法210条），また，隣り合う建物の各所有者は，その間に空地があれば，相手と共同費用で，その境界に塀や垣根を設けることができる（民法225条1項），などである。ところが，建物の区分所有，たとえばマンションの場合には，隣人相互の生活空間がより接近しているために，民法の相隣関係の規定では十分に対応することができなかった。これに対して，昭和37年に制定されたのが「建物の区分所有等に関する法律」である。各区分所有者は，管理と使用について強く相互に制限し合い，団体的拘束を受けることになる。

4 不動産所有権と制限物権

　所有権は、物を直接的に支配する権利、つまり「**物権**」の一種であり（人に対して行為を請求できる権利は「債権」という）、その中でとくに物を「全面的」に支配できる権利である。これに対して、物権の中には、限られた範囲でしか物を支配することができない権利もある。そのような権利を「制限」物権という。所有権の部分権能を内容とする権利である。使用・収益・処分という支配権能のうち、使用・収益権能が委譲されるものを「用益」物権、処分（交換価値支配）権能が委譲されるものを「担保」物権という。用益物権は土地のみを対象としている。契約により工作物または竹木の所有を目的として他人の土地を利用させてもらう「地上権」、契約により隣地を通行する等自己の土地の便益のために他人の土地を利用する「地役権」、契約により小作料を支払って他人の土地で耕作又は牧畜をする「永小作権」、一定の地域の住民が一定の山林原野などで共同で雑草、薪炭用雑木等を採取する「入会権」がある。他方、担保物権は、債権者（たとえばお金を貸している者）が、債権の確保のために債務者または第三者の財産の上に優先的に権利を行使することができる権利をいう。他人の物を占有する者がその物に関して生じた債権を有するときに（たとえば建物の賃借中に修繕費を支出した賃借人）、弁済を受けるまでその物を留置できる「留置権」、民法その他の法律の規定に従い、一定の債権者がその債務者の財産につき（たとえば建物の工事の請負人がその建物につき）他の債権者に先立って弁済を受けることができる「先取（さきどり）特権」、契約により債権者がその債権の担保として債務者または第三者より受け取った物を占有し、その物につき他の債権者に先立って弁済を受けることができる「質権」、契約により債務者または第三者が占有を移さずに債務の担保に差し出した不動産につき債権者が他の債権者に先立って弁済を受けることができる「抵当権」がある。

　制限物権は、ある物について所有者がおり、その者の所有権を制限する形で存在する。民法は、物権的保護の必要が歴史的に確定したもの以外の権利を制限物権として認めず（物権法定主義、民法175条）、法定制限物権以外の制限物権による所有権の負担を否定し、所有権をめぐる錯綜した権利関係を整理して、極力、所有権の自由を保障しようとした。しかし、民法の予定した物権では、

現実社会の要求に十分に対応できなかった。用益物権としては，特別法により，採石権，鉱業権，漁業権など，慣習法により，水利権，温泉権などが認められている。また，担保物権としては，経済取引社会の要求から，特別法により，立木抵当，工場抵当・鉱業抵当・漁業抵当・鉄道抵当等各種財団抵当，その発展としての企業担保などが認められ，さらには判例法により，制限物権という形をとる担保物権（根抵当権）のほかに，権利移転という形をとる担保物権（仮登記担保，譲渡担保，再売買の予約，所有権留保）も次々と承認されるにいたった。根抵当権については昭和46年に民法改正，仮登記担保については昭和53年に「仮登記担保契約に関する法律」が制定されている（詳細は次の章を参照）。現在，所有権をめぐる権利関係はふたたび複雑化の様相を呈している。

5　不動産所有権と利用権

4でみた土地所有権に対する「用益」権は，用益物権以外にも債権である**賃借権**によって実現することもできる。しかし，たとえば用益物権である地上権と賃借権では，同じく他人の所有する土地を利用する権利であっても，片や物権，片や債権であり，本来その差異は大きい。民法では，賃借権は，存続期間が20年に限定され（民法604条），その譲渡・転貸については賃貸人の承諾が必要とされており（民法612条），そのどちらにも自由が認められる地上権とは異なっている。また，賃借権では，第三者に対する主張において重要な意味をもつ「登記」の請求も，当事者間に特約のあるときにかぎり認められるにすぎない。それでは，土地所有者としては，賃借権の方を希望するであろうし，劣弱な立場にある賃借人は不利な条件の下に契約の締結を強いられる可能性もあり，土地利用者の側には常に不利益・不安定がつきまとうことになる。都市においては，他人の土地を借りて建物をたて居住または営業する者も多く，資本経済社会の要請，住宅難における居住の保護の必要性から，そのような状況を放置してはおけなかった。

そこで，建物の所有を目的とする賃借権の強化を図るために，早くも明治42年に「建物保護ニ関スル法律」（以下，建物保護法），次いで大正10年に「借地法」が制定され，地上権者とほぼ同等の保護が与えられるにいたった（不動産賃借権の物権化）。しかし，両法の保護はそれ以上のものであった。すなわち，

建物所有のために地上権または賃借権をもっていても、その登記を得ないと第三者には対抗できず、所有者が変われば、建物を収去して土地を明け渡さなければならなかったのを、建物保護法は、「建物の登記」さえあれば（つまり地主の協力がなくとも）、建物のあるかぎり、その地上権または賃借権を新所有者に対抗できるとした。そして、借地法は、地上権と賃借権を、建物の所有を目的とするかぎりにおいて一括して**「借地権」**と呼び、その最短存続期間、契約の更新、契約消滅時の建物の買取請求権等について定めた。こうなると、むしろ「借地権」の強化である。昭和16年借地法改正は、地主の更新拒絶に「正当事由」を要求し、昭和41年借地法改正は、増改築、譲渡・転貸、地代・賃料の増額等の点につき公権的調整を導入し、それぞれ借地権の強化を図った。他方、建物の賃借権（建物に対する用益物権は認められていない）も、大正10年「借家法」によりその強化が図られるようになった（昭和16年、41年改正）。その強化の方向性は借地権のそれに類似するが、たとえば第三者への対抗力については、登記がなくとも「建物の引渡」があればよいとした。

　これらを廃止・統合したのが平成３年制定の「借地借家法」である。不動産賃借権の物権化の面は後退し、借地関係の多様化、権利関係の公平かつ合理的な調整を図ろうとしている点が特徴である。つまり、借地権の強化がすすんだ結果、土地の貸し渋りが多くなり、国としては、その状況を打開して、土地の有効利用を図る必要性が生じたのである。主要な改正点として、借地権の存続期間の変更、「正当事由」の内容の具体化、調停前置主義の導入などの諸点も挙げられるが、やはり**「定期借地権」**制度の導入が目をひくだろう。定期借地権とは、更新されない借地権である。これには、①存続期間を50年以上とし、存続期間の延長・建物買取請求権の規定を排除する旨を書面に定める一般定期借地権、②借地権設定後30年以上を経過した日に、地上建物を地主に相当の対価で譲渡して借地権を消滅させることを約束する建物譲渡特約付借地権、③もっぱら事業用建物のために、存続期間を10年以上20年以下として、存続期間の延長・建物買取請求権の規定を排除する旨を公正証書に定める事業用借地権の３種類がある。借地権の長期にわたる保護はかえって借地の供給を妨げかねないということから導入され、当時の地価高騰絶頂期という事情を背景として、マイホーム獲得の夢を可能にする比較的手頃な価格の実現が注目された。平成11

年には，更新されない借家権，いわゆる「定期借家権」が導入された。不動産の所有権と利用権との関係は，着実に多様化への道を歩んでいるといえそうだ。

6　不動産所有権と取引の安全

資本主義が発展し取引が活発化すれば，不動産所有権をめぐる複雑化・多様化した権利関係を目に見えるように，つまり公示して，公示されない権利関係は無視してもよいという形で，取引の安全（動的安全）に配慮することが経済社会の要請となる。わが民法は，不動産については「**登記**」制度を設け，そこに公示のない権利関係の変動は第三者に「対抗」できないということにして（民法177条），その要請にこたえようとしている。これまでにも，何度か「対抗」ということばは登場した。借地についていえば，本来，借地権は，当事者たる地主と借地人との間の借地契約のみによって借地人に帰属することになるが，もしそれを登記していなければ，地主が変わった場合に，その新地主に立ち退きを請求されても文句を言えないということである。すでに見たように，借地権については，建物保護法がこの原則を緩和して，借地権自体の登記はなくとも，その上の建物の登記さえあれば，建物のある限り新地主に「対抗」できるとした。このような登記の効力を「**対抗力**」という。これに対して，登記には，これを信頼して取引をしたところ，実は記載された権利関係は存在しなかった，すなわち登記は仮装または無効のものであったという場合に，その者の信頼を保護して登記どおりの権利関係があるものとして取り扱う，いわゆる「**公信力**」はない。本来無権利者から権利を譲り受けたりできないのは当然のことであって，そこでは静的安全が重視されている。しかし，登記の無効を主張する側に比較して，登記への信頼の方を保護すべき場合もある。そこで，最近の判例は，そのような場合に善意者保護の規定（とくに民法94条2項）を類推適用して，ある意味で登記に公信力を認めており，動的安全への傾斜がみられる。権利者も，うかうかしてはいられない。

7　不動産所有権と生活妨害・公害

先ほどみた民法の相隣関係の規定は，騒音・振動，煙の侵入や日照・通風の妨害といった**生活妨害・公害**について規定していない。だが，これらの問題は，

むしろ他人の権利領域への関与がどの程度許されるかといった，より一般化した問題としてとらえられるべきなのである。問題は，きわめて相隣的なものから，広範囲に被害を及ぼすものまで多岐にわたる。被害も，日常的な生活騒音から，生命侵害までさまざまである。本来，「権利の行使に不法なし」との法理によれば，自己の所有地で何をしようが自由であるとも考えられるが，そのような考え方が多くの公害問題を引き起こしてきたことは，すでに前の章でみたとおりである。自己の土地・建物であっても利用が制限されるべき場合があるのである。相当範囲にわたる大気汚染，水質汚濁，土壌汚染，騒音・振動，地盤沈下，悪臭は，いわゆる公害として，すでに公法上の規制の対象となっている。大気汚染防止法，水質汚濁防止法，騒音規制法などの法律である。これら規制法，そして環境保全を目的とした自然環境保全法等が，土地・建物の利用を制限することがあるのである。公法上の制限に違反する行為が，私法上の制限，つまりは損害賠償や差止めの対象となる可能性が高いことはもちろんである。そして，これら公法上の規制の対象とならない生活妨害であっても，私法上損害賠償や差止めの対象となりうるのであるから，その意味で，土地・建物の利用が制限されることになる。どの程度をもってそのような対象とされるのかについては，前の章を参照してもらいたい。

8　不動産所有権と公法上の制限

さて，7でみた公害防止・環境保全を目的とするもの以外にも，不動産所有権に対する公法上の制限は数多くみられる。土地の計画的かつ合理的な開発や利用のために，土地の利用・処分や建築行為などに制限を加える法律は多い。たとえば，国土利用計画法，都市再開発法，都市計画法，森林法，農地法，河川法，古都保存法，土地改良法，土地区画整理法，宅地造成等規制法，建築基準法などがこれにあたるだろう。他方，制限にとどまらず，たとえば公共の利益となる特定の事業に供するため，公権力によって土地所有権を強制的に取り上げまたは使用する場合もある。それは土地収用法，都市計画法などによる。この場合には，もちろん正当な補償がなされなければならない（憲法29条3項）。国土の有効利用という観点が強調されていく中，公法上の制限はますます増加する傾向にある。

9　不動産所有権と一般原則

　直接に法令による制限が存在しない場合にも，民法1条が定める一般原則にもとづき，不動産所有権が制限される場合がある。そのような制限は，戦前から判例によって築き上げられてきたものである。たとえば「宇奈月温泉事件」（大判昭和10年1月5日民集14巻1965頁）は有名である。鉄道会社が他人の土地を2坪ほどかすめて木管を引いて湯元から引湯し温泉を経営しているのに目をつけた者が，当該部分を含む3,000坪の土地を買い受けたうえ，その土地を法外な値段で買い取るよう求めたが，断られたため，土地所有権にもとづいてその木管を除去してくれと請求した事案である。大審院は，それを「**権利濫用**」であるとしてしりぞけた。本来であれば妨害排除請求が認められるであろう場合に，所有者の害意を理由に，これを否定したわけである。その後，「権利濫用」の法理は確立され，昭和22年の民法改正時に（私権の公共性，信義誠実の原則とともに）明文化された。もっとも，戦後は，害意を理由とする主観的側面を重視する考え方から，権利の行使によって権利者の受ける利益と相手方のこうむる損害を客観的に比較考量して，社会全体の利益という基準によって判断するという考え方への移行がみられる。最近では，むしろ直接に所有権制限の根拠を「公共の利益」や「権利の公共性」に求める傾向も出てきたといわれる。

10　おわりに

　ここでは，不動産をめぐる法律関係を，読者の理解と整理のため，不動産所有権とその制限という形で説明してきたが，もちろんこの形にはまらない関係もある。たとえば，平成11年「住宅の品質確保の促進等に関する法律」は，新築住宅取得のための契約（請負・売買）において，基本構造部分につき10年間の瑕疵担保責任，さらにこれまで明確でなかった修補義務を住宅供給者に課し（これらに反し住宅取得者に不利な特約は無効），人生最大の買い物であるマイホーム取得後の暮らしの安定，所有権の安定を図ろうとするものである（近時の欠陥住宅問題に一応の解決が与えられた）。

（松尾知子）

18 ■ 取引と金銭貸借

1 消費者とサラ金

(1) **サラ金とは** 人々の中には，少しお金に窮したとき，銀行などの正規の金融機関よりも，むしろ**サラ金**に駆け込むことがしばしば見られる。サラ金とは，サラリーマン金融（消費者金融ないし庶民金融ともいう）のことで，一般市民が事業資金ではなく，主として消費生活のための資金を貸金業者から借り受ける金融をいう。

サラ金の特徴としては，一般に次の4点があげられる。すなわち，第1に，融資が主として消費生活のためで，貸付金融機関が銀行や信用金庫・信用組合ではなく貸金業者であること，第2に，融資額が比較的小口で，返済期間が比較的短期であり，無担保が一般的であること（ただし保証人が要求されることもある），第3に，何よりも高利（少し前までは年利40％～100％またはそれ以上も多く見られたが，現在では年利20％前後の高金利が一般的である）であること，そして，第4に，無差別な過剰貸付や厳しい取立行為が存在することに，サラ金の特徴が見られる。

ちなみに，銀行などの金融機関の貸付の利率・手形割引率および当座貸越の利率の最高限度は年15％に規制されている（昭和24年臨時金利調整法第2条にもとづく告示第4号。ただし，返済期限1年以上または1件の金額100万円以下の貸付や割引などの場合はこの制限がない）。

(2) **サラ金と消費貸借** サラ金をめぐる取引（契約）は，民法上の消費貸借にもとづいて行われるものである。消費貸借とは，当事者の一方が相手方から金銭その他の代替物を受け取り，これと同種・同等・同量の物を返還する契約である（民法587条～592条）。以前は米やミソなどが多かったが，現在では金銭の貸借がその典型例である。消費貸借は，借主が目的物の所有権を取得しそ

れを消費したのちに、他の同価値の物を返還する点で、所有権が貸主に留保され目的物それ自体を返還する賃貸借（601条～622条）および使用貸借（593条～600条）とは異なる。その特徴は、一般に次のように説明される。

(イ) 貸主には法的な義務はなく、借主だけが同価値の物を返還する義務を負う（片務契約）。

(ロ) 法律上は無利息の無償契約が原則である（590条参照。しかし現実には有償契約が多く見られる）。

(ハ) 現実に何らかの物の授受をまって契約の効力が認められる（要物契約。これはローマ法以来の沿革によるもので、無償契約であったことに帰因するものである）。

前述のサラ金による**消費者金融**は、この金銭消費貸借契約に基礎を置くものであるが、昭和52年頃より、新聞などのマスコミを通じて「サラ金悲劇」、「サラ金地獄」としてその実態が明らかになり、社会問題化となっている。

- サラ金3悪（高利、厳しい取り立て、過剰・無差別融資）
- サラ金業者の経営基盤の脆弱さとモラルの低さ
- 借主側の無計画・安易な姿勢（ギャンブルやレジャー資金が多い）
- 行政の無為・無策
- 法律の不備（後述の開業規制・業務規制、金利規制）

⇒ 高利の借金の返済不能を原因とする蒸発、自殺、離職、離婚、一家離散、一家心中を生む（昭和58年がピーク）。

(3) **高利貸しと金利の問題**　そもそも他人に金銭を貸して利息を取ることは、キリスト教の教えでは、神の教えに反するとされている（出エジプト記22章25節、申命記23章19節、ルカ伝35節）。こうした高利貸しを宗教の対立も交えながら人肉裁判として小説の題材としたものに、シェイクスピアの『ヴェニスの商人』がある。これについては詳しくは述べないが、法学を学ぶときも、こうした文学作品をあわせて読むと、よい勉強になるであろう。

2　サラ金業を規制する法律——サラ金立法の変遷——

(1) **昭和58年以前**　昭和58年のサラ金業規制2法の制定以前には、利息一般を制限する昭和29年の「利息制限法」のほかは、「出資の受入、預り金及び金利等の取締等に関する法律」（昭和29年）〔旧出資法〕と「貸金業者の自主規

制の助長に関する法律」（昭和47年）〔旧自主規制法〕しかなく，これらの法律をもってしては前述の「サラ金被害」にはほとんど無力であった。それはなぜか，それを考えることが重要である。簡単に要約すれば，次のようにいえよう。

　(a)　開業規制・業務規制　　貸金業を開業した者は，事後的に「遅滞なく，政令で定める時効を記載した書面を添えて，その旨を大蔵大臣に届け出なければならない」（旧出資法7条1項）と規定するのみで，届出以外になんらの資格その他の要件も必要としなかった。

　大蔵省は，旧自主規制法にもとづき，貸金業者に庶民金融業協会を設立させ，これによって業者の指導・監督を行うことを意図したが，協会への加入は任意のため加入率がきわめて低く，その目的はほとんど達成されなかった。

　各自治体は独自に指導要綱を定めて貸金業者の指導にあたったが，各要綱は法的根拠を欠き，罰則などの制裁措置をもっていなかったため，それほど効果を挙げることもなかった。

　(b)　金利規制　　**利息制限法**は，利息が元本額に応じて15%～20%を超える契約につき，その超過部分を無効とするとしたが（利息制限法1条），これには違反者に対して罰則の規定が置かれていなかった。旧出資法は，金銭の貸付を行う者が年109.5%を超える割合による利息・損害金の契約をし，またはこれを超える割合による利息を受領したときは，3年以下の懲役もしくは30万円以下の罰金に処す（併科もあり）と規定（旧出資法5条1項）して，罰則規定を置いていたが，刑罰の対象になる金利の最高限度を高く設定していたため利息制限法との間にミゾ（これをグレーゾーンという）ができ，罰則逃れの高利利が横行した。

(2)　昭和58年のサラ金業規制2法の成立　　こうした「サラ金被害」に対処すべく，昭和58年，自民党案を基礎とする「貸金業の規制等に関する法律」（サラ金業規制法）と「出資の受入，預り金及び金利等の取締等に関する法律の一部を改正する法律」（改正出資法）が成立し（5月13日公布），その後作成された「貸金業の規制等に関する法律施行令」（政令182号）および「貸金業の規制等に関する法律施行規則」（大蔵省令40号）とともに，同年11月1日から施行された。これによりサラ金被害がなくなるかもしくは少なくなればよいのであるが，現実はどうであろう。以下に，サラ金立法の現状を見ておくことにしよう。

(3) サラ金立法の概要　サラ金業規制法の目的は，貸金業者の登録制度を実施し，その業務規制を行うとともに，貸金業者の組織する団体の適正を活動を促進することにより，その業務の適正な運営を確保し，もって資金需要者等の利益の保護を図ることにある（1条）。

サラ金業規制法によれば，「**貸金業**」とは，金銭の貸付けまたは金銭の貸借の媒介（手形の割引，売渡担保その他これに類する方法によってする金銭の交付または当該方法によってする金銭授受の媒介を含む）で業として行うものをいうとしている（2条1項本文）。金銭の貸付けを業として行うものといっても，銀行などの金融業はこれから除外するものとされている（同但書）。信販会社・クレジット会社や流通会社などの行ういわゆるキャッシング・サービスは金銭の貸付けとして規制の対象となり，また，銀行系でないカード会社が銀行と提携して行うキャッシング・サービスは金銭の貸借の媒介として規制の対象となる。そのほか，金銭の貸付けの契約に係る保証契約もサラ金業規制法の規制対象となるから（2条3項），サラ金などから金銭を借りた者の保証人となった者もサラ金業規制法の適用を受けることになる。

(イ)　開業規制　　貸金業を営もうとする者は事前に登録しなければならない（3条以下）。無登録営業は禁止され（11条1項），これに違反した者は3年以下の懲役などに処せられる（47条2号）。貸金業の登録は3年ごとにその更新を受ける必要があり，その期間の経過によって登録は効力を失う（3条3項）。

サラ金被害においては，高金利とともに，無差別な過剰貸付や厳しい取立行為が問題となったことから，サラ金業規制法ではこれらを規制する規定を設けている（13条以下，21条〔通達にも留意が必要である〕）。また，貸付条件の不明確・不明瞭な表示方法や誇大広告が消費者の無計画な借入れを助長し，また借入および返済に際して契約書や領収書が作成・交付されないことが後日問題を発生させたことに鑑みて，これらを規制するための規定も設けている（15条以下）。

(ロ)　金利規制　　金利規制については，改正出資法により従来の最高限利率109.5%が漸次引き下げられて40.004%が最高限利率となり，これを超えると刑罰権の発動の対象とされていた（5条2項，8条）。さらに，最近のいわゆる商工ローン問題をめぐり，根保証の範囲や過剰貸付などの問題が多発し，こ

18 取引と金銭貸借　133

「金利と刑罰」

- 年109.5%
  出資法の刑罰金利
  3年以下の懲役又は
  300万円以下の罰金
  （併料あり）

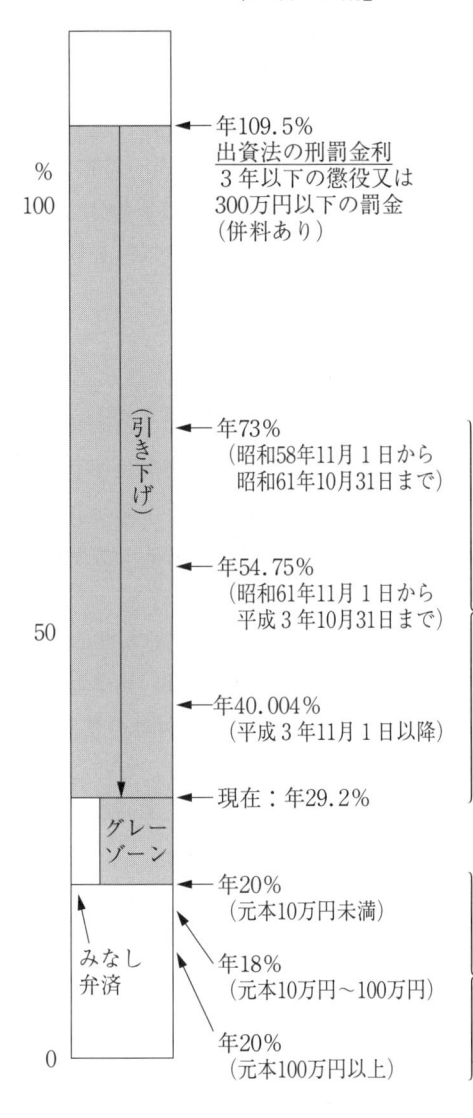

- 年73%
  （昭和58年11月1日から
  昭和61年10月31日まで）

- 年54.75%
  （昭和61年11月1日から
  平成3年10月31日まで）

出資法改正後の刑罰金利
3年以下の懲役又は300万円以下の罰金（併料あり）

- 年40.004%
  （平成3年11月1日以降）

- 現在：年29.2%

グレーゾーン

- 年20%
  （元本10万円未満）

- 年18%
  （元本10万円〜100万円）

- 年20%
  （元本100万円以上）

みなし弁済

（引き下げ）

利息制限法所定の制限金利
（これを超え出資法の制限金利までの間はグレーゾーンといわれ，刑事罰はないが違反すると民事的に無効とされる）

れが社会問題化した。そのため，平成11年末にサラ金業規制法や改正出資法などが改正され，規制が強化された。とりわけ重要な改正点は，出資法において貸金業者に対する罰則金利の上限が従来の40.004％から29.2％に引き下げられたことである。

一方，サラ金業規制法は，みなし弁済規定を設けて（43条），一定の条件のもとに利息制限法所定の制限超過利息の支払いを有効なものとしている。これは，サラ金業規制2法により貸金業者に規制を加えた代償として，貸金業者に一定の利益を保証したものと考えられている。

3 サラ金立法の課題

サラ金業規制法などが制定されても，依然としてサラ金被害は発生している。最近では，クレジット・カードを利用したサラ金被害も起きている。これはなぜだろうか。法はなぜかくも無力なのだろうか。法を学ぶ初学者はこの点をよく考えてもらいたい。そのように考えることで，はじめて法を学ぶことの意義やおもしろさがわかってくる。

サラ金被害に陥らないための対策としては，消費者に対する教育の重要性もさることながら，次の点を指摘しておきたい。それは，サラ金業規制法43条の削除，適正金利—利息制限法の精神の貫徹，**過剰貸付け**の禁止（とりわけサラ金業規制法13条）と**貸手責任**（Lender Liability）である。なぜこの世に高利貸しなるものが存在し，消費者は金銭に魅惑されるのか。その点を，われわれはよく考えなければならない。

（長谷川貞之）

19 ■ 事故と責任

1 事故法の概要

　日常生活においてよく起きる事故で，われわれが身近かに体験するのは，**交通事故**である。交通事故には，自家用車やバス・タクシーなどの自動車事故だけでなく，鉄軌道車両や航空機，さらには船舶などの交通機関によって生じた事故も含まれる。これらの事故については，他人の生命・身体や財産権などに対する侵害が法律上問題となるところであり，ここからさまざまな責任問題が生ずる。

　たとえば，Aが不注意から自動車の運転を誤り，Bに衝突し，怪我をさせてしまった場合を考えてみよう。この場合，Aには2つの責任が法律上問題となる。1つは刑事責任といわれるもので，Aについて業務上過失傷害罪（刑法211条）などが問題となる。もう1つは民事責任であって，AはBに対し，Bの受けた損害を賠償しなければならないかどうかの問題が生ずる（民法709条，715条，自賠法3条など）。民事責任は，違法に他人の権利ないし法律上保護されるべき利益を侵害し，これによって損害を与えた場合に生ずる責任であり，損害の填補（金銭賠償の原則。民法722条1項，417条）がその中心的な内容である。

　また，各種の交通機関の利用者が交通事故によって損害を被ったような場合には，不法行為責任のほかに，安全に運送しなければならない契約義務に違反したとの理由で，債務不履行責任が問題となることもある。債務不履行責任に関する一般規定は民法415条であるが，商法にも物品運送などに関して若干の規定（559条以下）が置かれている。また，運送約款による賠償責任と免責の関係も重要である。運送契約上の債務不履行責任と不法行為責任とは，競合することが多く，両者の関係がしばしば問題となる。

　さらに，事故をめぐる法律関係については，条約の存在にも注意を払うこと

が必要である。たとえば，タンカーの火災・沈没などによる油の海上汚染事故については，国内法として船舶所有者の無過失損害賠償責任と責任制限を定めた「油濁損害賠償保障法」があるが，条約としても1969年の「油による汚染損害に対する民事責任に関する条約」と1971年の「油による汚染損害の補償のための国際基金設立に関する条約」があり，これらによって油の海上汚染事故が処理されることもある。

　航空機事故においても，旅客事故に関して条約が問題となることが多い。国際線の場合には，1929年のワルソー条約によって航空運送人の賠償責任が規律されており，現在ではこれにもとづいて処理される取扱いとなっている（ワルソー条約は正式名称を「国際航空運送についてのある規律の統一に関する条約」という。無過失の立証責任を転換し，運送人に重い責任を課する反面，賠償責任額を制限している。わが国では1953年8月18日発効）。一方，国内線の場合は，運送約款で旅客事故に関する賠償責任が定められているが，各航空会社の約款の内容はほぼワルソー条約の場合と同様である。航空機の墜落などにより地上の人または財産が害される地上第三者事故の賠償責任に関しては，1952年の「ローマ条約」（無過失・有限責任で強制保険を骨子とする賠償責任を定める）がある。しかし，わが国はこれに未加入で，かつ，これに関する特別法も存在しないので，民法の不法行為法に関する規定などによって処理されることになる。

　以上のほかにも，事故をめぐる責任については，製品の欠陥から損害を生じた場合にメーカーなどの製造業者が負う損害賠償責任や，原子炉の運転などによって生じた損害について原子力事業者が負う損害賠償責任など，さまざまな形で責任が問題となる。前述の交通事故はもちろん，こうした事故の被害者に対しては，特別に法律が制定されて，過失を問うことなく，あるいは，被害者側の主張・立証責任を転換するなどして，被害者の迅速な救済をはかっている場合があるので（たとえば，自動車損害賠償保障法，製造物責任法，原子力損害の賠償に関する法律，国家賠償法など），注意を要するといえよう。こうした特別の法律や約款などの契約がなければ，事故をめぐる民事責任の多くは不法行為責任の一般原則（民法709条）によって処理されることになる。

　事故をめぐる犯罪などの刑事責任については，第3編**25**「犯罪」でも取り上げられることになっているので，そちらを見ていただくことにして，ここでは

これ以上言及しない。また，事故は，放射能汚染や日照障害などに見られるように，広い意味では**公害**とも密接に関連している。最近では，食品に有害物質が混入して被害が生じた食品事故や，サリドマイドやキノホルムなどの薬品による副作用被害も公害（食品公害，薬害）と呼ぶ傾向にある。こうした公害については，第3編**16**「生活環境」で触れられているので，ここではとりたてて言及しない。以下では，事故をめぐる民事責任，とりわけ不法行為責任を中心とした事故法について述べることにしよう。

2 事故と不法行為責任

(1) **不法行為責任の概要**　まず，事故を処理する際の一般原則となる民法709条について少しみておこう。民法は，709条に過失責任主義に立脚する不法行為責任の一般的規定を設けるとともに，714条以下に特殊の不法行為責任に関する規定を置いている。

一般的不法行為とは，加害者の故意または過失による行為を原因として，加害者自らが賠償責任を負う原則的な場合である。民法709条はこれを「故意又ハ過失ニ因リテ他人ノ権利ヲ侵害シタル者ハ之ニ因リテ生シタル損害ヲ賠償スル責ニ任ス」と規定しており，いわゆる過失責任主義に立脚する不法行為責任を定めている。ここでは，加害者の行為が違法に他人の権利ないし法律上保護されるべき利益を侵害することでその行為は違法性を帯び，加害者の行為には故意または過失があることから行為者本人に責めに帰すべき事由（有責性）があるとされて，加害者自ら不法行為者として損害賠償の責任を負うとされるのである。

一方，**特殊の不法行為**とは，行為者本人ではなく，行為者を監督すべき義務ある者に不法行為責任を負わしめたり，あるいは，行為者本人に責任を負わしめるにしても，被害者側からする加害者の過失に関する挙証責任を転換するなどして，不法行為責任の発生を容易にしている場合の賠償責任に関する規定である。ここでは，過失責任主義を貫徹することによって生ずる不合理な結果を調整するために，各種の特殊な不法行為に関する規定が設けられて，被害者の救済が図られているのである。民法典が定める特殊な不法行為としては，①責任能力のない者の行為に対する監督義務者の責任（民法714条），②被用者の行

「民法典における不法行為法の要件」

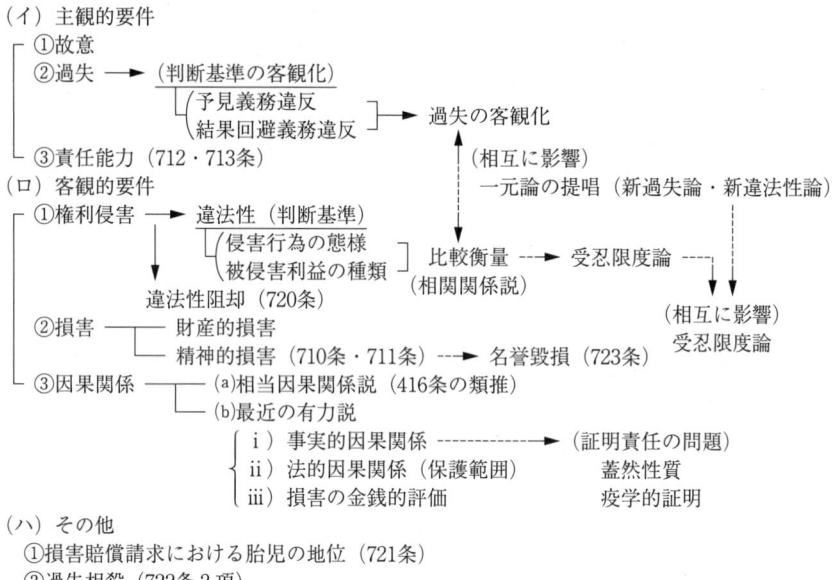

(イ) 主観的要件
- ①故意
- ②過失 →（判断基準の客観化）
  - 予見義務違反
  - 結果回避義務違反
  } → 過失の客観化
    （相互に影響）
    一元論の提唱（新過失論・新違法性論）
- ③責任能力（712・713条）

(ロ) 客観的要件
- ①権利侵害 → 違法性（判断基準）
  - 侵害行為の態様
  - 被侵害利益の種類
  } 比較衡量（相関関係説）→ 受忍限度論
  ↓
  違法性阻却（720条）
  （相互に影響）
  受忍限度論
- ②損害
  - 財産的損害
  - 精神的損害（710条・711条）----→ 名誉毀損（723条）
- ③因果関係
  - (a)相当因果関係説（416条の類推）
  - (b)最近の有力説
    - ⅰ) 事実的因果関係 ------→（証明責任の問題）
    - ⅱ) 法的因果関係（保護範囲） 蓋然性質
    - ⅲ) 損害の金銭的評価 疫学的証明

(ハ) その他
- ①損害賠償請求における胎児の地位（721条）
- ②過失相殺（722条2項）
- ③損害賠償請求権の時効（724条）

為に対する使用者の責任（民法715条），③請負人が第三者に加えた損害に対する注文者の責任（民法716条），④土地の工作物の設置または保存の瑕疵に対する占有者・所有者の責任（民法717条），⑤他人に損害を与えた動物の保有者の責任（民法718条），⑥数人が共同の不法行為により他人に損害を加えた場合の共同不法行為責任（民法719条）がある。

(2) **不法行為責任の要件と鳥瞰図** 一般に，加害者に不法行為責任を問うためには，法律の定める要件を具備しなければならず，その主張・立証責任は民事訴訟法の証明に関する一般原則によれば，被害者側が負うべきものとされている。その詳細はここでは省くが，加害者に対して民法709条の定める一般的不法行為責任が生ずるための要件としては，上の鳥瞰図に示すように，故意または過失，権利侵害（ないし違法性），違法な行為と損害との間の因果関係，損害の発生などを，被害者側は証明しなければならない。

3 事故法と経済的・哲学的基礎

(1) 事故法——不法行為責任の目的・機能 民法の不法行為責任は過失責任主義で貫かれている，ということは前に述べた。では，なぜ過失責任主義でなければならないのか。過失責任主義を採用することはいったい何を意味するのか。この点は，不法行為制度を考えるうえでも非常に重要なことなので，もう少し敷衍しておこう。

不法行為責任を貫く基本原理は，過失責任主義といわれるものである。過失責任主義とは，「過失なければ責任なし（No Liability Without Fault）」という言葉に代表されるように，行為者は自己に過失のない限り責任を負うことはない，とする考え方をいう。この考え方は，近代の不法行為法が従来の結果責任（原因）主義を克服して，個人の経済活動の自由を最大限保障するものとして提唱されたのが始まりであるが，近世の自然法思想の影響も大きかったといわれている。

今日のわれわれの社会において，民事責任が刑事責任から分離し，意思の緊張を欠いた不注意という意味での「過失」概念を中心的な基礎に置いた不法行為法体系が確立されるにいたるのは，近代以降のことである。近代以前の不法行為に対する考え方は，個人または集団による復讐が原始的な形態であった。復讐に代わって金銭的賠償が命ぜられるようになってからも，古代ローマ法の罰金訴権やゲルマン法の贖罪金の制度が示すように，不法行為法の目的は近代にいたるまで私的刑罰の性質をあわせ持つものであった。これに対し，近代以降台頭してきた「過失なければ責任なし」という過失責任主義の考え方は，私的自治の原則のもとで，各人は自己の行為の結果についてのみ責任を負うとする自己責任の原則と結びつき，19世紀後半から20世紀初頭にかけて近代法の一大原則として結実するにいたったのである。

このように近代以降の不法行為法は，いわゆる過失責任主義と自己責任の原則をその出発点としている。そして，過失責任主義の確立は，自己の行為によりなんらかの損害が生じても過失のない限り責任を問われることはないとすることにより，個人の経済活動の自由を最大限に保障し，産業資本家の保護育成に資するものであった。しかし，その後の近代社会における企業の急速な進展

とそれに伴う社会・経済的構造の激変は，過失責任主義に対する考え方に反省を迫っている。個人の経済活動の自由の保障や産業資本家の保護育成よりも，そうした経済活動の結果生ずる被害者の救済ないし保護が不法行為法の急務の課題とされたのである。

つまり，今日の不法行為法は，その基礎を過失責任主義に置いているにしても，一方で迅速な被害者の救済を標榜として掲げ，損害塡補を主要な課題としているのである。その結果，広汎な分野において当初考えられていた過失責任主義は，その内容的な修正を迫られたり，また，無過失責任ないし危険責任の考え方が過失責任に代わるものとして提唱されている。

(2) **不法行為責任と資本主義の経済原理**　資本制社会では，生産ないし再生産が商品交換によって媒介され，すべての財貨は商品として生産され交換されるばかりでなく，労働力までが商品化される点に特徴がある。身分的な拘束から解放され，自由かつ平等で独立した1個の人格者としての個人は，自己の意思にもとづき自由に活動する機会を与えられた結果，その社会経済的な生活関係も個人の自由な意思にもとづく契約によって形成されるのが原則である。これは，契約自由の原則といわれるが，**経済上の自由放任思想（レッセフェール）**を背景にした資本制社会における自由競争の原理の法的表現を意味するものであり，経済活動を市場に委ねることによって経済の発展が確保される（いわゆる"見えざる手"が働く）という経済理論と合致して，近代資本主義経済を支えるものとなった。契約自由の原則が，法的人格の平等，所有権の絶対，過失責任の原則とともに，近代市民法の基本原理の1つといわれる所以はここにある。

近代私法の形態的特徴は，法的秩序が権利義務体系として構築されること，その体系が権利の主体，客体，変動原因についての端緒的なカテゴリー（法的人格，所有権，契約を中心とした法律行為）を基礎として組み立てられること，これら法的カテゴリーの抽象性・観念性のゆえにそれによって組み立てられる権利義務の体系は国家権力などの干渉を受けることなく公権力から遮断された自己完結的な論理システムとして現れることにある。そして，なかでも最も重要といわれる契約自由の原則は，自己の生命・身体や財産権についても最大限に尊重されるものとされ，これらに対する侵害に対しては不法行為を構成する

ものとして、賠償責任が課せられているのである。

(3) 不法行為法の哲学的基礎　不法行為法は、契約関係のない当事者間において賠償義務を負わせるものであるが、債務不履行と並んで賠償債権発生原因の1つとされるものである（民法典における**損害賠償法の二大支柱**）。不法行為責任（民法709条以下）および債務不履行責任（民法415条以下）はともに、損害発生によってもたらされた不均衡を被害者と加害者という具体的な当事者間で回復するという目的（いわゆる矯正的正義）を担うものとして捉えられている。少し難しい言葉であるが、矯正的正義とは紛争を生じた取引の当事者間あるいは不法行為の加害者と被害者間のように、利害関係が直接対立する当事者間で問題となる正義であって、一方当事者または被害者に生じた不利益を違法に利得した加害者の不利益において矯正し、元の状態に戻すために意図されるものである。損害填補は加害者に不利益をもたらすという考え方が根底にあり、それは時に制裁として現れることを意味するが、矯正的正義との考え方とも根底では共通するという認識である。ただ、不法行為法のもつ損害填補機能との関連では、生じた損害を関係する当事者間や保険でいかに填補するかという側面もあり、この点を強調する場合には、矯正的正義が問題とされるよりも、配分的正義が問われることになろう。

4　過失責任主義の修正と課題

　近代以降の損害賠償法（ことに不法行為法）は、いわゆる過失責任主義と自己責任の原則をその出発点とし、自己の行為により何らかの損害が生じても過失のない限り責任を問われることのないものであったから、個人の経済活動の自由を最大限に保障し、産業資本家の保護育成に資するものであった。しかし、その一方で、産業革命以後の近代社会における企業の急速な進展とそれに伴う社会・経済的構造の激変は、過失責任主義に対する考え方に反省を迫ったのである。こうした事情は比較法的な観点からみればどこも同じで、各国ともほぼ共通していることを窺い知ることができる。ここでは、個人の経済活動の自由の保障や産業資本家の保護育成よりも、そうした経済活動より生ずる事故ないし災害から無権利のまま放置される被害者の救済が急務の課題とされたからである。

今日の不法行為法は，迅速な被害者の救済を標榜として掲げ，損害塡補を主要な課題としている。その結果，広汎な分野において，当初考えられていた過失責任は内容的な修正を迫られたり，また，**無過失責任**ないし**危険責任**の考え方が過失責任に代わるものとして提唱されている。その方法はいくつかあるが，近代的な事業経営に伴う事故・災害の被害者の迅速かつ完全な救済を達成するために，特別法をもって個別的に**無過失損害賠償**を規定する方法を採用する場合には，危険技術の新たな開発の後を特別法が追いかけざるをえない状況を生ずるが，こうした後追い的処理は，当然のことながら，社会が厳格な責任を要求するところで特別法の規定が欠缺するといった事態を引き起こしかねない。そこで，過失責任主義の限界を克服して，いかに迅速かつ完全な事故被害者の救済をいかに確保すべきかという課題への実践的な取組みが今まさに正念場を迎えている。不法行為法などの賠償法を学ぶうえでは，こうした点に十分考慮する必要がある。

わが国の場合，戦前において著しく停滞していた無過失責任の導入は，戦後，昭和22年の「国家賠償法」（とりわけ第2条）の制定をはじめとして，特別法による無過失責任の拡充は促進されてきた。ただ，それから50年余の間，民法典自体には大きな改正がなく，加えて特別法の制定もそれほど多くはない。無過失責任に関する法律のうち，特許権などの無体財産権の侵害に係る諸法が過失の推定規定を置くほかは，国家賠償法を除いて他の諸法は何らかの形で無過失責任──すなわち，「過失」を帰責要素としない損害賠償責任──を導入している。

事故・災害の被害者に対する裁判所の対応としては，裁判所も可能な範囲で被害者の保護・救済を図ろうと努力するのであるが，その対応は2つの方向として現れているように思われる。それは，1つが民法典内の客観的責任と目された責任規定の適用範囲を極力拡張する方法であり，もう1つが民法709条にいう「過失」要件の柔軟化ないし客観化による過失責任内部での処理の方法である。これはどちらにせよ，前述の矯正的正義を根底に置く考え方である。現代の不法行為法ないし不法行為理論は，その大きな潮流として，過失責任から無過失責任（危険責任・報償責任）へという流れがある一方，保険・社会保障などによって損害を社会的に分散する制度の発展によって，大きく変貌しよう

としている。この根底には，前述の配分的正義の考え方が横たわっていることは間違いない。

　不法行為法において目的なり機能が語られるとき，通常次の3つがあげられる。それは，第1に損害填補機能，第2に制裁的機能，そして，第3に抑止的機能である。損害填補は不法行為法の本来的な目的であるが，第2の制裁，第3の抑止はいわば副次的・付加的なものであり，これを目的ないし機能として考えるべきか否かについては争いがある。制裁は刑事法の任務であり，また抑止は行政規制によってなされるべきであるという考え方があるからである。しかし，こうした考え方に対し，近時，一般的に，あるいは特定の不法行為について，制裁あるいは抑止を重視する考え方も主張されている。

（長谷川貞之）

20 ■ 家　　族

1　婚　　姻

　結婚（以下，民法に従い「婚姻」とする）は各人の自由であるが，それが人生の重要な問題であることは否定できない。女性が経済的に自立していなかった時代には，婚姻は女性が生きるためのよりどころであった。男性も，婚姻して初めて社会的に一人前と認められる傾向が強かった。しかし，近年，婚姻や家族について新しい状況が現れている。まず，1970年代から婚姻率（人口千対）が低下し続け，1990年代に入ってようやく漸増傾向に転じた（婚姻率は1970年の10.0に対して1989年は5.8で，1990年に5.9とやや増加，2000年は6.4で婚姻件数は79万8138件。厚生労働省大臣官房統計情報部『平成12年人口動態統計』）。適齢期人口の減少なども一因であるが，婚姻を個人的な関係ととらえて**法律婚**（民法上の婚姻）を選択しない人も増えてきている。また，国際結婚も増えている。つぎに，婚姻後も働き続ける女性が増えたため夫婦のあり方が変化し，それが夫婦の財産関係にも影響を及ぼしている。

　こうした婚姻観・価値観の多様化，女性の自立や意識変化，また，少子化・高齢化などは家族法にも影響を与え，現行家族法は改正の動きに直面している。1991年から法制審議会により家族法の見直し審議が進められ，1994年に「婚姻制度等に関する民法改正要綱試案」（以下，「要綱試案」とする），1996年に「民法の一部を改正する法律案要綱」（以下，「改正要綱」とする）が公表された。こうした現状を踏まえ，以下，婚約から考察する。

　(1)　**婚約（婚姻予約）**　　婚約については民法に規定はなく，判例や学説が規律する。大人の男女の交際は愛情によって維持される個人的関係であり法によって強制されるものではないが，2人が誠実に将来の婚姻を約束したときは，一般に法的保護の対象となると考えられている。婚約は，結納や婚約式などの

形式には関係なく，将来婚姻しようという 2 人の意思の合致＝**合意**によって成立する。当事者の一方または双方がその意思を失うと婚約は解消となるが，一方から婚約破棄されても他方は婚姻を強制できない。婚姻意思がない人に婚姻を強いても幸せな生活は期待できないからである。しかし，一方が正当な理由（他方の暴力・非常識な言動など）なく婚約破棄した場合，他方は婚約を信じたがために被った経済的損害（式場や旅行のキャンセル料，退職による損害など）の賠償や精神的苦痛の賠償（慰謝料）を請求できる。契約違反（民法415条）や不法行為責任（同709条）にもとづく。

(2) **民法上の婚姻**　挙式や披露宴，共同生活をしても民法上の婚姻と認められず，婚姻成立には一定の条件（要件）が必要である。まず，①当事者2人の**婚姻意思の合致**が重要である。②**婚姻届出**（民法739条）は婚姻意思の合致を法的に示す手段であり，届出が受理されないと民法上の婚姻とは認められない。届出は，当事者の本籍地または所在地の市町村長宛に口頭でも行うことができるが，書面の届出がほとんどである。当事者 2 人が署名押印した届書（婚姻後の氏や新本籍地などを記載し，成年の証人 2 人が署名押印）は，戸籍などを参照して書面上審査され形式が整っていれば受理される。また，③婚姻が許されない場合（婚姻障害）に該当しないことが必要である。婚姻障害として，(i)**婚姻最低年齢**（男満18歳・女満16歳以上）が定められ（同731条），この年齢に達しないと婚姻できない。2 歳の年齢差が男女平等の観点から議論され，改正要綱は18歳に統一するとしている。(ii)未成年者の婚姻には親の同意が必要である（同737条）。父母の一方が同意しない場合，死亡または意思表示不能の場合などは，他方の同意でよい。(iii)一夫一婦制をとる日本では，重婚は禁止される（同732条）。婚姻の有無は戸籍上明白であり，行方不明などの特別の場合を除いて重婚は発生しにくい。(iv)倫理的配慮などから近親婚は禁止される（同734条以下）。直系血族（父母・祖父母，子・孫など），三親等内の傍系血族（兄弟姉妹，伯父・伯母，甥・姪など），直系姻族（離別または死別した配偶者の父や子など）とは婚姻できない。傍系姻族（配偶者の兄弟姉妹など）との婚姻は認められる。法定血族である養親子関係者間では，養子・その配偶者，養子の直系卑属（養子の子や孫など）・その配偶者は，離縁による親族関係終了後でも，養親・その直系尊属（養親の父母・祖父母など）とは婚姻できない（同736条）。養子と養方の

傍系血族との婚姻は認められる（同734条1項但書）。(v)女性には再婚禁止期間が課され，夫の死亡後や離婚後，婚姻の取消後6カ月間は婚姻できない（同733条）。早期の再婚により子の父が不明になること（嫡出推定の重複）を防止するためとされる。しかし，DNA鑑定により高い確率で親子関係の証明が可能になるなど，実際に父が判明しない場合は少なく，男女平等の観点から期間の短縮や廃止が主張されている。改正要綱は，期間を100日に短縮している。

(3) **婚姻成立後の夫婦の関係**　婚姻後，①夫婦は，婚姻の際話合いで決めたどちらかの氏を名乗る（**夫婦同氏**）（民法750条）。夫の氏にする場合がほとんどである。一人っ子どうしの婚姻や職業をもつ妻が増える中で，改正要綱は**選択的夫婦別氏制**を提案している。②夫婦の同居協力扶助義務（同752条）は婚姻の中核をなし，夫婦は同居し互いに協力して共同生活を行い扶助する義務がある。仕事や勉強のため話合いで別居することは同居義務違反とされない。扶助義務は，相手に自分と同一程度の生活を保障する扶養義務（生活保持義務）とされ，老親や兄弟姉妹に対する扶養義務（自分の社会的地位などに見合う生活をして余裕ある限度で負う生活扶助義務）より重い。③夫婦には貞操義務があり，一方が義務違反すると他方は不貞行為を理由に離婚を請求できる。④未成年者も婚姻すると独立性を保障され私法上成年とみなされる（成年擬制）（同753条）。親権に服さず取引などの財産行為も独立して行えるが，公法上は成年とみなされない。⑤夫婦の一方は他方の三親等内の血族と姻族関係になる。

　夫婦の財産関係では，①婚姻届出前に夫婦財産契約を結び婚姻後の財産関係について定めることができる。しかし，いったん登記すると婚姻中は変更できないことなどからほとんど利用されない。夫婦財産契約を結ばない場合は，②法定財産制（**夫婦別産制**）が適用され，婚姻前からの財産や婚姻後に一方名義で得た財産（親からの相続財産，給料の積立預金など）は一方の特有財産となり，帰属不明の財産は共有と推定される（同762条）。しかし，一方名義でも他方の協力で得た財産は実質上共有とみなされ，離婚時の**財産分与請求権**，一方死亡時の**相続権**として他方の協力が評価される。③婚姻生活に必要な費用は，夫婦の資産や収入など一切の事情を考慮して夫婦で分担する（**婚姻費用分担**）（同760条）。婚姻が事実上破綻し別居する場合でも，離婚しない限り分担義務を負う。④夫婦間の契約は，第三者の権利を害しない限り婚姻中いつでも取消できる（契約

取消権)(同754条)。問題となるのは夫婦が不仲になった場合で，円満時の贈与や離婚決意時の補償としての贈与が取り消され紛争になる。改正要綱は，この規定を削除するとしている。⑤夫婦の一方が，食料・衣料の購入，家賃・光熱費・子の月謝の支払いなどのため債務を負った場合，他方はその債務について連帯責任を負う(**日常家事債務の連帯責任**)(同761条)。日常家事の範囲は日常性が重視されるが，夫婦の社会的地位・職業・収入，地域の慣習などにより個別的，客観的に判断される。問題となるのは婚姻関係破綻後や離婚後であり，取引当時夫婦共同生活の実体がなかった場合は，連帯責任は発生しないとされる。

(4) **内縁(事実婚)**　法律婚の夫婦と同様の共同生活をしながら婚姻届出をしない男女も増えている。内縁は，氏を変更したくない場合や法律婚に賛成でない場合などに選択される。婚姻届出と直接関連するもの以外は，一般に，婚姻と同様の効果が発生すると考えられている。したがって，内縁関係にある男女間にも，同居協力扶助義務，貞操義務，帰属不明財産の共有推定，日常家事債務の連帯責任などが発生する。他方，内縁から生まれた子の嫡出性は認められず，夫婦同氏，姻族関係，成年擬制なども認められない。

内縁解消の場合は，離婚時の財産分与の規定が類推適用され，財産分与が認められている。一方からの不当解消の場合は，他方は損害賠償を請求できる。一方の死亡の場合他方に相続権はないが，他方は特別縁故者として遺産の全部又は一部を請求できる(同958条の3)。年金受給権も認められている。

2　離　　婚

日本では，1960年代後半から離婚件数が増え，2000年には戦後最高の26万4246件に達した(前述『平成12年人口動態統計』。離婚率は2.10(人口千対)。アメリカの離婚率は4.19(1998年)，ドイツは2.3(1997年)，イギリスは2.7(1998年)，フランスは2.0(1997年))。離婚の増加には，離婚に対する意識変化，女性の経済的自立，個人の愛情の尊重などが影響している。未成年の子をもつ夫婦や熟年夫婦の離婚では，離婚に巻き込まれる子の福祉や定年退職後の夫婦の生活のあり方について切実な問題が生じている。

(1) **離婚の手続**　戦後，夫婦の一方が有責行為(不貞行為など)をした場合のみに無責者からの離婚請求を認めるという有責主義から，夫婦関係が破綻

しているなら離婚を認めるという破綻主義に移行した。**①協議離婚**（民法763条）：離婚について夫婦が話し合って合意し，署名・押印した離婚届書を市町村長に提出し受理されると成立する。未成年の子がある場合は，父母のどちらかを親権者と定めて届書に記載しないと受理されない。財産分与や子の養育費の取決めは必要的記載事項になっていない。世界で最も簡易な制度の1つで，離婚の約9割を占める。公的機関が関与しないため，夫婦の力関係に左右されたり合意内容が不公正になるおそれがある。一方の知らない間に離婚届書が提出された場合離婚は無効であるが，裁判所で争うと時間・費用がかかる。当事者の意思のない届出を予防する目的で，戸籍実務上**離婚届不受理申出制度**（1952年〜）が設けられている。一度離婚に合意したがその後離婚意思を失った場合も申出の対象となる。市町村長に不受理申出を提出すると6カ月間有効であり（更新可能），婚姻届・縁組届・離縁届にも適用される。根本的解決のために，離婚意思確認制度の立法化が主張されている。**②調停離婚**：協議が成立しない場合直ちに地方裁判所に訴訟提起できず，家庭裁判所に離婚調停を申し立てなくてはならない（調停前置主義）。調停委員会が当事者の合意形成を手助けし，当事者が合意すると調停調書が作成され離婚が成立する。調書の記載事項は確定判決と同一の効力をもつ。**③審判離婚**：離婚自体には合意があるが，財産分与や子の親権者などについて意見不一致で調停が成立しない場合などに，裁判所が，当事者の申立の趣旨に反しない限度で，職権により審判を行うことができる（家事審判法24条）。審判の効力は2週間以内の異議申立で失われるため，実際はあまり利用されない。**③裁判離婚**（民法770条）：協議・調停が成立せず審判も行われないとき，裁判所が法定の離婚原因（同条1項）があると判断した場合に判決で離婚を認める。離婚原因として，(i)不貞行為（自由意思で他の異性と性関係を結ぶこと），(ii)悪意の遺棄（正当な理由なく同居協力扶助義務を果たさない場合など），(iii)3年以上の生死不明，(iv)回復の見込みのない強度の精神病という4つの具体的離婚原因と，(v)その他婚姻を継続しがたい重大な事由という，多様なケースに対応するための1つの抽象的離婚原因が法定されている。前者は後者の例示であるとされる。判例は，精神病による離婚に慎重で，離婚後の精神病者の生活の方途に配慮することを求める。

改正要綱は，精神病者に対する差別を助長するおそれがあることなどから精

神病を離婚原因から削除し，一般的破綻原因の1事由として考慮している。また，最高裁は，1952年2月19日判決以来，婚姻破綻について有責な配偶者が無責配偶者に離婚請求すること（**有責配偶者からの離婚請求**）を認めなかったが，1987年9月2日大法廷判決は，一定の要件（夫婦の別居が相当長期間，未成熟子がない，相手が精神的・社会的・経済的に苛酷な状況にならない）の下に請求を認めた。同判決後，別居期間は漸次短縮されている。改正要綱は，5年以上の破綻別居を離婚原因に加えた上，「婚姻関係が破綻して回復の見込みがないとき」を一般的破綻原因とし，また，不貞行為，悪意の遺棄は回復の見込みのない破綻に至らないときは離婚原因にならないことを明示して，破綻主義をおし進めている。破綻した婚姻を強制的に継続させても弊害があるが，離婚をあまり容易に認めるなら相手方配偶者や子の離婚後の生活が立ち行かなくなるおそれがある。改正要綱は，離婚原因に該当する場合でも，相手方配偶者または子に著しい生活困窮または耐え難い苦痛をもたらすときは離婚請求を棄却できる（苛酷条項）として，破綻主義に歯止めをかけている。

(2) **離婚後の生活** 離婚後，夫婦は別々に生きていくことになる。①婚姻で氏を変えた夫婦の一方は，元の氏に戻る（**復氏**）（民法767条）。復氏を望まない場合，離婚から3カ月以内に市町村長に届出をすると婚氏を続称できる。②姻族関係は終了する。③父母の一方を未成年の子の**親権者**と定めなくてはならない（**離婚後の単独親権**）（同819条1項）。親権者とは別に監護者（日常の世話などをする人）を定めることができるが，一方が両者を兼ねることが多い。子の幸せを第一に父母が話合いで定め，定められない場合は家庭裁判所の調停・審判で定める。欧米では離婚後の共同監護や親権共同行使を規定し，子への離婚の悪影響を最小限に止めようと法的に配慮している。これについて日本でも議論があるが，要綱試案で今後の検討課題とされるに止まっている。また，親権者でない親も子の養育費を支払い養育責任を分担する義務がある。母が親権者となる場合が圧倒的に多いが，養育費が確保されないことが多く母の負担が重くなっている。養育費の取決めと支払いを確実にする制度の確立が求められている。改正要綱は，「監護について必要な事項」（同766条1項）の例示として，「子の監護に要する費用の分担」の文言で養育費を明文化している。④親権者や監護者にならず子と別居する親と子とは定期的に会ったり文通したりできる（**面接交渉**）。これ

について明文の規定はないが,実務上子の福祉が害されない限り認められ(東京家審1964年12月24日家月17巻4号55頁),家庭裁判所は,具体的方法などを子の福祉の観点から後見的に定めることができる。改正要綱は,養育費とともに例示として,「父又は母と子との面会及び交流」の文言で面接交渉を明文化している。

他方,財産関係では,①一方名義でも夫婦が協力して得た実質的な共同財産は,経済力が弱い他方が困窮しないよう公平に分配しなくてはならない(**財産分与**)(同768条)。財産分与の法的性質については議論があるが,清算的性質と扶養的性質があることは一般に認められている。清算の対象は,婚姻中夫婦が協力して得た財産で,土地建物,預貯金,有価証券,会員権などである。退職金,年金なども対象となる余地がある。清算の基準は,財産形成への寄与の割合であるが,専業主婦である妻の寄与割合が低く評価される傾向にあった。扶養的な財産分与については,性別役割分担で所得能力が低下した一方の離婚後の自立を援助する手段として捉える見解が,最近有力になっている。この場合,分与額は,婚姻中の生活水準,年齢,特有財産,健康状態など一切の事情を考慮して決定される。改正要綱は,財産分与の目的を「離婚後の当事者間の衡平を図る」こととし,財産の清算については,寄与の程度が考慮されるがそれが明確でない場合は「相等しい」とするとし,2分の1ルールを採用している。また,②一方の有責行為で離婚に至った場合,無責者は損害賠償(慰謝料)請求できる。財産分与に慰謝料も含めるか否かについては,議論がある。

3　親子の関係

1人の女性が一生の間に生む子の数の平均(合計特殊出生率)が減少する一方,生殖医療技術の発達により**人工生殖**で生まれる子の数が増えている。民法は人工生殖を想定していないため,その親子関係については解釈論による。しかし,解釈論だけでは限界があり,人工生殖による子の法的地位は必ずしも安定していない。現在,立法的解決に向けて準備が進められている(厚生科学審議会の生殖補助医療技術に関する専門委員会が,不妊医療技術の適切な普及を目指す新法案を2003年に提出予定。2001年法制審議会も,人工生殖による親子関係について民法改正の検討に入った)。

(1) **法律上の親子関係**　　自然の血縁による**実親子関係**と,血縁はなくても

法律上の手続で親子とみなされる**養親子関係**とが定められている。前者は，父母の婚姻関係の有無により嫡出子（婚内子）と非嫡出子（嫡出でない子，婚外子）とに，後者は，手続により普通養子と特別養子とに区別される。**人工生殖による親子関係**については規定がなく，提供精子・提供卵子を用いて生まれた子などの法的地位について議論が生じている。

(2) **嫡出子**　①医学的または道徳的観点から，「婚姻中に懐胎した子」は夫の子と推定される（**嫡出推定**）（民法772条）。「婚姻中に懐胎した」とみなされるのは，婚姻成立の日から200日後，婚姻解消または取消しの日から300日以内に生まれた場合である。これは法律上の推定であり，この強い推定は，早期に親子関係を確定し子の地位安定を図るためとされる。しかし，夫の子ではないと考える場合，**嫡出否認の訴え**によって，夫のみが子の出生を知ったときから1年以内に，嫡出性を否認できる（同774条以下）。夫が自分の子であると承認したときは，期間内でも否認できなくなる。②婚姻中の父母から生まれた子は嫡出子（生来嫡出子）となるが，実質的な夫婦関係がない客観的な状況（夫が長期不在，事実上の離婚状態など）がある場合に生まれた子（推定の及ばない嫡出子）や婚姻成立後200日以内に生まれた子（推定を受けない嫡出子）については，嫡出否認の訴えほど厳格な要件によらず，利害関係人であればいつでも提起できる**親子関係不存在確認の訴え**により，親子関係を争うことができる。③非嫡出子も，父の認知後父母が婚姻するか（婚姻準正）または父母の婚姻後父が認知する（認知準正）と，嫡出子と同じ法的地位を得る（**準正嫡出子**）。

(3) **非嫡出子**　非嫡出子とその父母との法律上の親子関係が発生するためには，**認知**が必要である（民法779条）。自ら認知届を出せば（任意認知）（同781条）よいが，出さない場合は子の側から認知の訴えを提起（強制認知）（同787条）できる。母と子については，判例上，分娩という明白な事実で親子関係が発生し，棄子など特別な場合を除き母の認知は不要とされている。

非嫡出子については，戸籍の記載，親権，相続分などについて嫡出子と扱いが異なり，両者の平等化や同等化が主張されている。

(4) **養子**　養子は，家業承継や老親扶養など親の事情から活用されてきたが，戦後は子のための養子制度が目指されている。①**普通養子縁組**（民法792条以下）は，養親と養子が合意し縁組届が受理されると成立する（未成年養子

では原則として家庭裁判所の許可が必要)。15歳未満の養子は親の代諾で，15歳以上は本人が縁組できる。実方との親族関係が継続し，戸籍には「養子」と記載され，離縁もできる。成年養子が依然として多い。②**特別養子縁組**（1987年制定）（同817条の2以下）は，子の福祉のため，(i)原則として6歳未満の要保護の子が対象で，(ii)試験養育期間があり，(iii)原則として満25歳以上の夫婦が共同で養親になり，(iv)家庭裁判所の審判で成立する。(v)原則として実方との親族関係は消滅し，(vi)戸籍の記載は実親子に準じ，(vii)原則として離縁できず，養子の利益を著しく害する例外的な場合にのみ家庭裁判所の審判で離縁できる。

(5) **人工生殖により生まれた子**　人工的な生殖の方法で子を出生させる人工生殖は，技術の向上で多様な方法が可能になった。①**人工授精**は，精子を女性の体内に人工的に注入して行う。夫の精子を用いて（**AIH**）生まれた子は夫婦の嫡出子と解されている。提供者の精子を用いて（**AID**）生まれた子については議論がある。夫の同意を得て行われた場合は嫡出子と推定され嫡出否認できず，同意がない場合は嫡出否認の訴えを提起できるとされる。②**体外受精**は，体外で精子と卵子を受精させ受精卵を女性の子宮に移植して行う。人工授精と同様の議論がある上，提供者の卵子を用いた場合や受精卵を別の女性に移植した場合（代理出産）などには，母子関係も問題になる。前述の厚生科学審議会の専門委員会の報告書（2000年12月）は，生殖補助医療の実施には夫婦それぞれの書面の同意が必要であり，夫の同意を得た提供精子による子は夫の子とし，提供者は子の父母とはされないとしている。一方，法制審議会は，提供精子・卵子で生まれた子の親子関係の規定を明確にするため民法改正の検討に入った。

(6) **親子間の権利義務**　親は，子の心身の健全な発達に大きな責任を負っている。①未成年の子は，父母の**親権**に服する（民法818条）。親権は，子の幸せや利益のため親に認められた権利義務とされ，主な内容は子を監護・教育する権利義務（**身上監護権**），子の財産を管理しその取引の代表権をもつこと（**財産管理権**）などである。親が子の福祉を著しく害する場合（虐待など）は家庭裁判所に親権喪失の宣告を請求できる。②未成熟子に対する親の扶養義務は生活保持義務で，独立の生計をもつ子の親に対する義務は生活扶助義務であるとされる。扶養費用は，婚姻中は通常婚姻費用に含まれ，離婚の場合は子と同居しない親が養育費として支払う。③親が死亡すると，子は相続人になる。

4 後　　見

　未成年者の父母が死亡した場合や母は存命であるが重病の場合などには，未成年者の保護が必要になる。一方，高齢者は，心身が衰え適切な財産管理や日常生活が困難になる。判断能力が減退した高齢者が悪徳商法や詐欺にあい，またその生前贈与や遺言の効力が死後に争われたりする。高齢でなくても精神上の障害で判断能力が不十分な人もいる。後見は，判断能力が不十分な人を保護するための制度で，**未成年後見**と**成年後見**とがある。前者は親権者の保護を受けられない未成年者を対象とし，後者は判断能力の不十分な成年者を対象とする。

　(1)　**未成年後見**　　①親権を行う人がいない場合，②親権を行う人が管理権をもたない場合，未成年後見が開始し（民法838条）**未成年後見人**が未成年者（**未成年被後見人**）の保護者となる。①は，親権者が死亡したり失踪宣告や親権喪失宣告を受け法律上親権を行えない場合，行方不明・長期不在・重病などで事実上親権を行えない場合にあたる。②の場合，未成年後見人は管理権だけを行い財産に関する権限だけをもつ。未成年後見人は，子に最後に親権を行う人（父死亡後単独で親権を行う母など）で管理権を失っていない人が，遺言で指定できる（同839条1項）。指定がない場合，家庭裁判所が子やその親族などの請求で選任し（同840条），未成年後見監督人も選任できる（同849条）。未成年後見人は，未成年者の監護については親権者とほぼ同じ権利義務をもつ（同857条）。未成年後見は，未成年者が成人，婚姻，死亡した場合などに終了する。

　(2)　**成年後見**　　民法の従来の制度は，融通性，保護体制，戸籍への記載などについて批判があった。そのため，1999年，本人の自己決定権を尊重し残された能力に応じて保護・支援・制限する**成年後見制度**が制定された（2000年4月施行）。高齢社会への対応と精神障害者の福祉の充実とを図るものである。

　新制度は，**法定後見制度**として精神障害の程度に応じて，①**成年後見**，②**保佐**（同876条以下），③**補助**（同876条の6以下）の3つを定めるとともに，**任意後見制度**，**成年後見登記制度**を設けた。対象者は，①が判断能力を欠いているのが通常の状態の人（**成年被後見人**），②が判断能力が著しく不十分な人（**被保佐人**），③が判断能力が不十分な人（**被補助人**）であり，その保護者として，家庭裁判所が，各々**成年後見人**，**保佐人**，**補助人**を選任する。保護者は配偶者で

なくても複数でも法人でもよく，保護者を監督する人（成年後見監督人など）も選任でき，保護体制が強化された。成年後見人は，広範な代理権と取消権を与えられるが，日用品の購入などは本人が単独でできる。保佐人は，重要な行為について代理権とこれに応じた同意権・取消権を与えられる。補助人は，一定の行為について代理権，同意権，取消権を与えられる。任意後見制度では，判断能力が正常なときに任意後見人を選び公正証書で任意後見契約を結ぶ。判断能力が減退したときに契約が発効し，家庭裁判所が任意後見監督人を選任する。成年後見登記制度では，戸籍の記載に代えてコンピューター・システムに保護者の権限や任意後見契約の内容などが登記され，登記事項証明書の発行はプライバシー保護から本人，保護者などに制限される。

5 扶　　養

　日本社会は急速に高齢化し老後の生活が深刻な問題になっている。親はなるべく子に面倒をかけまいと思うが，体は思いどおりにならない。子も親孝行したいが，仕事や家族を抱えて老親を扶養・介護することは大きな負担となる。法律上の扶養には，**私的扶養**（親族間の扶養義務）と**公的扶養**（国の社会保障制度）がある。後者は前者が不可能や不十分な場合に機能するが，その責任範囲が明確でないと家族の負担のみが重くなるおそれがあり，両者の連携が不可欠となる。ここでは，民法が定める親族間の扶養義務について考察したい。

　親族間の扶養義務　①**扶養義務者**の範囲（民法877条）は，原則として直系血族間と兄弟姉妹間であるが，特別の場合は家庭裁判所の審判で3親等内の親族間にも義務を負わせることができる。②扶養義務は，人が自活不能な状態（**要扶養状態**）になり，その扶養義務者の範囲内の人に扶養能力がある（**扶養可能状態**）場合に，実際に発生する。親が健康で資力があれば，子に扶養義務は発生しない。③扶養義務者や扶養される者（扶養権利者）が複数の場合，義務を果たす順番や扶養される順番が問題になる（同878条）。扶養の方法は，引取扶養，金銭扶養，その両方などである。扶養の程度は，義務者の生活水準による。いずれも当事者の話合いで決められない場合は，家庭裁判所の調停や審判で一切の事情を考慮して決める。〔民法以外では，1995年に介護休業法（1999年法的義務づけ），1997年に介護保険法（2000年施行）が制定された。〕　（山田美枝子）

21 ■ 相続・遺言

1 相 続

　人が死亡すると，相続が開始する（民法882条）。ある人が妻や子，母や兄弟姉妹を残して死亡した場合，その遺産は誰がどのような割合で相続するのか，また，婚姻の際に資金をもらった子，死亡した人（**被相続人**）の事業の拡大に尽くした子や療養看護に尽くした妻などについては特別に考慮されるのか，また，その人より先に死亡していた子の息子や娘（孫）は相続できるのかなどといった問題に直面する。相続法では，被相続人に遺言がある場合は遺言に従って相続され（遺言相続），遺言がない場合は民法が定める相続（法定相続）による。

　(1) 法定相続人　相続人となるには，被相続人の一定範囲の親族に属することが必要である。被相続人の配偶者は常に相続人となり（民法890条），夫（妻）が死亡すると妻（夫）は他の親族がいても常に相続人となる。血縁の相続人の第1順位は子，第2順位は直系尊属（父母または祖父母など），第3順位は兄弟姉妹である。相続のとき既に子が死亡したり相続権を失っていた場合は，被相続人の孫やひ孫など（子の直系卑属）が代わりに相続する（**代襲相続**）。胎児も，生きて生まれることを条件に相続人となる（同886条）。また，相続のとき兄弟姉妹が既に死亡したり相続権を失っていた場合は，兄弟姉妹の子（被相続人の甥・姪）が代襲相続する。相続権を失うのは，相続人が被相続人や他の相続人を殺したり遺言について不正行為をしたなどのため法律上当然に相続資格を失う（**相続欠格**）（同891条）場合や，遺留分（後述）のある相続人が被相続人に虐待や重大な侮辱をしたりその他の著しい非行があったときに被相続人などの請求で家庭裁判所の審判で相続権を奪う（**推定相続人の廃除**）（同892条）場合である。

　相続人がいない場合は，遺産は国庫に帰属することになるが，家庭裁判所は，**特別縁故者**（被相続人と生計が同じであった者や被相続人の療養看護をした者な

ど）に遺産の全部または一部を分与できる。

(2) 法定相続分と指定相続分　遺言がない場合の各相続人の相続分は，相続人の構成に応じて以下のように法定されている（**法定相続分**）。①配偶者と直系卑属とで相続する場合は2分の1対2分の1，②配偶者と直系尊属の場合は3分の2対3分の1，③配偶者と兄弟姉妹の場合は4分の3対4分の1で，遺産を分ける。同順位の相続人が複数いる場合はその間で均等に分けるが，非嫡出子は嫡出子の2分の1，半血（父母のどちらかが共通）の兄弟姉妹は全血（父母共に共通）の兄弟姉妹の2分の1である。代襲相続人が複数いる場合はその間で均等に分ける。

　指定相続分は，被相続人が，遺言で，共同相続人の相続分を直接指定するかまたは第三者に指定を委託することで定められ（民法902条1項本文），法定相続分に優先する。ただし，相続人の遺留分を下回るような指定は許されない。遺留分に反する指定の場合でも，指定が当然無効になるのではなく，遺留分を侵害された人が遺留分保全のため請求することが認められるだけにすぎないとされる。

(3) 相続の承認と放棄　被相続人の財産内容や相続人の事情は人それぞれに異なるため，相続人は以下の3通りの相続から選択できる。①**単純承認**は，**相続積極財産**（不動産・動産の所有権，預貯金の債権など），**相続消極財産**（住宅ローンの借金などの債務）ともに含めた被相続人の全財産を無条件で受け継ぐ（民法920条）。②**限定承認**は，被相続人の債務などが過大である可能性が高い場合に，積極財産の限度でのみそれらを負担する（同922条）。限定承認は，期間内に財産目録を調製して家庭裁判所に提出し（同924条），相続人が複数いる場合は全員共同で行わなくてはならない（同923条）。③**相続放棄**は，積極財産・消極財産ともに自分の相続分を放棄する。放棄者は最初から相続人でなかったとみなされ（同939条），他の相続人の相続分が増える。過大な債務を負うことや家産の分散（農地の細分化など）を防止するなどために利用される。相続財産関係の早期安定のため，一度放棄をした以上，3カ月の期間内でもその撤回は許されない（同919条1項）。

　どれを選択するにしても原則として相続開始を知ったときから3カ月以内に家庭裁判所に申し出なくてはならない（同915条1項）。請求により期間延長が

認められる場合がある（同項但書）。相続人が遺産を処分した場合，何の申出（申述）もせず3カ月が経過した場合，限定承認や相続放棄後であっても遺産を隠したり消費したり故意に財産目録に記載しなかった場合には，単純承認とみなされる（同921条）ので，気をつけなくてはならない。

(4) 遺産の範囲　遺産は，被相続人に属していた一切の財産上の権利義務であり，積極財産だけでなく消極財産も含まれる。土地・建物などの所有権だけでなく占有権や賃借権も含まれる。ただし，建物の賃借権（借家権）では，被相続人と賃借建物に同居していた者の居住について，判例は，賃貸人や相続人からの建物明渡請求に対して同居者の保護を図っている（相続人の賃借権の援用，権利濫用の法理による）。判例上，損害賠償請求権（慰謝料も含む）も相続されると考えられている。

祭祀用財産（家系図，位牌，仏壇，墓地など）や一身専属権（扶養請求権，身元保証人の債務など），また，受取人を指定した生命保険金・死亡退職金・遺族年金，喪主の財産となる香典も，遺産に含まれないとされる。

(5) 遺産分割　相続人が複数いる場合遺産は共有となるから，遺産中の個々の財産を各相続人にいかに配分し帰属させるかを決めなくてはならない。被相続人が，遺言で，分割方法を指定したかまたは相続人以外の人（第三者）に指定を委託した場合は，それによる（**指定分割**）（民法908条）。特定の遺産を特定の相続人に「相続させる」旨の遺言については，判例は分割方法の指定と解すべきとしている。一方，共同相続人は，被相続人が遺言で分割を禁止した場合を除き，いつでも全員の話合いで遺産分割できる（**遺産分割協議**）（同907条1項）。分割の基準は，遺産の種類・性質，相続人の年齢・職業・心身の状態・生活状況など一切の事情である（同906条）。分割方法は，現物でもその価額の金銭でもよく，1人が現物全部を受け取り他の相続人に代償金を支払ってもよい。相続人の一部または全員の共有とする方法もある。協議において相続人全員が合意すれば，必ずしも指定相続分・法定相続分どおりでなくても分割は有効である。消極財産について，相続人の間で法定相続分と異なる負担割合を決めることもできる。分割協議が成立しない場合は，家庭裁判所の調停や審判で決める（同907条2項など）。審判分割の場合，法定相続分に反することはできない。

相続人が遺産分割で得た財産に不備があった（100坪とされた土地が実際は90

坪であったなど）場合，その損失分を他の共同相続人に対してそれぞれの相続分に応じて補償請求できる（共同相続人の担保責任）（同911条）。また，分割に際して，被相続人と相続人の間の特別の事情も考慮し，以下の特別受益や寄与分の制度によって相続人の間の公平を図っている。

(6) **特別受益**　共同相続人の中で，被相続人から遺言で財産を与えられたり（遺贈），生前に婚姻や養子縁組，生計の資本のために贈与された人がいる場合は，その遺贈・贈与は**特別受益**となる（民法903条）。これを計算に入れず残りの財産を法定相続分どおりに分けると，特別受益者（受遺者・受贈者）と他の相続人の間で不公平になる。そのため，相続開始時の被相続人の財産額に特別受益の額を加えて（**持戻し**）相続財産とみなし，指定または法定相続割合に従って相続分を計算する。その相続分より特別受益の額が少ない場合は特別受益者はその差額を受け取ることができ，多いかまたは同じ場合は何も受け取れない。被相続人が持戻しをしない（持戻しの免除）としていた場合は，遺留分を侵害しない範囲で持戻せずに計算する。

(7) **寄与分**　共同相続人の中で，被相続人の財産の維持または増加に特別に寄与した人がいる場合は，特別受益とは反対に，相続開始時の被相続人の財産の価額から維持または増加分（**寄与分**）額を除いた残りを相続財産とみなし，それを指定または法定相続割合に従って分け，計算された相続分に寄与分を加えたものを，寄与者が受け取る（民法904条の2）。寄与への報償を支払うことにより共同相続人の間の実質的な公平を図っている。寄与の方法として，被相続人の事業への労力提供や財産提供，被相続人の療養看護などがあげられている。通常の程度以上の無償性のある寄与がないと認められない。寄与分の決定は，まず共同相続人の協議によるが，協議が成立しない場合は，家庭裁判所の調停・審判で，一切の事情を考慮して決める。上記の特別受益が遺贈や贈与により客観的に評価できるのに対して，寄与分は一切の事情を考慮してその行為が寄与に該当するか否かを定めることになる。寄与分の上限は，相続開始時の財産額から遺贈を除いた額とされている。

2　遺　　言

　仲のよかった兄弟や姉妹が，親の遺産をめぐり仲たがいしてしまうことがあ

る。また，自分の子ではなく老後の世話をしてくれた人に遺産をやりたいと考える場合もある。最近は，遺産争いを防止するためや，家族関係が複雑かつ多様化したことに対応して，遺言を残す人が増えている。15歳に達すれば遺言でき（民法961条），口がきけない人や耳の不自由な人でも，手話通訳や筆談により公正証書で遺言できる（同969条の2）。成年被後見人も，判断能力が一時回復したとき，医師2人以上の立会いで遺言できる（同973条）。しかし，遺言は遺言者の死亡後，もはやその意思を確認できないときに，残された人々の現実の生活に影響力を与えるものであるから，一定の方式に従うことを要求され，それに従わない遺言は法的な効力を認められない。

(1) **遺言の内容**　遺言できる事項は法定され，①家族に関する事項は，子の認知（民法781条），未成年後見人（同839条）や未成年後見監督人の指定（同848条），相続人の廃除（同893条）やその取消（同894条），②財産に関する事項は，相続分・遺産分割方法の指定または指定の委託（同902条・908条），遺産分割の禁止（同908条），遺贈（同964条），遺贈減殺方法の指定（同1034条）などである。**遺言執行者**の指定または指定の委託もできる（同1006条）。遺訓（「母を助け仲良く暮らすよう。」など）は，法的効力は生じない。

(2) **遺言の方式**　通常の生活をしている場合は普通方式を用いる。①**自筆証書遺言**（民法968条）は，その全文，日付，氏名を自書（ワープロ，録音などは認められない）し押印して作成する。文中の変更は場所を示して押印し変更した旨を付記して署名する。簡便であるが，紛失・破棄・隠匿・偽造などの危険があり，方式不備で争いや無効になるおそれがある。②**公正証書遺言**（同969条）は，2人以上の証人が立ち会い，遺言者が遺言内容を口述し公証人が筆記し読み聞かせ，遺言者と証人が承認後公証人が署名押印する。原本は役場に保管されるため紛失・偽造などのおそれはなく確実である。ただし，手続が複雑で費用もかかり，また秘密がもれる可能性も否定できない。証書の存在は，コンピュータの検索システムによって容易に把握可能になった。③**秘密証書遺言**（同970条）は，自分で作成した証書（自書は要求されない）に署名押印して封印し，公証人と証人2人以上の前で自分の遺言であること・住所氏名を申述する。公証人が封紙に日付と申述を記載後全員が署名押印する。遺言の内容を秘密にしておきたいが，偽造・変造のおそれがないようにしたときに適した方式である。

特別方式（同976条以下）は，緊急事態の下で認められる簡略な方式で，遺言者が普通方式が可能になって6カ月生存すると効力が失われる。①死が危急に迫っている場合の**危急時遺言**は，一般危急時遺言と難船危急時遺言があり，証人立会いの下で口述し証人が筆記し署名押印する。②一般社会から孤立した場所での**隔絶地遺言**は，伝染病隔絶地遺言と在船者遺言があり，証人などの立会いの下で関係者全員が署名押印して作成する。

公正証書遺言以外の遺言書は，偽造・変造防止のため，遺言の執行前に家庭裁判所で**検認**を受けなくてはならず，封印された遺言書は，家庭裁判所で相続人立会いの下で**開封**されなくてはならない。

(3) **遺贈**　遺贈は，一般に遺言で財産を無償で与えることであり，**特定遺贈**と**包括遺贈**がある（民法964条）。包括遺贈は，積極財産・消極財産ともに含んだ遺産の全部または一定割合を与えることであり，遺贈を受ける人（**包括受遺者**）は法定相続人と同じ権利義務をもつ（同990条）。包括遺贈の承認または放棄には相続の諸規定（同915条〜940条）が適用され，相続開始を知ったときから3カ月以内に行わないと単純承認したとみなされる。特定遺贈は，遺産のうちの特定の積極財産を与えることである。遺贈を受ける人（**特定受遺者**）には遺贈の諸規定（同986条〜989条）が適用され，遺言者の死亡後いつでも遺贈の承認や放棄ができる（同986条1項）が，一度行うと例外的な場合（詐欺または強迫による場合など）を除き撤回できない（同989条1項）。

(4) **遺留分**　遺留分（民法1028条以下）とは，一定範囲の法定相続人（**遺留分権利者**）に必ず残しておかれる一定割合の相続財産である。被相続人に対しては個人財産の自由な処分（遺言の自由）を制限し，遺留分権利者に対しては最小限の財産を確保するという調整的な制度である。遺留分を侵害する贈与や遺贈などの処分も無効ではないが，侵害された相続人は遺留分の保全に必要な範囲で，贈与や遺贈の効力を奪うことができる（**遺留分減殺請求権**）。遺留分権利者は，兄弟姉妹以外の法定相続人であり，配偶者，子，直系尊属がなりうる（同1028条）。子の代襲相続人も遺留分をもつ（同1044条）。相続欠格，廃除，相続放棄によって相続の資格を失った人は遺留分も失う。ただし，相続欠格と廃除の場合，代襲相続人は遺留分をもつ。

相続財産上の全体的な遺留分の割合（総体的遺留分率）は，直系尊属のみが

相続人である場合は相続財産の3分の1，その他の場合は2分の1である（同1028条）。その他の場合とは，相続人が，①配偶者と子，②配偶者と直系尊属，③配偶者のみ，④子のみという場合である。各遺留分権利者の遺留分の割合（個別的遺留分率）は，総体的遺留分率に各々の法定相続分率を掛けて計算する。子の遺留分の割合は同等であるが，非嫡出子がいる場合は嫡出子のそれの2分の1となり，相続分と同様に，嫡出子との同等化が主張されている。

(5) **遺言の執行**　遺言者の死亡後に遺言内容を法的に実現する手段を**遺言の執行**という。遺言の内容には，遺言者の死亡と同時に実現され特別の手続が必要でない事項（相続分の指定，遺産分割の禁止など）と，執行が必要な事項（認知の届出，特定遺贈物の引渡しや登記など）があり，**遺言執行者**が必要な一切の行為を行う（同1012条）。遺言者は，遺言で遺言執行者を指定するかまたは第三者に指定を委託できる（同1006条1項）。指定などがなく遺言執行者がいない場合は，利害関係人の請求によって家庭裁判所が選任する（同1010条）。遺言執行者は，任務につくとすぐに相続財産を調査して相続財産目録を作成し，相続人に交付しなくてはならない（同1011条）。相続人は，相続財産の処分など遺言の執行を妨げる行為をすることができない（同1013条）。

(6) **遺言の無効・取消**　法定の方式に違反する遺言（民法960条），15歳未満の人の遺言（同961条，963条），法定事項以外の内容の遺言は無効になる。また，被後見人が，後見の計算終了前に，後見人またはその配偶者・直系卑属の利益となる遺言をした場合も無効となる（同966条）。財産上の行為を内容とする遺言では，それが詐欺や強迫により行われた場合には，取消しが問題となる。取消権は，遺言者の死亡後その相続人が承継し行使することになる。

(7) **遺言の撤回**　遺言者は，方式に従い，遺言をいつでも書き直し**撤回**できる（民法1022条）。新しい遺言と古い遺言が食い違う場合は，その部分について古い遺言が撤回されたとみなされる。遺言後に財産を他人に処分したり遺言書を破棄した場合も，その財産や破棄部分について撤回されたとみなされる。撤回行為が詐欺・強迫による場合は，元の遺言が復活する（同1025条但書）。

（山田美枝子）

22 労働問題

1 労働問題と労働法

(1) **働くこと** 多くの人々は、働いて生活している。会社員は満員電車にゆられて会社に行き仕事をする。工場労働者は生産ラインで車やテレビを組立てる。店員はお客に品物を売る。八百屋さんは青果市場で野菜を仕入れて売る。翻訳家は外国の本を翻訳して出版する。

いずれもみんな「働いている」。しかし、その働き方をみると次のことがわかる。会社員、工場労働者、店員は雇われて働いているのでどのように働くか、どんなことをするかは基本的には雇った人が決めている。

それに対して、八百屋さんや翻訳家は誰にも雇われていない。自分で自分の働き方を決めることができ、野菜や本が売れればそれだけもうかることになる。

(2) **アルバイトも労働者** このように会社などに雇われて働き、どのように働くか、どんなことをするかについて雇った人（使用者という）が原則的に決め、その指示の下で働く働き方をする人々を、「**労働者**」と呼んでいる。したがって、同じ医者でも病院に雇われて働いている人は労働者であり、自分で病院や医院を経営している人は労働者ではない。

労働者には、事務労働者、技術者、現場労働者などを含み、職業の種類は問わない。また、その呼び名にもかかわりなく、正社員、嘱託、契約社員、アルバイト、パートタイマーなども労働者である。

(3) **労働者の誕生** 労働者は、産業革命によって生まれた。産業革命は、物の生産の仕方、そして人間の働き方を変えた。従来は、熟練した技術を必要とし、生産される物は量的に限界があった。

産業革命は18世紀にイギリスで始まり、機械の発明により物が大量に生産できるようになった。工場では機械を動かす人々を必要とした。そのために特に

熟練した技術がなくてもよかった。

　工場で働きたい人々はたくさんいた。そこでは，雇う人の方が圧倒的に優位であった。なぜならば，初期の労働者は工場労働者であり，雇われて賃金をもらわなければ生きていけなかったからである。一方，使用者はたくさん応募してくる労働者のなかから選ぶことができた。

　(4)　**労働法の必要性と2つの流れ**　　市民社会では，人間はみな平等で自由であると考えられていた。したがって，対等な人々の間でどのような契約を結ぼうが自由であるとされ，国家は傍観者的立場をとった。労働者と使用者の間もそのようなものとみなされ，国家はその間でどのような賃金や労働時間が取り決められようと干渉しなかった。

　では，現実はどうなったのだろうか。力関係で優位にある方の言い分が通ってしまったのである。安い賃金，長い労働時間，劣悪な職場環境が労働者に押しつけられた。労働者は悲惨な状況に陥ってしまった。

　当初傍観者的立場をとっていた国家は，法律で労働条件の最低基準を定めて，それを使用者に守らせるようにした。このことにより労働者は人間らしい生活をしていけるだけの賃金や労働時間や休日などを享受できるようになった。労働者を保護するために労働法は生まれてきたのである（第1の流れ）。

　他方，労働者自身も自分達の弱い立場に手をこまねいていたわけではない。1人では力の弱い労働者も何人かが団結して労働組合を作り，その代表を通して使用者と交渉し，自分達の望んでいる労働条件を実現しようとした。

　最初は，使用者も国家も労働組合をのぞましくない存在とみて，組合をつぶそうとした。しかし，次第に労働組合の存在は無視できないものとなり，むしろ法的に認めてきちんと扱った方がよいのではないかというように変わってきた（第2の流れ）。

　現在，先進諸国では，労働組合は法的に認められた存在となり，他の団体とは異なる特別の扱いを受けている。

2　労働契約の成立・変更・解約

　(1)　**募集・職業紹介**　　労働契約が成立する前段階に募集がある。使用者は労働者を必要とする時募集を行う。募集手段には，民間企業の発行する就職情

報雑誌や新聞への広告，目立つ場所への掲示，口コミ，公共職業安定所への求人依頼などいろいろある。

このうち，ハローワークと愛称で呼ばれている公共職業安定所は募集する人，すなわち求人者と求職者とを結びつける職業紹介を行っている。なお，従来は職業紹介を行えるのは国の機関である公共職業安定所のみであったが，1997年より一定の職業以外は民間も自由に行えるようになった。

(2) **労働契約の成立**　労働関係も契約関係の1つである。では，どのようなことを取り決める契約なのかというと，労働者は労務の提供を約束し，使用者はそれに対して賃金の支払いをすることを約束するものである。以上の内容のことを労働者も使用者も同意した時，**労働契約**は成立したという。

労働者は自由に労働契約を結ぶ相手を選択できるように，使用者も原則として自由に相手を選択することができる。それゆえ，学生は就職活動ではいかにして自分をアピールして企業に採用する気になってもらうかに努力することになるのである。

(3) **採用内定**　日本では，新規学卒者の採用は在学中に行い，実際に働き始める随分前に**採用内定**を出すことが多い。そして，無事に卒業して4月1日にその企業で働き始めることができれば問題はないのだが，それ以前に採用内定が取り消されてしまったらどう考えればよいのだろうか。

採用内定の仕方は企業によって少しずつ異なるので一概に言うことはできないが，次のような場合はどうだろうか。企業から学生に採用内定通知の発送が行われ，学生が誓約書を企業に提出した場合には，一般的に労働契約が成立したと考えてよいだろう。

したがって，実際にはまだ学生は働き始めているわけではないが，労働契約は成立しているので企業は理由なく採用内定を取り消すことはできない。大日本印刷事件（最判昭和54年7月20日）は，採用内定を取り消すことができる理由として，「採用内定当時知ることができず，また知ることが期待できないような事実であって，これを理由として採用内定を取消すことが解約権留保の趣旨，目的に照らして客観的に合理的と認められ社会通念上相当として是認することができるものに限られる」としている。

(4) **労働契約の変更と配転・出向**　日本の労務管理では，終身雇用制の下

で採用内定によって早目に優秀な人材を確保して，いっせいに4月1日に採用し，その企業内で様々な職種や勤務地を経験させて，一人前の人材に育てていくというのが従来のやり方であった。そこでは，職種や勤務地の変わる配転やその企業の従業員としての地位は保ちながら他社で働く出向は，昇進のためには避けて通れない人事異動であると労働者もとらえてきた。

しかし，最近はリストラのためにいやがらせ的に配転や出向が使われることがでてきて，以前のように配転・出向をバラ色のものとみることはできなくなった。

配転や出向を使用者から命じられた時，労働者はそれに従わなければならないのだろうか。

配転では，まず労働契約を結ぶ時に職種や勤務地を特定しているかどうかが問題となる。もし特定していれば，配転は労働契約の変更となるので労働者の同意が必要となる。同意がなければ，使用者は配転を強制できない。

しかし，実際には職種や勤務地を特定せずに労働契約を結んでいることも多い。その場合は，労働者は使用者に対して自分の労働力の処分を委ねるという包括的な合意を与えており，使用者は労働者の包括的な合意にもとづいて職種や勤務地を命じることができると考えられる。

とはいえ，使用者の配転命令権には一定の限界がある。業務上の必要性がなければならない。そして業務上の必要性があったとしても，配転によって労働者が蒙る不利益の程度が通常甘受すべき程度をこえる場合には，配転を強制できない（東亜ペイント事件，最判昭和61年7月14日）。東亜ペイント事件では一般論として上述のように最高裁判所は述べているが，具体的な判断では業務上の必要性を比較的ゆるやかに認め，勤務地の変更に伴う家庭生活上の不利益の程度を通常甘受すべき範囲内のものと判断して，配転命令に従わなかった労働者の懲戒解雇を有効とした。

出向は，配転についての考え方とは異なって，民法の考え方（625条1項）から労働者の同意がなければ認められないと解釈されている。

しかし，最近少しずつ見られてきたいくつかの関連企業がグループを作り，一括して採用し，その際にグループ内企業間での出向があることを事前に労働者に知らせ労働者もそれに同意している時は，前述の配転と同じ様に考えると

されている（興和事件，名古屋地判昭和55年3月26日）。

(5) 労働契約の解約と解雇　労働契約には，6カ月というように期間を定めているものと期間を定めていないもの（ただし，定年はある）とがある。期間を定めている場合には，その期間がくればおのずと労働契約は終了するが，期間を定めていない場合にはどうであろうか。

民法の考え方では，期間の定めのない契約では労働者も使用者もいつでも解約できるとしている（民法627条）。だが，労働契約を労働者が解約する場合（辞職または退職という）と使用者が解約する場合（解雇という）とではその影響力には大きな違いがある。労働者は賃金によって生活しているので解雇は生活をおびやかす影響がある。使用者にとって労働者がやめても多くの場合また他の人を雇えばすむことなのである。

そこで，裁判所は使用者の解雇の自由を認めながら一定の枠をはめている。すなわち，具体的な事情の下において，解雇することが著しく不合理であり，社会通念上相当なものとして是認することができないときは，解雇は無効となる（高知放送事件，最判昭和52年1月31日）。

3　労 働 条 件

(1) 最低基準を定める労働基準法　労働基準法は，労働条件の最低基準を定める前述の第一の流れに属する法律である。たとえ，労使の話し合いによって双方納得していたとしても労働基準法に定める労働条件を下回ることはできない。そのような労働契約は，その部分について無効となり，無効となった部分は労働基準法に定める労働条件が適用される（労基法13条）。

さらに，労働基準法のほとんどの規定には違反に対して罰則が定められている。最も厳しい罰則は5条の強制労働の禁止に違反した場合で，違反者に対して1年以上10年以下の懲役または20万円以上300万円以下の罰金が科される。

(2) 賃金　賃金額については，最低賃金法が最低賃金額を定めている。最低賃金額を守れば，あとは労使に委ねられる。労働基準法は家族手当，通勤手当などの各種手当やボーナス，退職金などを使用者が支払う義務を定めていない。しかし，いったん支払うことを約束し，そのことを就業規則などで定めれば，使用者は支払う義務を負うことになる。

労働基準法は，賃金が労働者の手に確実にわたるように，「通貨で，直接労働者に，その全額を支払わなければならない。(略) 毎月一回以上一定の期日を定めて支払わなければならない」と定めている（労基法24条）。

(3) 労働時間，時間外労働　労働基準法32条には，1日8時間および1週間40時間を法定の最長労働時間と定めている。ただし，商業，映画演劇業，保健衛生業，接客娯楽業で従業員9人以下の事業場では，特例として1週44時間となっている（1日8時間は同じ）。

この法定労働時間を超えて働かせた場合，つまり時間外労働をさせた場合には，6カ月以下の懲役または30万円以下の罰金に処せられる。しかし，時間外労働させていても使用者が罰せられたという話はあまり聞かない。なぜなのだろうか。

それは三六協定（サンロク協定またはサブロク協定と呼ばれる）のおかげである。三六協定は労働基準法36条に定められている労使協定である。一般的に労使協定とは，その事業場に労働者の過半数で組織する労働組合がある場合はその労働組合と，それがない場合は労働者の過半数を代表する者と使用者との書面による協定をいう。

三六協定で，時間外・休日労働をさせる必要のある具体的な理由，業務の種類，労働者の数，延長することのできる時間などを取り決め，労働基準監督署長に届け出れば，使用者は時間外・休日労働を労働者にさせても処罰されないのである。

しかし，三六協定だけでは労働者に時間外，休日労働を命じる権限が使用者にあるとはいえない。労働協約，就業規則，労働契約のいずれかに時間外，休日労働を命じうることを規定しておく必要がある。

(4) 休憩，休日，年次有給休暇　労働者は働くことによって心身が疲労する。それを回復するために，1日，1週，1年単位で休息が定められている。

1日のうちで継続して働くことによる疲労を回復するために与えられるのが休憩である。これは労働時間には数えられない。使用者は労働時間が6時間を超える時少なくとも45分，8時間を超える時少なくとも1時間の休憩を労働時間の途中に与えなければならない（労基法34条）。

休日は6日続けて働くことによる疲労を回復するために，毎週少なくとも1

回与えられなければならない（労基法35条）。何曜日を休みにするかは使用者が決めることになる。

年次有給休暇（以下年休）は，1年単位のなかでまとまった休暇をとり心身のリフレッシュをはかったり，自己啓発を行なったりするための休暇である。しかし，日本では年休の取得率は半分に近く，また病気休暇の代わりにこま切れに使われることも多い。

使用者は，労働者が6カ月継続勤務し，かつ全労働日の8割以上出勤すれば，継続してまたは分割した10労働日の年休を与えなければならない。その後，継続勤務年数1年ごとに年休が加算され，最高20日とされている（39条）。

労働者は年休の取得要件を満たせば，年休権が発生し，あとはいつ取るかを指定すればよいのである（時季指定権）。それに対して，使用者はその時季に取られると「事業の正常な運営を妨げる場合」に該当する時にのみ他の時季に年休を変更することができる（時季変更権）。

(5) **就業規則**　労働条件を個々の労働者と使用者の間の労働契約でいちいち取り決めることはそれほど多くはなく，その企業の**就業規則**に書いてあることが労働条件になることはよくある。労働組合があれば労働協約にもよることになるが，労働組合の組織率が低下している現在において，就業規則が労働条件決定に果たす役割は大きい。

常時10人以上の労働者を使用する使用者は作成が義務づけられ，労働基準監督署長に届け出なければならない（労基法89条）。就業規則は労働者代表の意見を聞かなければならないが，労働者代表の同意は必要としていない。

時に，使用者が一方的に就業規則を労働者にとって不利益に変更してくることがある。それに反対する労働者にも不利益に変更された就業規則の労働条件が適用されるのだろうか。

秋北（しゅうほく）バス事件（最〔大〕判昭和43年12月25日）で，最高裁判所は，「新たな就業規則の作成又は変更によって，既得の権利を奪い，労働者に不利益な労働条件を一方的に課することは，原則として許されないと解すべきであるが，労働条件の集合的処理，特にその統一的かつ画一的な決定を建前とする就業規則の性質からいって，当該規則条項が合理的なものであるかぎり，個々の労働者において，これに同意しないことを理由として，その適用を拒否することは許さ

れないと解すべきである」という考え方を示した。

4 女性労働者と男女雇用機会均等法

　女性労働者は，全雇用労働者に占める割合が40％に近い数字になり，労働力として重要な存在となった。しかし，均等法が制定されるまでは，労働基準法第4条が男女同一賃金原則を定めるのみで女性を保護する考え方が強かった。

　女性労働者の量的質的拡大，雇用における男女平等の主張，女性差別事件に関する判例の積み重ね，そして1985年の日本政府による**女性差別撤廃条約**の批准を背景に1985年に均等法が制定され，1986年4月1日より施行された。均等法は制定過程において経営者側の主張に相当譲歩せざるをえなかったので男女雇用平等を実現する法律としては立法的に当初から問題を含んでいた。

　そこで，均等法施行後10年以上経過した1997年に均等法を改正する法案が国会で可決され，1999年4月1日より施行された。

　〔**主な改正点**〕　均等法改正で注目されるのは，第1に募集・採用，配置・昇進に関して事業主の努力義務という弱い規定であったのが，女性差別に対する禁止規定という強い規定に改正された。

　第2に，改正前の均等法の考え方では，たとえば一般事務職を女性のみ募集するとか，女性に対してだけ接遇訓練をするという「女性のみ・女性優遇」が許されていたが，改正後は原則として禁止された。たとえば，女性のみのパート募集は均等法改正後はできなくなった。

　第3に，「女性のみ，女性優遇」は以上述べたように原則禁止ではあるが，特例として女性の職域拡大や能力発揮を促進するものは認めた。すなわち，いわゆるポジティブ・アクションを初めて規定し，事実上の平等実現を視野に入れた。ポジティブ・アクションは，企業に義務づけられてはいないが，女性労働者が4割を下回っている状況（全雇用者の約4割が女性であるので）において行うことができる。たとえば営業職に女性が少ない場合，営業職のための教育訓練を女性についてのみ行うという取組みが考えられる。そのことにより，営業職につく女性が増えていくことになる。

　第4に，職場のセクシュアル・ハラスメント（性的いやがらせ）に関する事業主の配慮義務を明記した。

第5に，均等法改正と同時に，労働基準法の女性保護規定のうちの時間外・休日労働，深夜業の規制が解消された。これは，母性保護を除く一般女性保護がむしろ女性の職域拡大を阻害し，平等という観点から見直しが迫られていたからである。たしかに，女性と男性とで労働条件の規制の仕方が異なっているということは平等というものとぶつかってしまう。しかし，女性に対する保護をはずすことだけが立法上可能な選択だったわけではない。男女共通に労働時間を規制することにより男女共通の労働条件にするという方法もありえたのである。

5　労働組合

第2の流れに属する労働組合法では，**労働組合**を「労働者が主体となって自主的に労働条件の維持改善その他経済的地位の向上を図ることを主たる目的として組織する団体又はその連合団体」としている（労組法2条）。

日本では労働者は労働組合を自由に作ることができ，行政官庁に届け出ることは求められていない。

労働組合は，通常の団体とは異なった取扱いを受ける。たとえば，争議行為の時に形式的には威力業務妨害罪の構成要件にあたるような行為が行われることがある。その場合，争議行為が正当なものであれば刑事上の責任は問われない（労組法1条2項。ただし，いかなる場合も暴力の行使は許されない）。

また，争議行為を行えば，使用者に対して生産停止による損害を与えたり，労働者は労働契約によって労務を提供するという約束をしているのにその約束を破ったことになり，使用者からの損害賠償請求の問題がおきてくる。労働組合法8条は，正当な争議行為による損害に対して使用者は労働組合またはその組合員に賠償を請求することができないとしている。このことによって，労働組合は経済的な不安なく争議行為を行うことができるのである。

6　団体交渉と労働協約

労働組合は，1人では弱い労働者が団結してよりよい労働条件の獲得をめざすものであるので，労働組合の代表と使用者または使用者団体の代表との間の**団体交渉**は重要である。日本は企業別組合がほとんどなので，団体交渉も企業

別に行われるのが普通である。

団体交渉で労働組合と使用者間で話し合いがまとまり，書面にされた取り決めを**労働協約**という。労働協約は，労働組合という集団的な力を背景にして結ばれる。したがって，労働組合のないところでは労働協約は存在しえない。労働協約というためには労働組合と使用者の署名または記名押印が必要である（労組法14条）。行政庁への届出は求められていない。

労働協約では，労働条件を定める（規範的部分という）とともに，労働組合の権利や義務についても定める（債務的部分という）。この規範的部分に違反する労働契約の部分は無効となる。そして無効となった部分は労働協約の定める労働条件が適用される（労組法16条）。労働契約が労働協約より不利な労働条件を定める場合はもちろんのこと有利な労働条件を定める場合も無効となる。いずれも「違反する」にあてはまるからである。

これは，日本の労働協約が企業別のものであり，最低基準ではなく標準的なものと考えられているからである。

7 争議行為

団体交渉がうまくいかずに話し合いが物分かれに終わってしまったが，労働組合があくまで自分たちの要求を通そうとする時はどうするだろうか。その場合は，労働者は集団的に労務を提供しないで，使用者に圧力をかけて自分たちの要求を通そうとするだろう。これをストライキというが，争議行為の典型的なものである。

争議行為が正当なものとされるためには，目的と手段に正当性がなければならない。

8 不当労働行為

労働組合の存在が法的に認められても，組合に対して使用者がさまざまないやがらせや圧力をかけることがある。労働組合法7条は，次の5つの類型を使用者の不当労働行為としている。第1に，労働者が労働組合の組合員であることなどを理由とする解雇などの不利益な取扱い，第2に，労働組合への不加入または組合からの脱退を雇用条件とする黄犬契約，第3に，正当な理由のない

団体交渉拒否，第4に，労働組合の結成や運営に対する支配介入，第5に，労働委員会への申立などを理由とする不利益取扱い。

　不当労働行為が行われた時に労働者や労働組合を救済する機関として地方労働委員会が各都道府県に1つずつ設けられている。労働委員会は行政の一機関であるが，迅速な解決をめざしている。労働委員会の委員は，使用者団体（使用者委員），労働組合（労働者委員），学識経験者（公益委員）から選ばれる（労組法19条）。

（神尾真知子）

23 ■ 社会福祉

1 社会保障，生存権，社会福祉

　社会保障という概念は，貧困に対する公的扶助と保険による相互扶助的な社会保険を統合した概念として，20世紀中頃に登場してきたものである。その理念は，国民に対する生活保障であり，**生存権**（憲法25条）を具体化する。

　憲法25条1項は，「すべて国民は，健康で文化的な最低限度の生活を営む権利を有する」と規定しているので，一見国民に具体的権利を保障しているように解釈できるが，最高裁は朝日訴訟（最大判昭和42年5月24日）において，憲法25条はすべての国民が健康で文化的な最低限度の生活を営み得るように国政を運営すべきことを国の責務として宣言したにとどまり，直接個々の国民に対して具体的権利を賦与したものではないと解している。

　さらに，朝日訴訟は，何が健康で文化的な最低限度の生活であるかの認定判断は，一応厚生大臣（当時）の合目的的な裁量に委ねられているとし，行政裁量を広く認めた。また，堀木訴訟（最大判昭和57年7月7日）において，最高裁は憲法25条の規定の趣旨にこたえて具体的にどのような立法措置を講ずるかの選択決定は立法府の広い裁量に委ねられているとし，立法裁量を広く認めた。

　最高裁は，いわゆる**プログラム規定説**をとっており，憲法25条を裁判規範として非常に狭くとらえている。

　しかし，国が「国の責務」として生存権を具体化する社会保障に関する諸立法がなされたときは，その諸立法によって具体的権利が付与されることになる。

　社会保障を制度的にみると，主なものは公的扶助，社会保険，社会福祉に分けられる。**公的扶助**は，貧困に陥った人々に対して健康で文化的な最低限度の生活を営めるようにするものであり，生活保護がこれにあたる。社会保険には，年金保険，医療保険，労災保険，雇用保険，介護保険があり，保険制度によっ

て老齢，障害，一家の稼ぎ手の死亡，疾病，負傷，労災，失業，要介護（支援）状態などという一般化したリスクをみんなでわかち合い，貧困に陥ることを予防する。

社会福祉は，あいまいな意味に使われることがあるが，社会保障の体系のなかでは次のように限定して用いられる。高齢者，児童，障害者などのように，生活する上でのハンディキャップを負っている人々に対して，社会的に組織化されたサービスを提供するのが社会福祉である。

ここで必要とされているのはサービスでありお金ではない。そのためには，サービス提供を行う社会福祉施設が用意され，福祉行政担当者や社会福祉事業に従事する人々がいなければならない。社会福祉行政は国及び地方公共団体の行政機関により実施される。

本稿では，社会福祉のみを取り上げ，高齢者福祉に関連して介護保険に言及する。

2　社会福祉の権利性

社会福祉制度は歴史的に低所得者に対する施策として始まった。そして，社会福祉は，年金保険や医療保険のように日頃から保険料を拠出しているということが受給するための条件とはなっていない。社会福祉の財源は税金でまかなわれている。なお，所得に応じて一定の自己負担がある。

このように社会福祉にも財源による制約があり，行政機関も社会福祉に対するニーズのすべてに応じきれないので，行政機関がその裁量によって福祉サービスを提供すればよいという考え方がある。また，法的にも行政機関による一方的な行政措置という形で福祉サービスが提供されてきた。そのために，社会福祉の権利性は現状においても法的にあいまいである。

3　児　童　福　祉

(1) 児童福祉法　児童福祉法が児童福祉について定めている。同法の対象となるのは，育成途上にある18歳未満の児童および妊産婦（妊娠中または出産後1年以内の女性）である。児童が心身ともに健やかに生まれ，育成されることは全ての国民の責任であるとしている。

(2) **児童相談所**　児童相談所は，専門的に児童福祉を扱う行政機関である。都道府県は必ず設置しなければならないことになっているが，市町村ではその設置は任意である。そこでは，心身障害相談，育成相談，養護相談，非行関係相談など様々な相談を家庭などから受けたり，児童や家庭について調査や判定を行い，それにもとづいて児童および保護者に必要な指導を行ったり，児童を必要な場合に一時的に保護することなどが行われている。

(3) **児童福祉施設**　児童に対する福祉サービスを提供する施設には，13種類の児童福祉施設がある。

1997年の児童福祉法改正により，児童をめぐる問題の複雑化・多様化に対応して，施設の名称および機能が見直しされた。

(i) 助産施設　保健上必要があるにもかかわらず，経済的理由により入院助産を受けられない妊産婦を入所させ，助産を受けさせる施設。

(ii) 乳児院　従来満1歳未満の乳児を対象としていたが，改正により保健上等により必要な場合はおおむね2歳未満の児童に対象を拡大し，入院させて養育する施設。

(iii) 母子生活支援施設　改正前の名称は母子寮。配偶者のいない女性またはこれに準ずる事情にある女性，およびその者の監護すべき児童を入所させて，保護し，さらに改正により目的が加わり，その自立促進のために生活を支援する施設。

(iv) 保育所　後述する。

(v) 児童厚生施設　児童遊園，児童館など児童に健全な遊びを与えて，その健康を増進し，情操を豊かにする施設。

(vi) 児童養護施設　改正前の名称は養護施設。従来の虚弱児の健康増進をはかる虚弱児施設は児童養護施設に移行した。乳児以外で，保護者のない児童，虐待されている児童，その他環境上養護を要する児童を入所させて，養護し，さらに改正により目的が加わり，退所後の支援などを行い，児童の自立を支援する施設。

(vii) 精神薄弱児施設　精神薄弱児を入所させて，保護するとともに，その独立自活に必要な知識技能を与える施設。

(viii) 精神薄弱児通園施設　精神薄弱の児童を保護者のもとから通わせて，

独立自活に必要な知識技能を与える施設。

(ⅸ) 盲ろうあ児施設　強度の弱視児を含む盲児または強度の難聴児を含むろうあ児を入所させて，保護するとともに，独立自活に必要な指導または援助をする施設。

(ⅹ) 肢体不自由児施設　上肢，下肢または体幹の機能障害のある児童を治療するとともに，独立自活に必要な知識技能を与える施設。

(ⅺ) 重症心身障害児施設　重度の精神薄弱および重度の肢体不自由が重複している児童を入所させて，保護するとともに，治療および日常生活の指導をする施設。

(ⅻ) 情緒障害児短期治療施設　改正前はおおむね12歳未満の児童と年齢要件があったが，改正により年齢要件は撤廃され，軽度の情緒障害を有する児童を，短期入院させて，または保護者のもとから通わせて，その情緒障害を治す施設。

(ⅹⅲ) 児童自立支援施設　改正前の名称は教護院。不良行為をなし，またはなすおそれのある児童，さらに改正により対象児童が拡大し，家庭環境その他の環境上の理由により生活指導等を要する児童を入所させて，教護し，さらに改正により目的が加わり，退所後の支援などを行い，児童の自立を支援する施設。

(4)　**保育所**　児童福祉施設の1つである保育所は，両親の共働き，疾病その他の理由で，保育に欠ける乳児や幼児を，日々保護者の委託を受けて保育する施設である。

保育所の入所要件である「保育に欠ける」とは，一般の家庭であれば期待しうる保護養育を受けることができないことをいう。したがって，親の収入は問わない。

現代では，女性の社会進出に伴い，保育所に対する要望が量的にも質的にも高まってきている。また，少子社会といわれ，日本も子どもの少ない社会になってきているので，働く女性に安心して，出産し子育てしてもらうためにも保育所の充実は緊急の課題となっている。

法改正により，保育所への入所が，それまでの市町村による措置から，保護者と市町村の契約に代わった。これにより，保護者が保育所に関する十分な情

報を得た上で，その児童の個性や保護者の就労状況等に応じて保育所を選択できるようになった。また，保育料の負担は，親の所得に応じた応能負担方式から保育費用を基礎に家計負担に考慮して設定されることになった（表参照）。

保育所制度の改正について

		現　　行	改　正　後
(1)	入　所　方　式		
	① 事　務　の　性　格	市町村による措置(行政処分)	市町村と保護者の契約（市町村の保育義務は従来通り）
	② 情　報　の　提　供	──	市町村・保育所による情報提供
	③ 入　所　申　込　み	事実行為（措置の契機としての申請）	希望保育所名を附して市長村に申込み
	④ 費　用　負　担	市町村の支弁に対し国庫は負担金として助成	希望保育所名を附して市長村に申込み
(2)	保育料負担方式	応能負担方式	保育費用を基礎に家計負担に考慮して設定 （注）　均一化の方向を目指しつつ，当面簡素化
(3)	広　域　入　所	── (市町村間の取り組み例あり)	市町村相互間の連絡調整義務を規定して促進
(4)	保育所の相談	── 育児相談・助言等を行う地域子育て支援センター事業を予算補助で推進	保育所一般が相談助言を行うよう努めることを規定

4　障害者福祉

(1)　身体障害者福祉法　　身体障害者福祉法は，満18歳以上の法定の身体障害のある者で，都道府県知事または指定都市の市長から身体障害者手帳の交付を受けた者を対象とする。18歳未満の身体障害児については児童福祉法がカバーしている。

同法は，身体障害者の自立と社会経済活動への参加を促進するために，身体

障害者を援助し，必要に応じて保護し，その福祉の増進をはかることを目的としている。

(2) 身体障害者更生援護施設　国は身体障害者更生援護施設の設置が義務づけられている。都道府県の設置は任意である。身体障害者更生援護施設には次のものがある。

(i) **身体障害者更生施設**　身体障害者を入所させて，その更生に必要な治療または指導，訓練を行う施設。入所施設と通所施設がある。

(ii) **身体障害者療護施設**　常時の介護を必要とする身体障害者を入所させて，治療および療護を行う施設。

(iii) **身体障害者福祉ホーム**　家庭において日常生活を営むのに支障のある身体障害者に，低額な料金で居室等を利用させるとともに，日常生活に必要な便宜を提供する施設。

(iv) **身体障害者授産施設**　雇用が困難または生活に困窮する身体障害者を入所させて，訓練を行い，職業を与え，自活させる施設。

(v) **身体障害者福祉センター**　無料または低額の料金で身体障害者に関する相談に応じ，身体障害者に対し機能訓練，教養の向上，社会との交流の促進およびレクリエーションのための便宜を総合的に提供する施設。

(vi) **補装具制作施設**　無料または低額な料金で，補装具の製作または修理を行う施設。

(vii) **視聴覚障害者情報提供施設**　無料または低額な料金で，点字刊行物，聴覚障害者用の録画物その他，もっぱら視聴覚障害者が利用する情報記録物を製作し，またはこれらを視聴覚障害者の利用に供する施設。

(3) 医療保健施設　医療保健施設は，身体障害者手帳の診査・更生医療・保健指導などの療護を行う施設であり，厚生省設置法にもとづく国立病院・国立療養所，保健所法にもとづく保健所，医療法に規定する病院・診療所をさす。

(4) 知的障害者福祉法　知的障害者福祉法は，知的障害者の更生を援助するとともに必要な保護を行い，その福祉をはかることを目的とする。同法の対象は18歳以上の知的障害者であり，18歳未満の知的障害児は児童福祉法が規定している。

(5) 知的障害者援護施設

(ⅰ)　知的障害者更生施設　　原則として18歳以上の知的障害者を入所させて，保護するとともに，その更生に必要な指導および訓練を行う施設。

　(ⅱ)　知的障害者授産施設　　雇用されることが困難な18歳以上の知的障害者を入所させて，自活に必要な訓練を行うとともに，職業を与えて自活させる施設。

　(ⅲ)　知的障害者通勤寮　　就労している知的障害者に対して，居室その他の設備を利用させるとともに，独立自活に必要な助言および指導を行う施設。

　(ⅳ)　知的障害者福祉ホーム　　低額な料金で，現に住居を求めている知的障害者に対し，居室その他の設備を利用させるとともに，日常生活に必要な便宜を供与する施設。

(6)　障害者とノーマライゼーション　　国際的に障害者政策の理念として，ノーマライゼーションということがいわれている。それは障害者をはじめとするハンディキャップを持つ人々も健常者も共に生きる社会をいう。したがって，障害者も普通に買い物ができ，外出ができ，働きに行けるように社会的な基盤と社会福祉が整い，人々の意識もそのように変わらなければならない。

5　高齢者福祉

　日本は，他の先進国にくらべて急激に高齢化し，**高齢者問題**，とくに高齢者の介護の問題は深刻になってきている。従来は，家族による介護が行われてきたが，それは限界に達しており，社会福祉による介護サービスの必要性は高まってきている。**6**では2000年4月1日から施行された介護保険法について述べる。

　(1)　老人福祉法　　老人福祉法の基本理念は，高齢者が多年にわたり社会の進展に寄与してきた者として，かつ豊富な知識と経験を有する者として敬愛されるとともに，生きがいを持てる健全で安らかな生活を保障されるとする。

　老人福祉法による福祉サービスには，入所サービス，在宅サービス，一般的健康保持サービスがある。これまでは，入所サービスが中心であったが，最近は在宅サービスに重点がおかれている。

　(2)　入所サービス

　(ⅰ)　養護老人ホーム　　65歳以上の身体上，精神上，環境上の理由および経済的理由により居宅で養護を受けることが困難な者を入所させ，養護する

(ii) **特別養護老人ホーム**　65歳以上の身体上，精神上著しい障害があるために常時介護を必要とし，かつ居宅において，これを受けることが困難な者を入所させ，養護する施設。

(iii) **軽費老人ホーム**　無料または低額な料金で，高齢者を入所させ，食事の提供その他日常生活上必要な便宜を供与する施設。原則60歳以上が利用対象者。A型は，低所得者で身寄りがなくまたは家族との同居が困難な者，B型は，家庭環境，住宅事情などにより居宅において生活することが困難な者，ケアハウスは，自炊ができない程度の身体機能の低下などがあり，または高齢のため独立して生活するには不安が認められる者で，家族による援助を受けることが困難な者を対象としている。

(3) 在宅サービス

(i) **老人家庭奉仕員**　通称ホームヘルパーによる世話。市町村が主体となって，身体上または精神上の障害があって日常生活を営むのに支障がある高齢者の家庭に，ホームヘルパーを派遣して世話をさせる。

(ii) **デイサービス事業**　65歳以上の者であって身体上または精神上の障害があるために日常生活を営むのに支障がある者をデイサービスセンター等に通わせて，入浴食事の提供，機能訓練，介護方法の指導等を行う。

(iii) **老人短期入所事業**　65歳以上の者であって，養護者の疾病その他の理由により居宅において介護を受けることが一時的に困難になった者を短期間入所させ，養護を行う。夜間だけのナイトケアもある。

6　高齢者介護と介護保険法

1997年，国会において介護保険法案が可決され，2000年4月から施行された。介護保険制度成立の背景には，トータルな介護サービスを提供する制度の必要性と増大する介護サービスの提供を支える新たな財源の確保があった。

(1) 介護保険法をめぐる議論　介護保険法をめぐっては，いくつかのことが議論された。

第1に，財源の調達は税方式によるべきか，社会保険方式によるべきか。税方式であれば，拠出が要件とならないので対象からはずされる人もいないし，

低所得者にとっても利用しやすいが，従来の行政措置によることは変わらないので権利性が弱く，また増税は国民に受け入れられにくい。社会保険方式であれば，保険料を拠出するので権利性が強くなり，国民の抵抗も少ない。しかし，拠出を要件とするので拠出しなかった人は対象からはずれてしまうし，低所得者にとって保険料負担は重い。

第2に，利用対象者を高齢者に限定するか，年齢にかかわりなく障害者に広げるのか。日本が参考にしたというドイツの介護保険は障害者も対象としている。

第3に，介護保険方式をとるならば，介護保険料の負担者（被保険者）を，65歳以上の高齢者とするのは当然として，それ以外の若い世代のどの世代からとするのか。年齢にかかわりなく障害による介護サービスのニーズに応じた制度にすれば，若年者（20歳以上）の理解は得られるが，高齢者に受給者を限定するとその理解は得にくい。親の介護問題に直面する可能性が出てくる40歳以上の中年世代からということになる。

第4に，現物給付に限定するのか，家族の介護者に対して介護手当を支払うというように現金給付も行うのか。しかし，現金給付を行うことにより女性が介護することを固定化してしまい，介護の社会化に反するという批判があった。

第5に，そもそも医療と介護を分離することができるのか。実際には両者の区別を明確に行うのはむずかしくどちらの制度からも対象とされなくて，こぼれてしまう状況が出現するのではないかというおそれがある。

(2) **介護保険法の内容**　介護保険法による介護保険制度は次のような内容を含んでいる。

名称が示すとおり，財源調達は社会保険方式によるのであるが，ドイツのように100％社会保険でまかなうのではなく，1割は利用者が自己負担をし，残りの費用は保険料と公費（税金）で折半とする。介護対象は原則65歳以上とし，40歳から64歳までは老化による疾病のみを対象とする。介護保険料の負担は40歳以上とし，初年度は厚生労働省の推計によると平均月額2500円である。

介護保険の運営主体は，市町村と東京23区であり，介護を必要とする人は区市町村の介護認定審査会に申請する。6段階の認定ランクに応じて介護サービスを受ける。認定に異議があれば，都道府県の介護保険審査会に不服審査請求

を行う。

(3) 介護保険法の課題　介護保険法により高齢者介護の問題は，新たなシステムの下で，取り組まれることになったが，課題がいくつかある。

第1に，現在でも介護サービスがニーズに間に合わず不十分な状況にあり，ゴールドプラン21によって目標をかかげてはいるが，その達成はむずかしいのが実状だ。だとすると，介護保険料の負担はあっても必要な介護サービスを受けられないことになりはしないか。特に過疎地は深刻である。

第2に，厚生労働省は初年度の介護保険料を2500円と推計しているが，それで十分にまかなえるのか。将来的に保険料の増額はあるのか，それはどのくらいになるのかの見通しが不明確である。

第3に，低所得者にとって負担が重い。

第4に，市町村が運営主体となったが，市町村は財政と事務の面で負担が重い。

（神尾真知子）

24 □ 税　　金

1　税金は何のために必要か

　私たちは，プロスポーツ選手や芸能人（または芸能プロダクション）の脱税事件をしばしば耳にする。現行**所得税法**においては，最高税率が50パーセントであるから（所得税法，所得金額に応じて10パーセントから50パーセントまでの五段階の超過累進税率構造をもっている），高額所得者である彼らは，現役として活躍できる時間や将来の保障に対する不安もあいまって，いかに税金を軽くするかに腐心することは想像に難くない。しかしそれが帳簿を改ざんしたり，仮装取引を捏造したり，違法な手段によって税金を免れようとするとき，法の裁きを受けるのである（所得税の脱税犯は，最も重い罰則として5年以下の懲役を受ける――所得税法238条参照）。

　憲法30条は，「国民は，法律の定めるところにより，納税の義務を負ふ」と定めている。この国民に課せられた納税義務を，私たちが真に受け入れられるためには，なぜ**租税**（**税金**）が社会において必要とされるのか，そして個々の租税が正しい――正義にかなった――ものであるかについて，納得いくものでなくてはならない。なぜならば，ただわけもわからず国からとられているという意識では，進んで納税しようという気は起こらないし，貧しい者からもひたすらしぼりとる（たとえばかつてのイギリスで悪名高い人頭税――資力のあるなしにかかわらず，国民ひとりあたまで課税を行うものであるが，いわゆる貧乏子だくさんの家庭は，税負担が重くなることが明らかである）ことは，酷税以外のなにものでもないからである。

　租税の機能として，以下の3点をあげることができる。

(1) **公共サービスの資金調達**　　国は，国民にさまざまな公共サービスを提供しなくてはならず，その膨大な資金の大半は，租税から調達される。

国の収入（＝歳入）に占める租税収入の比率は，日本の場合，平成13年度当初予算で61.4パーセントである。
(2) **所得の再分配**　国民すべての生存権（憲法25条）を保障するためには，豊かな者の富を困窮している者に分配することも必要である。その分配手段として，「豊かな者」に対する課税が行われる。
(3) **景気調整**　景気の良いときには税負担を増やして，国民の可処分所得の減少を図り，投資や消費を抑制し，景気の悪いときは税負担を軽減して可処分所得の増加を図り，投資や消費を促進する——このようなメカニズムで，景気変動の影響をコントロールすることができる。

租税にはさらに，社会調整機能も認められるであろう。たとえばヨーロッパ諸国で採用されている**炭素税**は，企業に対してCO_2排出量に応じて課税を行うことで，排出抑制をしていこうというものである。**たばこ税**についても——これについては議論の余地があるが——，健康に害のある嗜好品に対しては高い税金を課すことで，実質的な効果として消費を抑制することになろう。

2　正義にかなった租税とはどのようなものか

「古い租税は良い租税」といわれることがあるが，今まで課税されなかったものが，ある日突然課税されることになると，拒絶反応が起こるのは税金を負担する者の当然の心理であろう。このことは，**消費税**導入前後の状況によくあらわれている。

正義にかなった租税とは，まず為政者の恣意によって課せられたものでないこと，すなわち租税が法律にもとづいて課されなければならない（**租税法律主義**）。そして次に，税負担は納税者の経済的能力（これを**担税力**という）に応じて平等に配分されなければならない（**租税公平主義**）。この租税法律主義と租税公平主義が，課税の大原則である。

租税法律主義について憲法84条は，「あらたに租税を課し，又は現行の租税を変更するには，法律又は法律の定める条件によることを必要とする。」と規定している。この原則は，課税が法律にもとづいて行われなければならないという文字どおりの意味にとどまらず，その法律が明確なものでなければならないという意味をも含んでいる。あいまいな規定によって課税が行われるのでは，

白紙委任同然だからである。なお課税の内容（誰の何にどれだけ課税を行うのか——これを**課税要件**という）のみならず，課税を行う手続もまた法律にもとづいて適正に行わなければならないことも，この原則に含まれると考えられる。日本でも**行政手続法**の施行など，適正手続の保障が重視されている中で，課税の領域でも重要なことである。

　もうひとつの原則である租税公平主義は，2つの内容をもつ。

　第1に，国民が租税を負担できる能力（＝**担税力**）に応じて課税が行われなければならない，ということである。たとえば所得税についていえば，一定の所得以下の者に対しては課税を行わないし，家族を扶養している者や勤労学生については，税額の計算に際して考慮がなされる*。逆に担税力の高い者については，所得税法は所得が高くなればなるほど税率が上がる仕組み（＝**超過累進税率**）を採用している。このような公平の要請は，**垂直的公平**と呼ばれることがある。

* 生存のために最低限度必要な部分に課税は行うべきではないという考えから，年間の所得金額から38万円を差し引く（これを**基礎控除**という。所得税法86条）。つまり38万円以下の所得については課税が行われない。また所得のない配偶者がいる者については38万円，16歳未満の子供がいる者については子供ひとりにつき38万円，年間の所得金額から差し引くことができる（これを**配偶者控除**および**扶養控除**という。所得税法83条，84条）。同様に勤労学生についても年間の所得金額から27万円が控除される（これを**勤労学生控除**という。所得税法82条）。

　第2に，同じ状況にある者は同様に課税されるべきである，ということである。ここに1,000万円の土地をもっている人と，1,000万円の給与を得た人がいるとする。同じ1,000万円の価値を有している物（一方は資産，他方は現金）をもっているとしても，土地をもっている人はそれを売って現金化しないことには税金を払うことができないのであるから，土地を持っている人も給与を得た人と同じように課税することが合理的でないことはわかるであろう。つまり「異なる状況にある者は，異なる課税を」という意味での「同じ状況にある者は，同様の課税を」ということである。このような公平の要請は，水平的公平と呼ばれることがある。資産（土地，証券など）を持っているだけでは所得税の課税を受けないのは，所得がまだ実現していないからであると説明される。

3 消費税の担税力は何か

担税力に応じた課税が、正義にかなった課税であるという命題を、「難産の末に生まれた未熟児」ともいわれる**消費税**で考えてみよう。

そもそも「税金を払う能力のある者」、「豊かな者」とはいかなる者をいうのであろうか。多くの所得を稼ぐ者か、多くの物を購入・消費する者か、多くの財産を所有している者か。かつて豊かさのバロメータは、稼ぐ力の高さにウェイトが置かれ、つまり所得税中心の税制であった。貧富の差が大きく、社会保障制度が十分でない社会では、より多くの所得を稼ぐ者が貧しい者を支えるという仕組みが、合理的であると考えられていたのである。

しかしながら第二次大戦後、人々の生活レベルは——少なくとも先進諸国では——著しく向上し、社会保障もしだいに充実してきた。人々は豊かな消費生活を享受し、消費のなかみも「物」から「サービス」へと多様なものとなってきた。このような人々の購買力・消費力もまた豊かさのバロメータといえるのではないか、消費力の中にも担税力が見出されるのではないかというのが、消費に対する課税の根拠である。

もちろん所得を稼ぐ力にも、財産を保有していることにも担税力は認められるのであるから、「所得、消費、資産等に対する課税を適切に組み合わせることにより均衡がとれた税体系」（税制改革法2条）をめざすべく、従来の所得に対する課税（所得税、法人税等）および資産に対する課税（相続税）に加えて、平成元年4月より消費税が日本にも導入された。

なお消費税は、法律上の納税義務者は事業者であるが、事業者は販売価格に税額を上乗せすることにより、消費者に税負担を転嫁する**間接税**である。これに対して所得税や法人税のように、納税義務者と担税者が一致する租税を**直接税**という。一般に間接税は直接税に比べて景気の変動の影響が少ないとされており、国としても直接税依存型の財政よりも、間接税の割合を増やした財政がより望ましいものと考えられている。税収に占める直接税と間接税の割合を**直間比率**という。直間比率の是正もまた、消費税導入の理由として説明されることがある。

消費税と担税力との関係については、なおも残る問題がある。それは、生活

必需品に対する配慮である。現在，消費税は一定のもの（土地の譲渡，医療費，授業料等）を除き，物・サービス全般に一律の税率で課税が行われる。生活に欠かすことのできない衣食住にかかる物にも課税が及ぶことから，たとえば生活保護を受けている者が生活必需品を購入しても消費税を負担することになり，こうしたことが租税公平主義にかなっているかどうかという問題が生じる。

　平成元年4月の導入当初の税率は3パーセントであったが，平成9年4月より税率が4パーセント（国税としての消費税率は4パーセント，新たに創設された地方消費税の税率が1パーセント，合計5パーセントである）に引き上げられた。税率が今後さらに引き上げられることになると，生活必需品に対する税負担はいっそう大きいものになる。

　付加価値税（＝消費税）の先進国ともいえるEU諸国では，税率が最低のルクセンブルグで15パーセント，最高のスウェーデンで25パーセントときわめて高いが，生活必需品については税率を0パーセント（イギリス）や7パーセント（ドイツ）などとして，税率の軽減を行っている。ただしこの軽減税率については，これを適用するかしないかの線引きのむずかしいところもある（たとえば生鮮野菜は軽減税率にするとして，缶詰の野菜はどうするか，冷凍野菜はどうするか）。日本でも，今後消費税率が引き上げられていくのであれば，生活必需品に対する課税上の配慮を真剣に考えていかなければならない。

4　サラリーマンの不公平感をどう考えるか

　水平的公平との関連で，サラリーマン（＝**給与所得者**）は不公平課税を強いられているといわれることがある。たとえば同じ1,000万円の所得のある事業所得者と比べてみると，事業所得者は収入を得るために支出した費用（＝**必要経費**）を実額で収入から差し引くことができるが，給与所得者にはこうした必要経費の実額の控除が認められず，概算的な経費が認められるだけである（**給与所得控除**――たとえば収入金額が180万円以下の場合，65万円を給与所得控除として差し引くことができる。なおこの65万円に関連して，パートの主婦が103万円まで課税を受けないというのは，この給与所得控除の65万円と，前述の基礎控除の38万円の計103万円の控除が認められるからである）。また給与所得者は，給与が支払われるごとに支払者から税金が天引きされる（これを**源泉徴収**という）ため，自分で申告するこ

とによって納税を行う（これを**納税申告**という）事業者に比べて，所得が税務署に対してガラス張り状態である。給与所得者の所得の捕捉率の高さは，俗にクロヨンといわれるが，税務署が納税義務者の所得を把握するのに，給与所得者の把握度が九とすれば，事業所得者は六，農業は四であるという意味である。

この問題が，最高裁まで争われたのが「**大島訴訟**」である（最判昭和60年3月27日民集39巻2号247頁）。

この事件は，給与所得者（大学教授）である原告が，給与所得者に必要経費の実額控除が認められず，また所得の捕捉率も納税申告を行う事業所得者に比べて高いことは，法の下の平等を定めた憲法14条に違反すると主張したものである。最高裁大法廷は，所得の違いによって課税の取扱いを別にするというような立法について，「租税の定立については，国家財政，社会経済，国民所得，国民生活等の実態についての正確な資料を基礎とする立法府の政策的，技術的な判断にゆだねるほかはなく，裁判所は，基本的にはその裁量判断を尊重せざるをえない」とした上で，①給与所得者の数が膨大であること，②その必要経費は家事上の経費と区分不可能であること，③経費の立証の巧拙によってかえって納税義務者間の不公平が生じること，を理由として，給与所得控除によって給与所得者の必要経費の概算控除を設けたことに正当性はあるとして，原告の主張を退けた。

訴訟自体は，原告敗訴であったが，その後サラリーマンの不公平感・重税額にも配慮し，単身赴任者の帰宅旅費など特定の支出については実額で控除を認める制度をつくった（これを**特定支出控除**という。租税特別措置法57条の2）。

5 税金をめぐる今後の課題

私たちはその所得から所得税を払い，その残ったもの（可処分所得）から物・サービスを購入して消費税を負担する。自己所有の家に住んでいれば固定資産税（地方税）が課税され，自家用車を保有していれば自動車税（地方税）を払う。死んだ後に財産が残れば，相続人には相続税がかかるかもしれない。「ゆりかごから墓場まで」とは，厚い社会保障制度を象徴する言葉であるが，とりわけ消費財全般に課税を行う消費税の導入以来，私たちは生まれたときから死ぬまで税金を払い続ける。

国民には納税の義務がある一方で，納税者の権利もある。それは租税領域独特の不服申立制度*など，さまざまな納税者の権利救済制度が定められている。

> *　納税者が税務署長による課税処分等に不服である場合，他の行政処分に対する救済手段とは異なり，直ちに裁判所に提起するのではなく，まず当該税務署長に対して**異議申立**を行い，その決定に対してなおも不服であれば**国税不服審判所**に**審査請求**を行う。同審判所の裁決を経て，原則としてはじめて裁判所に訴訟を提起することができる。これを**不服申立前置主義**という。

　このような権利を適正に行使するための第一歩が，課税システムを知ることである。しかしながら租税法律の規定は難解である上に，課税の公平をはかるためにもうけられている**租税特別措置法**の規定が，課税システムを複雑なものにしている。租税のプロフェッショナルだけでなく，国民一般が理解しやすい簡素な課税システムが理想であるとはいえ，「租税公平主義」と「課税の簡素化」はしばしばトレード・オフの関係にある。この両者の調整をはかりながら正義にかなった課税がめざされなければならない。

（西山　由美）

25 □ 犯　　罪

1　犯罪とは何か

　「犯罪とは何か」。この問は，古今東西を問わず，つねに古くて新しい問題である。

　多くの先人たちが，それぞれの立場からこの問に答えを出し，また「なぜ，人は犯罪（罪）を犯すのだろうか」という問題についても考えてきた。場合によって，それは非常に哲学的で難解な問題であり，また，宗教的な考え方の濃い問題であった。「犯罪」という言葉は，しばしば「罪」という言葉にも置き換えられる。すなわち，「犯罪＝罪を犯す行為，犯した罪」『岩波国語辞典第5版』ということである。それでは「罪」とは何か，再び辞典を繙いてみると，その語義はたくさんあり，その冒頭の「人間がしてはならない行為」のはじめに，「法律・おきてにそむく行為」と出ている。すると，犯罪とはなんらかの法律に違反する行為であることが何となく見てとれる。ちなみに，この国語辞典では，第2の意味として「道徳や宗教の教えにそむく行為」とも記述されていることを併せて考えると，必ずしも日常われわれが「罪」とか「犯罪」という場合には，法律違反行為にとどまらず，もっと広い意味で使っていることも理解できる。

　さて，このように多義的に考えられている「犯罪」について，本章ではもっぱら法律的に，いったい犯罪とは何か，を考えることにしよう。

　しばしば日本は，「世界にもまれに見る安全な国」といわれている。いや，少なくとも今までは，そのようにいわれてきた。その事実は，自国・他国ともに認めてきた。女性や子供が深夜に1人で外出しても，自分の生命や身体に危害を加えられる特段の不安なしに帰宅できる。白昼，繁華街を買い物中に，強盗集団に襲われる危険も，さほど感じることはない。したがって，治安と市民の安全を守る日本の警察は，世界各国からもつねに高い評価を受けてきたので

ある。しかし，最近の社会情勢を見てみると，その状況は徐々にではあるが，変わってきているようにも思われる。その不安が一気に高揚したのが，97年春以降に次々と起こった，オウム真理教による地下鉄サリン事件をはじめとする，一般市民を巻き込んだ，一連の組織的・無差別テロ事件であったといってもよいであろう。この事件は，きわめて例外的で，また特殊な犯罪だったと考えるとしても，やはり，現在われわれは，社会生活においては，いろいろな意味で，常に犯罪と隣り合わせにして生きている，ないし，犯罪や事件の被害を被る恐れのある生活をしている，とも考えられよう。

このように見てくると，われわれ市民も，みずから犯罪について真剣に考え，正しく理解することによって健全で安全な社会を積極的に築きあげていく責任を持っているのではないだろうか。

そこで，いったいそもそも「犯罪」とは何か，また，同時に，「犯罪」について，法律的にはどのように考えていくべきなのかを検討することが，本章の目的である。

2 犯罪の現状

現在わが国で把握されている犯罪の状況を知るためには，まず犯罪白書を参照しなくてはならない。犯罪白書とは，犯罪の1年間の動向を概観するうえでの唯一の政府刊行物である。

平成9年版の犯罪白書によれば，平成8年中における犯罪の総数は，全体で，約243万6,000件であり，前年の平成7年に比べて，約9,000件（0.4％）増である。ここでまず，注意しなくてはならないことは，これから述べる件数の統計上のルールについてである。たとえば，総数243万件と言った場合，第1にこの数値は「実際の発生件数ではない」ということである。

したがって，毎年，法務省で発表するこの犯罪統計は，各都道府県の警察によって認知され，報告を受けた数値なのである。そこには，実際に犯罪の被害を受けても，その被害者が何らかの事情によって警察に届け出ない場合があり得ることが，近年の研究によって明らかになってきている。しかも最近は，この統計に現れてこない，いわば闇に隠れた部分は「暗数」と呼ばれており，この存在の重要性も指摘され，かつ，実際にこの領域の研究が，一学問分野とし

て確立してきている。

　犯罪の概要を理解する場合は，いくつかの公的な統計を見る必要があるが，そのうち最も重要なのが，法務省が毎年発表する犯罪白書である。このような公的な統計を参照して犯罪の動向を論じるときに，まず銘記すべきことは，「統計によって発表された犯罪の数値は，実際に発生した数値ではない」ということである。換言すれば，統計上の数値は，実際に発生した事件の件数の一部でしかないのである。ここで，わかりやすく表記するならば以下のようになる。

- 実際に発生した犯罪の件数——A
- 警察が確認した犯罪の件数——B（＝統計上の数値）

とすると，AとBの間には，かならず差があるのが現実である。そこで，

$$A - B = C$$

を考えた場合，Cのことを「暗数」というのである。この暗数については，近年その存在と意味の大きさが急速に注目されてきており，その背景には，飛躍的に注目されてきている「被害者学」の学問的功績が大きい。

　ここでは，この暗数について，もう少し詳しく検討してみたい。実は，上記で示したAとBの差異，つまり，暗数となってしまう事案を考えると，たとえば，満員電車の中でちかん行為という猥褻な行為の被害を受けた女性が，勇気がない，あるいは羞恥心ゆえ，大声をあげずに黙認してしまった結果，周囲の人々には気づかれなかった場合と，それから，スーパーの店員で少年が商品を万引きをしたにもかかわらず，店員に発見されなかった場合など，その犯罪の被害を受けた者自身も，犯罪の被害を受けたことを知らない（認知していない）場合がある。これらの関係を図で表記したものが，図1である。

図1

現　実　の　発　生　件　数　（A）		
被害者自身が被害を受けたことを認知した件数		(a)
被害者が警察等に被害届を出した件数	(b)	
統計上の数値 （B）	暗　数 （C）	

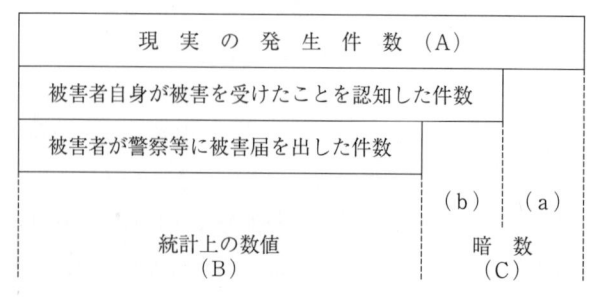

以上のことを念頭におきつつ，ここでは，公式な犯罪統計を概観することによって，犯罪の趨勢を眺めることが必要である。

3 犯罪の分類

犯罪は，何か「悪いことをする」ことである，と漠然とみるならば，必ず，その「悪いこと」の被害を受けたものがあるはずである。被害を受けた者すなわち，多くの場合，被害者にとって法によって守られている利益のことを「法益」という。たとえば，スリや万引きなどの犯罪は，いずれもお金などを盗む行為であり，被害者は財産的損失を被る。つまり，窃盗罪の法益は「財産」である。同様に，殺人罪の法益は生命であるし，監禁罪のそれは「自由」である。このように考えるならば，犯罪というものは，何が被害を受けたのか，によって大きく次の3つに分類できるのである。

　　第1に，個人的法益に対する罪
　　第2に，社会的法益に対する罪
　　第3に，国家的法益に対する罪

それぞれの代表的な犯罪を例示してみるならば，第1の部類として，上述した殺人，窃盗などの他，傷害，逮捕監禁，名誉毀損などがある。このように第1の部類の犯罪はさらに細分類することができ，先述の3つは，生命に対する罪，身体に対する罪，自由に対する罪，名誉に対する罪ということができる。

また，第2の部類としては，放火，通貨偽造，贈収賄などがある。すなわち，その地域一帯に対して火災という非常な危険性を発生させた，貨幣経済の公正さ・信用をおとしめた，公務員の職責に反してある特定の国民に対して便宜をはかった，という点を重視する。

最後に，国家に対する罪は，大きく，国家の存立に対する罪（物理的に転覆を企てる罪——反逆罪）と，国家作用に対する罪（偽証罪）に分類される。

4 刑罰の種類と目的

先に，「刑法とは犯罪と刑罰に関する法律である」と述べた。犯罪とは何か，を解明するのが「犯罪論」と呼ばれるのに対して，刑罰について明らかにするのが「刑罰論」である。これは，最後の方で勉強するのが一般的であるが，こ

の教科書では，ここで，刑罰の種類とその目的について簡単にふれておこう。

　普通，刑罰にたいへん似ている言葉として「処罰」とか「懲罰」または「制裁」，そして，もっと広くは「おしおき」等という語が使われている。思い出してみれば，小学校のころ，宿題を忘れた，授業中に悪戯をした，等で，放課後に居残りをさせられたり，授業中に廊下に立たされたりした光景があったかもしれない。これは，全員に課した任務を，あくまで平等に履行してもらう，という目的をほかに，一種の「苦痛」を与えることによって，「してはいけないことをしてしまった」または，「もう，二度と忘れまい」と反省を促すことも含まれているようにも考えられる。すなわち刑罰の効果には「二度としまい」という抑止をする働きもある。さらに，「やったらやりかえす」という同害報復の思想に立てば，被害者が報復することを許してしまう結果となるのだが，社会的混乱を招かないように国家がかわって犯罪者に制裁を加える，という意味もある。

　さて，刑法に規定されている刑罰は次の7種類であり，これがすべてである。

1．死刑……監獄（刑務所・拘置所）内にて，絞首により執行される。
2．懲役……監獄（刑務所）に収監，労役（強制労働）の義務がある。
3．禁錮……監獄（刑務所）に収監，労役（強制労働）の義務はない。
4．罰金……1万円以上
5．拘留……拘留場に拘置する（1日以上30日未満）。
6．科料……千円以上1万円未満
7．没収……犯罪の供与物，犯行に使用した物件（凶器など）や証拠物は国庫に帰属する。

この刑法11条以下に揚げられている7種類の刑罰は，原則として「重い順」に並べてある。

　ここで，まず，1〜6までと7の，大きく2つに分けることができる。前者を「主たる刑罰」という意味で「主刑」といい，独立して判決で言い渡されることのない没収を「附加刑」という。つまり，独立して言い渡されることがない，という意味は，「懲役3年に処し，犯行に使用した凶器を没収する」というように，常に「何らかの主刑」に付属して言い渡される刑罰だからである。

　次に，これら6種類の主刑を分類してみよう。まず，「刑罰とは，悪いこと

をした犯罪者から，何かを取り上げることによって苦痛を与えるものだ」と，仮に考えるならば，「何を取り上げるか」に着目して次のように分類できる。

述べるまでもなく「死刑」は，犯罪者の生命そのものを奪うものである。したがって，死刑のことを別名「生命刑」ともいう。

次に，懲役も禁錮も，一定期間，刑務所に拘禁されて自由が剥奪される刑罰であり，両者をあわせて「自由刑」という。両者の相違点は，労役といわれる強制労働が義務として課されるか否かによる。

さらに，罰金や科料は，犯罪者にお金を支払わせる意味で「財産刑」といわれる。このように，刑罰は大きく，生命刑・自由刑・財産刑の3種類にわかれる。

ところで，近年，とくに報道関係者の間から問題提起され，大きな社会問題化している点として，いわゆる「犯罪報道」の在り方がある。もともと，犯罪を犯した「被疑者」の氏名のみならず，年齢・職業・住所・家族構成・経歴・顔写真など，あらゆると言ってもよいほどの個人情報が公表されてしまうのである。しかも深刻なことには，それが裁判官によって有罪と判決が下される以前の，警察に逮捕された段階で，すでに氏名等が公表されてしまうことである。これらの問題がいかに重大な人権侵害を招いているかについて（残念ながら，本書においては紙数の都合で，関連する文献を掲載しておくにとどめざるを得ないのだが*），とりわけこの問題は，大きな将来・可能性をまだ残している非行少年に対する報道については，さらに深刻であり，多くの課題を残している点を指摘しておきたい。

* 関連する文献は多いが，わけても注目されるものとして，浅野健一『犯罪報道の犯罪』（講談社文庫），同『新・犯罪報道の犯罪』（同），同『犯罪報道は変えられる』（日本評論社），さらに五十嵐二葉『犯罪報道』（岩波ブックレット），マスコミ関係者の立場からは，清水英夫『マスコミと人権』，前沢猛『マスコミ報道の責任』などが挙げられる。

5　刑法の基本とその学び方

たとえば，刑法199条に，人を（わざと）殺したら死刑，または無期もしくは3年以上の懲役という刑罰に処せられる，という趣旨の条文が定められている*。たいていの国民は、成程，そうか，と思い，またそれ以上のことは思わないであろうが，法律関係者のあいだでは，この1つの条文だけで実にさまざ

まな問題が論議されている。いったいこの短い一文について，どのような問題点があるのだろうか。そのうち，代表的ないくつかを以下に示してみよう。

　　＊　法学を学ぶためには，実際に自分で条文をまず見てみることが何よりも必要である。そこで六法を繙いてみよう。正確には刑法199条〔殺人罪〕は，次のような規定である。「人を殺した者は，死刑又は無期若しくは三年以上の懲役に処する」。なお，現行刑法典は平成7年，積年の課題であった旧かな旧漢字表記であった従来の刑法典がようやく現代用語に改正されたものである。今回の改正については，賛否両論あるが，肯定派としては，従来のような文体自体，国民にとって非常に難解であり，現在の法治国家として望ましくない状態がもはや限界に来ていることを考えると，少しでも表記を時代に即したものにした点で評価されるとするものである。これに対して批判的な意見としては，今回の改正はもっぱら表記上の改正にとどまり，実質的な内容の改正になんら踏み込んでいない点を挙げている。

　第1に，この場合の「人」というのはもちろん，自分を除く他人のことなのだが＊，いったい，いつをもって「人」となるのだろうか，つまり「生命の始期」の問題である。一般的に，「オギャー！」と赤ちゃんが生まれた瞬間をもって「人」となると考えられている。ところが，妊婦が出産する直前で，その生まれてくる子の生命を抹消してしまった場合，この行為は殺人罪に該当するのだろうか。ここで考えなくてはならないことは，出産前の生命体は，刑法上「人」ではなく「胎児」として堕胎罪によってその生命が保護されていることである。ここで，「胎児は人か」という議論が生ずるのである。さらに最近では，現代的議論として，「胎児」以前の「胚子」の生命体としての法的保護という点も，刑法学的には堕胎罪の保護法益との関係で論議されている。

　　＊　もっとも，外国に目を転ずれば，宗教によって「自殺」を罪としている国もある。しかし，これはあくまで宗教上の罪というべきであろう。

　第2に，上述した例と逆に，いったいいつをもって「人」でなくなるのか，つまり終期をめぐる問題である。その代表的な論点が，いわゆる安楽死や尊厳死といわれている問題である。

　第3に，太郎君をねらって殺人の意図で石を投げたところ，石は隣にたまたまいた次郎君に命中して，次郎君の方が死亡してしまった場合，この人が処罰されるのは，いったい太郎君に対する殺人なのだろうか，次郎君に対する殺人なのだろうか。さらに死亡した被害者をもともとねらっていたわけではないのに，殺人罪が適用されるのだろうか。このような「行為者がもともと予想して

いた意図と異なった結果が生じてしまった場合」を，広い意味で「錯誤」という。

　第4に，てっきり行為者は銃弾が装填されている拳銃だと思い込んで，殺人の意図の下に，引き金を引いたところ，弾丸が装填されていなかった場合，当初の行為者の描いていた結果は絶対に実現されないのであるが，いったい行為者は処罰されるのだろうか。処罰されるとしたら殺人罪の未遂なのだろうか。いわゆる「不能犯」といわれる議論である。

　さらには，相手方が急に襲いかかってきたため，身の危険を感じて反撃したところ，その相手方が死亡してしまった場合，つまり「正当防衛」といわれる事例にまつわる諸問題がある。たとえば，後で確認してみたら「襲いかかってきた」と思われた被害者は，単に背後からあいさつをするために肩をポンとたたこうと手を挙げただけだった場合（このような場合を，思い違いによる防衛，つまり「誤想防衛」という）や，または，背後から襲ってきた相手方は，単に金品を巻き上げようとねらっていたにすぎない場合（このような場合を，「過剰防衛」という）等の場合は，反撃者は「正当防衛」が認められるのだろうか，それとも殺人罪で処罰されるのだろうか，という論点である。

　このように考えてくると，きわめて明快に規定されていると思われている，たった一つの条文でさえも，実にさまざまな議論が起こってくることが実感できるのである。このような点からも『法学』とは，単に法律や条文を丸暗記する，つまらない退屈な学問だ」という考えが，いかに短絡的な思い違いにもとづく誤解であるが，よく理解できるであろう。

6　刑法の定義

　刑法とは，広い意味では「犯罪と刑罰に関する一切の法律」のことを指す。つまり，なんらかの意味で「犯罪」とか「刑罰」に関係するものであれば，その法律は「刑法」と呼ばれる。具体的にいえば，広義の刑法，刑事訴訟法，刑事施設に関する諸法は刑事法と呼ばれる。それに対して，より厳密な意味での「刑法」とは，明治40年に公布され，翌年41年に施行された，全264カ条から構成される「明治40年法律第45号」を意味する（なお，この刑法は平成7年の改正により口語体とされた）。すなわち，前者・広義の刑法には，刑罰法令に関するものであればよく，たとえば「軽犯罪法」や「風俗営業法」，また，暴力団の

追放のために，近年，規制が強化された「暴力団対策法」，更には「破壊活動防止法」などが含まれる。これらの諸法規は，六法の「刑法」という見出しを開けてみれば収録されているので，一度自分の目で確かめておきたい。

　さて，ここで扱うのは，狭義の刑法，つまり「刑法典」と一般にいわれるものである。前述したように，この法律は元来，明治時代に立法されたものであるが，その後の日本は，当時と比較にならないほど文明化し，経済的に発展しただけでなく，世界でも第一線に肩を並べるだけの政治大国にもなりつつある。さらに，高度技術化によって国民の生活様式も一変し，価値観も当時のそれとは大いに異なってきており，法律と現実との乖離も問題となっている。

7　刑法の基本原則——罪刑法定主義

　犯罪と刑罰は，あらかじめ法律によって定められていなくてはならない，とする原則である。つまり，犯罪と刑罰の内容が，犯罪行為以前の法律によって規定されていなくてはならないというルールのことである。しばしば，この原則は「法律なければ犯罪なし，法律なければ刑罰なし」*という標語で表される。この最も基本的で重要な原則は，しかしながら，いくら条文を見ても現行刑法典には規定されていない。これは，欧米各国の法律とは大きく異なっており，現在の刑法の抱える大きな課題のひとつといえる。

  * nulla poena sine lege, nullum crimen sine lege と一般的にラテン語で標記される。英語では no penalty without law, no crime without law という意味である。
    罪刑法定主義は，わが国の場合，本文にも述べたとおり，現行刑法典の中にはなんら定められてはいないかわりに，日本国憲法31条〔法定手続の保障〕で明確に宣言されており，その派生原則のいくつかは，同39条〔遡及処罰の禁止・一事不再理の原則〕に規定されている。すなわち，「何人も，法律の定めによる手続によらなければ，その生命若しくは自由を奪われ，又はその他の刑罰を科せられない」，「何人も，実行の時に適法であった行為又は既に無罪とされた行為については，刑事上の責任を問われない。又，同一の犯罪について，重ねて刑事上の責任は問はれない。」(31条)

8　死刑存廃論

　平成5年3月，わが国で3年4カ月ぶりに死刑が執行された。事案は，強盗殺人である。このときの法務大臣は「法秩序を守る」と強調して，次のように述べている。「(刑の) 確定している者に対する (刑の) 執行は，法の仕事に携

わるものとして，大事にしないと法秩序そのものがおかしくなる」。

この死刑執行を受けて，全国各地では今回の執行に対する抗議や，今後の執行に対する反対の意見表明・署名活動が繰り広げられた。にもかかわらず，その後も何回か死刑が執行された。これらは様々な世論の反響を呼んだ。もちろん「人を殺すという凶悪な事件を起こしたのだから当然の報いだ」と国民の反応も批判的であった。

死刑は「監獄内において絞首して執行する」（刑法11条1項）。ちなみに他国では絞首の他，電気椅子，銃殺，薬物服用など，さまざまな方法によっている。

ところで，死刑廃止は国際的な傾向になってきている。確かに"先進諸国"といわれる諸国のうち，死刑を執行しているのは日本とアメリカくらいなものだ，とも言われる。また，死刑の是非を考えるときに，忘れてはならないのが，世界的な人権擁護団体「アムネスティ・インターナショナル」の活動，および死刑に対するその反対声明であろう。死刑にまさる人権侵害は，他にはないとして，即時死刑撤廃の要求をその活動方針の一つに揚げている（詳細は，以下(3)で掲げる文献を参照のこと）。

死刑廃止論の要点は，以下のようにまとめられよう。

(1) **死刑の「残虐性」について**　わが国の場合，死刑は，日本国憲法38条で禁止している「残虐に刑罰」に該当するのではないか。もし，そうであるならば，死刑制度そのものは憲法違反である。この点について，若干考えてみると，残虐性には，「方法の残虐性」と「結果の残虐性」とに分類できるように思われる。この点に着目し，この点を強調する立場からは，憲法で禁止している「残虐な刑罰」とは，方法の残虐性をことを述べているとし，たとえば中世で行われてた魔女裁判のような火あぶりといった方法による死刑を禁止したものだとし，きちんとした法的手続をふんだ，しかるべき方法による執行は「残虐な刑罰」には該当しない，と考えるのである。したがって，この立場からは，憲法で禁じているのは「残虐な」死刑であって「残虐でない」死刑は禁止していない，つまり，死刑存置の余地が出てくることとなる。それに対しては，死という結果をもたらすのに，これ以上の残虐なものがあるだろうか，という批判があることは述べるまでもない。

(2) **誤判（冤罪）の場合の救済の不可能性**　数ある刑罰の中でも最も重い

死刑は，犯罪者その者の命を絶つことであるから，裁判所の判断に何らかの事情によって誤りがあったときに，とりわけ深刻である。この場合，国が冤罪を受けて死亡した当人の遺族に，補償金を支払うなどといった措置ですむ問題でない。人間が裁判を行う以上，誤判の恐れがある下では，このような刑罰を認めるべきではない，という主張である。これに対しては，存続派の立場から，誤判の可能性を強調するならば，何も死刑だけでなく，懲役刑を言い渡されて長期間にわたり刑務所で過ごしたその者の貴重な青春時代は，もう2度と戻ってこない意味で，回復・救済は不可能である，とする。

(3) **世界的な傾向からの逆行**　アムネスティ・インターナショナルの資料によれば，1990年現在，死刑を存置している国は，独立国のうち93ヵ国である。そして，徐々にこの数値は減少している。とりわけ，先進国といわれる国で死刑をいまだに執行している国は，日本とアメリカの一部の州のみと言われる。80年代になってからだけをみても，フランス，オランダ，オーストラリア，ニュージーランド，チェコ，およびスロヴァキア連邦共和国などが次々と廃止している。このような世界の潮流に逆らうかのように，日本では依然として制度が存続していることについての議論が戦わされている（なお，アムネスティのこれらの統計資料については，アムネスティ・インターナショナル編『日本の死刑廃止と被拘禁者の人権保障〔日本政府に対する勧告〕』日本評論社（1991）に詳しく掲載されている）。

(4) **死刑存置国と廃止国の分類について**　ここで，あまり議論なされていないことがあるが，いわゆる「存置国と廃止国」というステレオタイプ的な分類にかわって，最近では「廃止国」の中でも「完全廃止国」と「事実上の廃止国」に細分類する考えが出てきている。つまり，実際に死刑執行をしていない国であっても，刑法をはじめとする法律で，一切「死刑」という刑罰の規定がない国のことを――つまり，法律上も事実上も廃止している国――という意味で「完全廃止国」という。これに対して，死刑の規定のある法律は制定されているが，実際には全く死刑が執行されていない国のことを――つまり，法律上は死刑が制度として残されてはいるが，現実には全く執行していない国――「事実上の廃止国」というのである。そして，現在の死刑廃止論は，わが国においても，まず第一段階として少しでも長期間にわたり死刑執行ゼロを続ける

ことによって，日本も事実上の廃止国にしてその実績を踏まえて，後々は完全廃止国にしようと考えていたのであった。それだけに，死刑の執行は大きな衝撃を与えたのである。

(5) **国民世論の動向**　この問題を論じるとき，絶えず出てくる問いが，「それでは国民はどのように考えているのか」である。そこで，さまざまな機関が世論調査を実施している。その結果を，単純に「存置か廃止か」といったステレオタイプ的な結論として片付けることは容易である。やはり死刑は必要と回答する割合が，比較的多いのである。しかし，これをもって国民の多くが死刑の存置を望んでいると軽々には判断できない。なぜならば，質問の仕方・項目の内容や文章表現をはじめ，世論調査のタイミング，調査対象の相違など，さまざまな要因によって，その結論が異なってくるからである。

　＊　なお，本書では紹介しきれないほど膨大な文献がある。これらについては，菊田幸一『死刑廃止を考える』（岩波ブックレット）の巻末資料，佐伯千仭他編著『死刑廃止を求める』（日本評論社）末尾の文献案内に譲る。

(6) **"見せしめ"としての犯罪予防効果の有無**　死刑が法律において規定されているだけでなく，実際に執行されるならば，その効果として，そのような犯罪を未然に予防する結果につながるであろう，という考えである。つまり，誰しも死刑になりたくないから，それではその犯罪を思いとどまらせる効果である。このことは一見，素直に認めることができそうにも思える。ところが，はたして犯罪者は，自分がその行為を行うに際して，いちいち刑罰法規に死刑が規定されているか否かを確認してから行為に出ているであろうか。そこまで法律的な知識を持ったうえで犯行に及ぶものとは，とうてい考えられない。このように考えるならば，はたして死刑の規定や執行が，社会に対して将来の新たな犯罪を躊躇させるだけの効果を持っているのか，実証されない限り，両者の議論は続くのである。

(7) **死刑執行にさいしての徹底した秘密主義**　法務省は，死刑を執行するにあたっては事前に一切の情報を外部には絶対に漏らさない。一般の国民は，その度ごとに，事後になって初めてマスコミ報道によって「本日，死刑が執行された模様」という，歯切れの悪い報道がなされて知ることがほとんどである。この点をめぐっては，もっと情報を公開すべきであるとの要求も多い。場合に

よっては，その犯罪の被害を受けた関係者でさえも，その犯罪者が死刑を執行されたのか，何の情報も得ることがないことから，もっと国民の前に明らかにすべきであるとの声が高まっている。

9 少年犯罪・少年非行

　近年は，しきりに「少年非行の凶悪化・悪質化」が声高に叫ばれるようになった。この指摘が果たして事実を正確に指摘したものか，あるいは誇張されたものであるかは別としても，事実，統計上は，戦後第3のピークを迎えていると考えられる。しかし，この統計数値の読み方にも別項で述べたように，「暗数」を常に考慮しなくてはならない。

　たとえば，90年代になって，全国的に多発した校内暴力事件にしても，「現実に増加した」という側面の他に，それまでは「校内暴力が発生しても，できるだけ教師陣で何とか対応しよう」「このような事態が外部に明らかになれば，学校の恥となる」「PTA関係者がうるさい」「報道関係者の取材等を受け，センセーショナルに記事にされてしまう」等のさまざまな理由から，できるだけ公表しない，または，警察などの公的機関に通報しないようにしていた側面が窺える。ところが，全国各地でも同様な事件が発生し報じられるようになると，「それでは，ウチの学校も対処しきれないから，警察に被害届を出そう」という方向に動くのである。それがなされてから，ここで初めて犯罪統計上，「校内暴力事件が一件発生」と記録されるのである。正確には，したがって「発生」ではなく「認知」なのである。

　ところで，少年非行とは何であるのか。犯罪と非行は，いずれも法律に違反し，してはならない反社会的行為である。ところが，おなじ万引きでも，大人がすれば「窃盗罪」という犯罪，少年が犯せば少年非行となる。同じ「窃盗」として処罰されるのではないのか。それではどこが異なるのだろうか。端的に言えば，少年の場合は成人と比較して，まだ将来立ち直って行く可能性（このことを「可塑性」という）を多くもっていると考えられ，苦痛ではなく，一種の教育（このことを「矯正教育」という）を施すのである。したがって，刑務所も少年院も，自由が拘束される施設という面では共通しているが，前者が「刑罰執行の場」であるのに対して，後者は「教育の場」なのである。

次に，少年非行を以下の2つの基準に従って分類してみよう。

　a）年齢による分類（年齢によって，非行内容が微妙にかわっていることが犯罪白書から見て取れる点に留意しよう）

　　14～15歳……年少少年

　　16～17歳……中間少年

　　18～19歳……年長少年

　b）非行内容による分類

　　犯罪少年……殺人や強盗などの犯罪を犯した少年

　　解法少年……喫煙やシンナーなどの薬物非行。

　　虞犯少年……14歳未満の者でも，将来，犯罪を犯すおそれのある少年

　ここで，わが国の少年非行全般について，最近とくに「凶悪化」と呼ばれるようになってきたにもかかわらず，まだ欧米諸国に比較するならば，依然として万引きやすりなどの窃盗に代表される，比較的「軽微な」犯罪が大半である（このような非行を「初発型非行」という）。また，欧米各国が年長少年になるにしたがって強盗や殺人などの凶悪犯罪を犯す件数が増加するのに対して，日本の場合は，むしろ年少少年の事件の方が社会的に問題となっている点が対照的といえよう。しかも，非行の内容は，上記で示したｂ）による分類で，比較的深刻な内容の「犯罪少年」にあっても，その大半は実は「殺人」や「強盗」などのいわゆる凶悪犯罪などではなく，実は，ほんの出来心によるスーパーでの万引きや，電車内でのスリなど，軽微なものが大半である点に留意すべきであろう。にもかかわらず，たとえば，平成9年春に神戸で起こった，小学生による連続殺人事件のような，社会に大きな衝撃を与える事件が起きると，一部の誇張したマスコミによる報道に増幅されて，あたかも「最近の少年は，凶悪化している」等のあやまった印象を植えつけられる恐れがある。この点については，常に冷静な判断が不可欠である。

　では，校内暴力事件を例として取りあげてみよう。以前，連日のように全国各地で「校内暴力」が報道された時期があった。とくに卒業式の時期を迎えるとその傾向は顕著である。国民の側からすれば，毎日のようにあちこちの学校で事件が報道されると，それだけで少年があたかも「凶悪化」しているように錯覚してしまう。しかしながら，この背景を追ってみると，以前までは学校の

中で暴力事件等が明らかになった場合には，教師陣は自らの手で対処し，「学校の社会的評価」を重視して，いわば「学校の恥」となる部分は，警察等の公的機関に通報したがらなかったためとも考えられる。ところが，頻繁に事件が報道される世潮になってくると，それほど抵抗を感じずに公的機関に救済を求める手段にでる結果となるのではないだろうか。

　ちなみに，一般に「校内暴力」といわれる事案をみてみると，行為対象別に次の3つに整理できよう。第1に，対教師暴力。具体的には，暴行罪，傷害罪，場合によっては恐喝や脅迫罪に問われる事案もあろう。第2に，生徒間暴力。些細なケンカではなく，鉄パイプ等の「凶器」をもった暴走族どうしの集団乱闘事件に発展することもしばしばである。最後は，対物暴力すなわち器物や建造物損壊である。休日など学校が休みの日に，校舎の窓ガラスが何十枚も割られていた，等はその典型的な事例である。

　確かに，最近の非行はいわゆる「計画的で」「陰湿な」また「自分より弱者を標的にする」傾向が顕著になってきている。

　少年非行に関連する話題として，小中学校での「いじめ」が近年，大きな社会問題として急速にクローズアップされてきた。数年前には，いじめられたことが原因で少年の自殺が連鎖的に全国であいついだ。しばしば，「いじめ」とは「言葉による暴力」であるといわれる。しかし最近のそれは，少年非行と同様，かなり陰湿化していることも事実である。単なる「ケンカ」ないし「暴力」と深刻化している「いじめ」との相違点は，次の二点に集約できる。

　すなわち，第1にその時間的継続性である。ケンカなどの暴力は一時的な現象であり，毎日継続されるものではない。しかし，いじめは毎日のように継続される場合が多い。その内容も，直接的な暴力ではなく，たとえば上履きを下駄箱の中から取って隠してしまう。当日提出すべき宿題のノートを教師が入室する直前で隠して，当人を教師から皆の面前で注意されるのを脇から見て，満足感を覚える。このような事案は，なかなか教師が真実に気がつかないため，真相がわかりづらい。しかしながらこのような，いわば「いやがらせ」がその日限りのものでなく，くる日もくる日も反復・継続されるとその被害者はそのうち，「登校拒否」という新たな問題を抱えるようになってしまうのである。

　第2に，ケンカは，一対一でするものから，1人が集団と対する場合，さら

に集団どうし（複数対複数）の乱闘さわぎまで，さまざまの人的構成があるのに対して，「いじめ」の大半は，1人の人を標的に，複数の人が行うことが少なくない。とりわけ，内向的な性格をもっていると，教師や両親にも相談できないまま最悪の場合は自らの命を絶ってしまうのである。

　その他，少年非行に関しては，シンナーや覚醒剤などの薬物事犯の増加や，暴力団との関連，そして，近年，全国の都道府県で制定されてきている青少年健全育成条例など，論じるべき点が多い。

（渡邉　眞男）

第4編　紛争解決と予防

26 ■ 裁　　判

1　裁判の種類

　ひとくちに「裁判」といっても，実はいくつかの種類がある。そして，この裁判の種類ごとに手続の法律が異なり，つまり裁判のやり方も異なることになる。

　まず，裁判は「民事訴訟」，「刑事訴訟」および「行政訴訟」の3つに分類することができる。

　(1)　**民事訴訟**　　民事訴訟は，一般市民の生活上の争いや利益の衝突について調整する裁判である。原則として「市民対市民」という構造になり，従って「公平に判断する」ということが重要視される。もっとも典型的な「通常民事訴訟手続」のほかに，その争いの内容によって，婚姻事件，養子縁組事件や親子関係事件に関する訴訟である「人事訴訟」，家庭裁判所において家庭事件一般について行う「家事審判」および「家事調停」，手形や小切手に関する争いについて迅速に結論を出す「手形訴訟」，30万円以下という少ない額について争う訴訟である「少額訴訟」，債権者の申立てだけで債務者に金銭等の支払を命令する「督促手続」，借金がかさんでしまって債務者がその債務を完済することができないときに全財産を清算してすべての債権者に公平な弁済を受けさせる「破産手続」，あるいは経済状態を立て直して再生を図る「民事再生」などの，特殊な手続も用意されている。むろん，これらの特別の手続については，特別の規定や特別の法律が準備されていることはいうまでもない。

　(2)　**刑事訴訟**　　刑事訴訟は，犯罪者を裁くために，検察官が裁判所に刑罰を課すことを求め，被告人・弁護人が弁護を行い，裁判所が犯罪を認定しそれに対する刑罰を定める手続である。民事訴訟が「市民対市民」という構造であったに対し，刑事訴訟は「公権力（検察官）対（犯罪の容疑がかけられた）市

民」という構造になるため,「公平に判断する」というだけでなく「無罪と推定される市民の権利の擁護」が重要となる。刑事訴訟にも「通常刑事訴訟手続」のほかに特別の手続があり,簡易裁判所が取り扱う50万円以下の罰金または科料の刑事事件で,被告人が容疑事実について争わない場合にすることができる「略式手続」,交通事故や道路交通法違反事件について行われる「即決裁判手続」などの特殊な刑事手続もある。

(3) **行政訴訟** 行政訴訟は,行政庁の公権力の行使について,その適法性を争って取消し,変更などを求める訴訟である。たとえば,行政庁の公権力の行使に対して不服を申し立てる「抗告訴訟」,行政庁の処分等の取消しを求める「処分の取消しの訴え」,審査請求,異議申立てその他の不服申立てに対する行政庁の裁決,決定その他の行為の取消しを求める「裁決の取消しの訴え」,行政庁のした処分や裁決の存否またはその効力の有無の確認を求める「無効等確認の訴え」,行政庁が法令にもとづく申請に対し,相当の期間内に処分や裁決をしなければならないのにこれをしないことについての違法の確認を求める「不作為の違法確認の訴え」などがある。行政訴訟は,裁判実務上は原則として民事訴訟法が適用されるが,特則として「行政事件訴訟法」の適用を受けるので,やはり別のものである。

2　民事訴訟のしくみ

では,実際の裁判がどのように進むのかを見てみよう。刑事裁判については別に説明があるので (**29**「刑事裁判」参照),ここでは「東京に住むAさんが,大阪に住むBさんの運転する自動車に,名古屋ではねられて怪我をしたので,AさんがBさんに1,000万円の損害賠償を求めて訴えた」という事例をもとに通常民事訴訟手続のしくみを見ることにする。

(1) **民事訴訟の対象になる争い**　裁判所法3条は,裁判所は「一切の法律上の争訟を裁判」すると規定しているため,民事訴訟の対象は法的な権利に関わる紛争でなければならない。だから,原則として,「宇宙にすむのは人類だけではないことを確認しろ」とか,「去年の10月10日が雨だったことを確認しろ」などのように単なる事実の確認を求めたり,「○×教の教義や信仰の対象の価値に照らせば,私の宗教上の地位は……」というような法律上の争訟では

ない（これは信仰上の紛争）争いは，民事訴訟の対象とすることができない。

この観点からAさん対Bさんの事例をみると，実際に起きてしまった交通事故はこの上なく具体的である。また，被害者が加害者に治療費や慰謝料などを請求する権利は民法で認められている（民法709条，710条）ので，これは十分法律上の争訟といえる。

3　裁判の開始

(1)　**訴えの提起で始まる**　原則として民事訴訟が自動的に開始されるということはなく（そもそもするかどうかも含めて），民事訴訟を始めたい人は，「訴状」という書類を裁判所に提出することによって「訴えの提起」をしなければならない。この訴えの提起をした人が「原告」となり，訴えられた人は「被告」となる。民事訴訟をいつ始めるか，どのような内容の民事訴訟にするかについては，紛争当事者である原告の意思に任せられている。ついでに述べておけば，一度始めた民事訴訟を中途でやめるのも，原告が決めることである（ただし，被告が徹底的に争うときは勝手に止めることはできないが）。

民事訴訟を始めるときに注意して検討しなければならない点として，3つのことが挙げられる。

(2)　**その裁判は「やってよいのか」**　第1は，「そもそも民事訴訟を起こせるか」という点でである。

民事訴訟の対象になる争いは，具体性がなければならず，また法律上の権利に関わる紛争でなければならない，ということについてはすでに説明した。

実際に民事訴訟を開始するときには，それだけではなく，加えてさまざまな条件をクリアしなければならない。たとえば，同一の内容（紛争の内容も当事者も全く同じ）の民事訴訟を同時に2つ以上行うことはできないし（これを「二重起訴の禁止」という。民事訴訟法142条），一度裁判所で判決されて確定してしまった事柄については，二度と紛争を蒸し返すことができない（この効力を「既判力」という。民事訴訟法114条）。また，そもそも「この件については裁判はしない」という当事者間の約束があるときは，その約束に反する訴えの提起は許されない。

この観点からAさん対Bさんの事例をみると，AさんがBさんに対して，こ

の件では初めてかつ唯一の訴えの提起をしているのならば，二重起訴の禁止も既判力も考える必要はない。一方で，たとえばAさんとBさんが「この件は示談で済まして，裁判はしない」という念書を交わしているときには，よほどの事情がない限り訴えの提起は認められないことになる。

(3) **その裁判は「どこでするのか」** 第2は，「どこで裁判をするか」という点である。要するにどこの裁判所に訴えを提起するのかということであり，これを「管轄」の問題という。

日本にはいたるところにいろいろな裁判所があるが，どこで裁判をするかについては普通は原告が勝手に決めることができない。裁判所はその種別および所在地ごとに，仕事の範囲と地理的な守備範囲が決まっている。つまり，ある事件についてどこで裁判が「できるか」ということについては，法律がルールを決めている。

これは，まずどの種類の裁判所がその訴えの提起を受けうるかという点から適切な裁判所の種類を判断し（**15**「裁判所・司法制度」参照），次に同種の裁判所がたくさんあるうちの中でどの場所にある裁判所に訴えを提起できるかという点から判断して，最終的に候補となる裁判所を絞る。最終候補に残る裁判所は1カ所とは限らないが，原告はそのうち1つを選択しなければならない。どの場所にある裁判所に訴えを提起できるかという点では，原則として被告が人間である場合はその住所地，被告が会社などの法人であるときは主たる事務所または営業所の所在地を基準として裁判所を決める（民事訴訟法4条）。また，事件の種類によってはそれ以外の場所が基準となることもある。たとえば，財産権上の訴え（いわゆる債権債務関係）は義務履行地（義務を果たすべき土地）を，不法行為に関する訴えは不法行為があった土地を基準にすることができるし，不動産に関する訴えはその不動産の所在地を基準にすることができる（民事訴訟法5条）。

この観点からAさん対Bさんの事例をみると，損害賠償請求の訴えを初めて提起するのであるから，裁判の種別としては民事の通常の第一審裁判所を選択しなければならない。これは地方裁判所であることになる（**15**「裁判所・司法制度」参照）。次に場所であるが，被告であるBさんの住所地は大阪であるから，原則として大阪地方裁判所ということになる。ただし，これは不法行為事

件であるから，不法行為（つまり交通事故）があった土地を管轄する名古屋地方裁判所も候補の1つに加えられるし，損害賠償の債務は財産権だから義務履行地であるAさんの住所地を管轄する東京地方裁判所も候補となる（民法484条により債務者は債権者の住所で債務を履行しなければならない）。結局，Aさんは大阪，名古屋，東京のいずれかの地方裁判所を1つ選べばよいことになる。

(4) その裁判は「誰と誰がするのか」 第3は，「誰が訴訟をするのか」という点である。訴えを提起する者が「原告」であり，相手方を「被告」という。

大前提として，民事訴訟の原告，被告になることができるのは人間（自然人）または法人である。これを「当事者能力」という（民事訴訟法28条）。（例外として，民事訴訟法29条は，法人でない社団または財団で代表者または管理人の定めがあるものにも当事者能力を認めている）。

では，たとえば人間だったらどんな訴訟でも起こせるかというとそうではなく，争いの対象となっている権利や法律関係（これを訴訟物という）に固有の利害関係を持っている人でなければ，それについて裁判で争うことができない。これを「当事者適格」という。

この観点からAさん対Bさんの事例をみると，不幸にしてこの事故でAさんが死んでしまったときは，Aさんが原告になることはできないし（死者は人ではない），残された犬のポチが慰謝料を請求することもできない。Aさんの同僚のCさん（これは人間だ）が「僕の大親友を殺したのは許せない」といってBさんを訴えることができるかというと，Cさんの気持ちは分かるがCさんはAさんの生存に固有の法的な利害関係は持たないので，そういう訴えの原告にはなれないことになる。ではいったいこの場合誰がBさんを訴えることができるかというと，Aさんの生存に固有の法的な利害関係を持つ人，つまりAさんの家族ということになる（このとき，ほかならぬAさん自身の損害賠償請求権も相続人が相続している）。

4 民事訴訟の審理

(1) 第1回口頭弁論 原告が訴えを提起すれば，裁判所は訴状を審査してこれを受理する。訴状は直ちに被告に送達され，このとき初めて被告は自分が訴えられたことを知る。第1回目の裁判の期日はすでに決められており，原則

として被告は指定された日に裁判所に出頭しなければならない。また，被告は，原告の主張への反論（勝ち目がないときは相手の言い分を全て認める内容でもよい）を書いた「答弁書」という書類を，裁判所に提出しなければならない。答弁書も提出せず，第1回目の裁判の期日にも出頭しないと，被告はそのまま敗訴する。

裁判の期日は，第1回目の裁判の期日以降，通常は数回行われることになる。期日には，原告および被告が自分の主張を裁判所に主張する「口頭弁論」と，その主張を裏付けるための「証拠調べ」が行われる。

(2) **事実の主張**　民事訴訟では，争いの内容（権利とか法律関係とか）の中心である主要な事実については，その事実によって有利に導かれる原告または被告が主張しなければならないこととなっている。いっぽう，裁判所が勝手にそのような事実を見つけだしてくることは許されないし，原告と被告が争っていない事実を裁判所が認めないということも許されていない。これを「弁論主義」という。つまり，ここにおいては，裁判官は一歩引いて当事者に裁判の基礎となる訴訟資料の収集を任せるということである。

(3) **証明**　原告や被告の主張は多岐にわたるだろうが，その全てが直ちに裁判官を納得させるとは限らない。そこで，当事者が主張したものの裁判官がそれに納得しないときは，証拠を提出してそれを証明しなければならない。実際には，主張と同時に証拠を出すことも多い。ここで証明に失敗すると結局自分を有利に導くことができないので，これを「証明責任」という。

証拠には，文書としての証拠である「書証」（念書，領収書とか契約書のようなもの），第三者の証言を聴く「証人尋問」，専門家の見識を利用する「鑑定」，裁判官が実際に物体の形状や様子を調べる「検証」，原告や被告本人を取り調べる「当事者尋問」がある。民事訴訟では，原則として証拠方法に制限がなく，どんなときにどんな証拠を使って何を証明してもよい。また，証拠調べの結果をどのように判断するかについては法律上のルールはなく，すべて裁判官の識見に任せられている。これを自由心証主義という（民事訴訟法247条）。先ほどの弁論主義とは異なり，証拠の評価については裁判官は当事者の思惑を考慮する必要がない。したがって，原告が自分を勝たせるつもりで提出した証拠を評価する際にも，裁判官は原告に有利か否かを判断することに限定されず，か

えって原告に不利に認定してもかまわないのである。

　以上をまとめると、たとえばAさん対Bさんの事例においては、この裁判の主眼は「交通事故の加害者は被害者に金を払え」ということであり、その主張の結果有利になるのはAさんであるから、Aさんが損害賠償の要件（ここでは、不法行為に関する民法709条の示す要件である、Bさんの故意または過失、Aさんの傷害の存在とその程度、その傷害と交通事故の因果関係の3つである。）を主張し、場合によってはそれを立証しなければならない。Bさんは黙っていてもいいのだが、形勢不利になってきたら自分に有利な事情（例えば「Aさんが飛び出してきた」とか「わざとぶつかってきた」とか）を自ら述べなければ負けることになる。むろんこの場合の証明はBさんがする。このとき、当事者は自分の主張を裏付けようとしてそれぞれさまざまな証拠を出すことになるが、たとえばBさんがAさんの飛び出しの事実を立証しようとして証人Dさんを連れて来たとしよう。Dさんは証人尋問の最初では「確かにAさんは赤信号を無視して道路に飛び出してきました。」と自信たっぷりに証言するだろう。しかし、裁判官がDさんに質問をしたところ急にしどろもどろになって矛盾するようなことを言い出したときは、裁判官はDさんの証言を信用しないだろう。またDさんの言葉の端々から「Aさんは普通に歩行していたのでは」と思えるようなことがあれば、裁判官はDさんの証言の結果Aさんを勝たせることもある。

5　民事訴訟の終了

　(1) 判決　　審理の過程で当事者の一方が訴えを取り下げたり（民訴法261条）、請求の認諾や放棄をしたり（同266条）、あるいは両者歩み寄って妥協して訴訟を終わらせることがある（和解という。民事訴訟法264条）。しかし、どちらも一歩も引かないときは、裁判官が最終結論を示さなければならない。判決である。

　裁判官は、口頭弁論や証拠調べの結果等から結論が出せると確信したときは、判決をする（民事訴訟法243条）。裁判所は、判決をするときは口頭弁論の全趣旨および証拠調べの結果を総合的に判断する（民事訴訟法247条）。ここで口頭弁論の全趣旨というのは、口頭弁論で主張されたさまざまな事実だけでなく、当事者の陳述の態度、主張の時期なども判断基準に含まれるということを意味する。

　(2) 主文と理由　　判決には、いろいろなことがかかれるが、最も重要なの

は「主文」という部分である。ここには争いを解決するための結論が端的に示される。たとえば，「被告は原告に金1,000万円を支払え」というように，結論だけを示す。なぜそういう結論になるのかという理由については，まさしく「理由」と表題がつけられた部分で説明される。なぜこのように分けるのかというと，裁判の拘束力が及ぶのは主文の部分だけであるからである。理由については責任を持たないということではないが，その部分については後日別の事件で別の裁判官が別の判断をなしうるのである。逆に，その判決が確定したときは，主文の部分で裁判所が示した内容については，別の事件で別の裁判官が別の判断をすることができない。それゆえ，判決確定後に敗訴した当事者が再訴を試みたとしても，確定した判決の主文の内容を変更することはできないようになっている。これを「既判力」という（民事訴訟法114条）。

(2) **上訴**　敗訴した当事者は，判決に不服があるときは少なくとも2回は上訴することができる。控訴（民事訴訟法281条）と上告（民事訴訟法311条）である。

以上をまとめると，たとえばAさん対Bさんの事例において，裁判官が「Bさんが美人に見とれてよそ見運転をしていた。Aさんは青信号で横断歩道を手を挙げてわたっていた。」と認定し，それを理由として「被告は原告に金1,000万円を支払え」という主文を言い渡したとしよう。Bさんは，この結論に不服があれば控訴することができ，控訴審での結論にも不服があれば上告することができる。仮にBさんが控訴しないで，この判決がこのまま確定したときは，「BさんはAさんに1,000万円を払わなければならない」という主文の内容を覆すことができない。ただし，「Bさんが美人に見とれてよそ見運転をしていた」かどうかについては，この部分には既判力が働かないので，別の裁判でこのことが問題となったときに，別の裁判官が「Bさんはまっすぐ前を見ていた。Aさんが不注意だった。」と判断することもあり得る。むろん，後日別の裁判官がこういう判断をしたとしても，「BさんはAさんに1,000万円を払わなければならない」という事実は動かない。

（中村　壽宏）

27 ■ 裁判外紛争解決制度

1 裁判による紛争解決の限界

　たとえば，あなたが大切にしていたドレスをクリーニング店に出したら，シミを付けられてしまったとしよう。また，高価な美容器具をローンで買ったところ，いっこうに効果がないので，解約して代金を返してほしいと申し出たが，販売店もクレジット会社もそれに応じてくれないとしよう。あるいは，あなたが住んでいるマンションの隣人が，日夜うるさく吠える犬を飼っていて，その騒音で大変迷惑しているとしよう。こうした日常的なトラブルが発生した場合，その解決を求めて，とりあえず裁判所に駆け込む人はまずいないだろう。それはなぜだろうか。それは，裁判（訴訟）による解決という方法には，実は，いろいろな問題が含まれているからである。

　1つには，裁判をするためには時間と費用がかかるという問題がある。先ほどの例で，犬の騒音問題が法廷に持ち込まれたとする。最近の統計によれば，平均的な事件について地方裁判所（第一審）で判決を得るまで，平均で9カ月程度かかるといわれている。さらに，裁判手続きの進め方は，素人にはわかりにくいので，弁護士を頼んで訴訟を進めてもらうことになるだろう。仮に，この事件であなたが100万円の損害賠償を求めたとすると，事件を依頼する際に10万円，もしあなたが裁判に勝ったならば16万円の成功報酬を弁護士に対して支払う決まりになっている（日本弁護士連合会の定めた標準的な弁護士報酬規程による）。また，裁判所にも9,000円程度の手数料を納めなければならない。

　さらに，この例のような近隣間でのトラブルを法廷に持ち込むと，あなたと隣人との関係は決定的に破たんしてしまい，また，近所の人からは，「日常のもめごとを『訴訟沙汰』にした変な人」という目で見られることも覚悟しなければならないだろう。

第3に，裁判は原則として公開して行われる（憲法82条）ことの中にも問題が含まれる。これは，もちろん，密室で裁判がなされることがないように国民が司法権を監視するという重要な意義を持つ原則である。しかし，当事者にすれば，公開の法廷で個人のプライバシーが暴露される危険があるし，企業間の訴訟では，企業の営業上の秘密が競争相手に知られてしまうという危険がある。

　最後に，裁判による解決には限界があることも重要な問題である。裁判官は，裁判という形で紛争を解決する。当事者がその内容を不満に思っても，最終的には，国の力によって従うことが強制される。つまり，紛争は強制的に解決されることが保障されている。これは，紛争解決手段としての裁判が持つ最大のメリットである。しかし，裁判による解決は，法（法律）だけを基準としてなされるために，限界があることも事実である。

　たとえば，最愛の一人娘を交通事故でなくした両親が，訴訟を起こしたとする。しかし，いくら高額の損害賠償をもらっても，娘が帰ってくるわけではない。むしろ，加害者にまじめに謝罪してほしいと思って訴えているのかもしれない。ところが，「誠意を持って謝罪せよ」という判決をすることは法律上認められない。また，1年後に返せと約束して500万円を貸したのに返さないので，訴えを起こしたとしよう。借りた側が20回分割払いにしてくれれば必ず返すといっており，その人の現在と将来の収入を考えると，分割払いにした方が確実に支払いがなされるという理由で，裁判官が20回分割で支払えという判決をすることも，また許されない（ただし簡易裁判所の少額訴訟ではこのような判決をすることができる。民事訴訟法375条）。このように，法の建前にこだわらないで裁判ができれば，かえってうまくもめごとが解決することもありうるが，法だけを基準とした裁判制度に，そうした解決を期待することは難しいのである。

　以上のように，裁判による紛争解決が決してオールマイティではないことを考えてみると，裁判と比べて，早くて，安くて，非公開で，しかもある程度は中立的で信頼できる人に依頼してトラブルを解決してもらえるならば，むしろそのほうが望ましいという考え方が出てくる。これが，裁判外紛争解決制度である。アメリカ合衆国では，このような制度を ADR (Alternative Dispute Resolution) と呼び，訴訟の爆発的な増大化による裁判所の負担を軽くするために多用されている。わが国でも，古くから裁判外紛争解決制度は好んで利用されて

いるが，それは，裁判所の負担軽減のためというよりも，裁判による解決には様々な限界があるという理由にもとづくのではなかろうか。

2　和解・調停・仲裁

裁判外紛争解決制度の代表選手は，和解，調停，仲裁である。

和解とは，紛争の当事者が自分たちで交渉して，争いごとの解決を約束することである。和解には，裁判外で紛争当事者だけで行うもの（裁判外の和解）と，裁判所において，裁判官の前で当事者が合意することで成立するもの（裁判上の和解）の二種類がある。実際上，地方裁判所が扱う事件の3割程度が，判決にいたる前に，裁判上の和解によって解決している。また，当事者が法廷の外で話し合ったうえで原告が訴えを取り下げることも多い。さらに，和解には，裁判よりも柔軟な解決が可能だというメリットがある。先の例で，当事者双方が，借金500万円を20回分割で払うという合意をすれば，そのような内容の和解は有効に成立する。

次に，**調停**は，中立的立場にある第三者が仲介して，解決案を双方に提示し，お互いがその案に同意すれば，それで解決させるという方法である。わが国では，裁判所が運営している調停が大変よく利用されている。裁判所が間に立つ調停の対象になる事件には，金銭貸借のトラブルから離婚の調停にいたるまで，様々な種類のものがある。このうち，家庭内のトラブルに対する調停は家庭裁判所で行われ，それ以外の一般的なトラブルに対する調停は主に簡易裁判所で行われる。調停には，主任となる裁判官の他に，民間人である2人以上の調停委員が参加する。これは，調停では，法律に必ずしもとらわれない市民常識にマッチした解決が期待されていることの表れである。また，簡易裁判所の調停では，ほとんどの事件が3カ月以内に終了しており，申立てに必要な費用も，訴訟の半分程度で済む。

最後に，**仲裁**という制度も重要である。仲裁は，もし紛争が起こった場合には，裁判官以外の第三者（仲裁人）に解決を委ねることを当事者間で合意することである。紛争当事者は，第三者に事件の決着を預けるという約束をしたのだから，仲裁人の判断に不満があっても従わなければならない。仲裁は，日常的な事件では，あまり利用されなかったが，近年，東京などの弁護士会が，日

常的な少額紛争を手軽に解決するために「仲裁センター」を設立し，その活動が注目されている。また，仲裁がしばしば利用されるのは，渉外事件，海事事件，建設工事紛争などである。このような種類の事件では，専門的知識の豊富な者に紛争解決案を作ってもらった方が，裁判を利用するよりも迅速・適切な解決が期待できるからである。

なお，裁判は法を基準として紛争を解決するが，ここで説明した裁判外の紛争解決制度では，**条理**（ものごとの道理）が紛争解決の基準になるといわれている。

3　その他の裁判外紛争解決制度

現在，わが国には，その他にも多種多様な裁判外の紛争解決制度がある。これらを大まかに分類すると，行政機関が運営している制度，民間団体が運営している制度，特定の業界がその業界の予算で運営している制度などに分けられる。

行政機関が運営しているものとしては，公害に関する紛争の解決を担当する公害等調整委員会や，悪質商法に関するトラブルなどの消費者相談窓口として機能している消費生活センターが，よく利用されている。その他に，労使間のトラブルの調整をする労働委員会も重要である。

民間団体が運営している制度としては，交通事故に関する紛争処理の場を提供する交通事故紛争処理センターが，大きな成果を上げている。

業界主導の制度としては，クリーニング賠償問題協議会が有名である。また，最近とくに問題となることが多い欠陥商品による事故をめぐる紛争は，家電製品や住宅部品など製品分野別に作られているPL（製造物責任）センターでしばしば扱われている。

4　裁判外紛争解決制度の問題点

かつては，和解や調停による解決は，義理人情を好む日本人に固有の前近代的な意識の表れであるとして，裁判外の紛争解決に否定的な意見も強かった。しかし，現在ではそのような否定的な意見はほとんど見られない。高度に複雑化した現代社会では，紛争の種類も多様化しており，あらゆる紛争を裁判が引

き受けるべきだというのは，あまりにも裁判の意義を過大評価していると考えられるからである。

　裁判外の紛争解決制度と裁判制度との関係については，いろいろな考え方がある。一つは，裁判外の紛争処理手段が汲み上げたトラブルがそこで処理できなければ，最終的に裁判で解決されるルートが保障されているべきであり，裁判で確立した基準が裁判外へと波及していくという考え方である。これに対して，裁判はあくまでも他の紛争解決手段と同格であり，裁判外の紛争解決と裁判とは相互に乗り入れることができるという考え方もある。つまり，裁判はあくまで紛争解決交渉の一通過点にすぎないとするのである。いずれの考え方も，裁判（訴訟）は，唯一絶対的な紛争解決手段ではないということを前提にしている。しかし，この両者の意見は，裁判という制度に何を期待するのかという問題に対して正反対の考え方をとっているのである。読者も，裁判と，裁判外の紛争解決制度との間での役割分担のあり方を考えてみてほしい。

（越山和広）

28 ■ 実務法曹

1 法廷の主な登場人物

　地方裁判所の法廷をのぞいてみよう。そこには，いろいろな人が働いている。傍聴席から見て，正面のひときわ高い壇上に座っているのが裁判官である。地裁の裁判官は1人で裁判をするのが原則（単独制）だが，3人の場合もある（合議体）。合議体の場合は，中央に裁判長が，傍聴席から見て右側には若手の裁判官，左側には中堅の裁判官がそれぞれ座っている。

　傍聴席から見て，向かって左側に訴える側，向かって右側に訴えられる側に属する人々が座っている。刑事訴訟の場合は，左側に検察官が座り，右側には弁護士である弁護人が座る。民事訴訟は，本人自身が行うことができるが，弁護士に事件処理を依頼した場合は，傍聴席から見て左側に原告を代理する弁護士が，右側に被告を代理する弁護士が着席する。

　この章では，このような裁判官・検察官・弁護士に代表される法的な仕事にたずさわる人々（法律家，実務法曹）をとりあげる。

2 裁　判　官

　わが国の**裁判官**は，15人の最高裁判所の裁判官とそれ以外の下級裁判所（第2編14参照）の裁判官に区別される。

　最高裁判所長官は，内閣の指名により天皇が任命する（憲法6条2項）。その他の最高裁判所裁判官は，内閣が任命する（憲法79条1項）。最高裁裁判官の資格は裁判所法41条に詳しく定められているが，現実には，裁判官出身者，検察官出身者，行政官や外交官であった者，弁護士，学者から選ばれる。

　下級裁判所の裁判官は，最高裁判所が指名した者の名簿にもとづいて，内閣が任命する（憲法80条1項）。下級裁判所の裁判官になるには，原則として司法

試験に合格しなければならない。司法試験に合格し，修習を終えた者は，はじめは判事補に任官し，10年後に判事に昇格するのがふつうである。なお，簡易裁判所判事の任命資格に関しては特別な規定があり，書記官・事務官・副検事を勤めた者を中心に選任されている（裁判所法44条，45条）。

最高裁判所裁判官は，70歳定年である（裁判所法50条）。下級裁判所の裁判官は，65歳定年であるが，簡易裁判所判事だけは，70歳定年となっている（裁判所法50条）。なお，下級裁判所の裁判官は，10年の任期制であることに注意すべきである（憲法80条1項）。

司法権は，政治勢力からの有形無形の圧力を受けることなく，独立した立場を維持することが必要である（**司法権の独立**）。そこで，裁判官は，憲法により身分を保障されている（第2編**15**参照）。

裁判官の仕事にはいろいろなものがある。法廷で事件の審理を行い，審理が終わった事件について判決を作成することは，裁判官の活動のほんの一部でしかない。とくに民事裁判を担当する裁判官は，法廷での審理をスムーズに進めるために，弁論準備手続き（民事訴訟法168条以下）という特別な手続きを行う。また，訴訟を進めてみて，当事者の話し合いで解決した方がいいと判断すれば，和解を勧告する。刑事訴訟との関連では，逮捕状を発したり（憲法33条，刑事訴訟法199条2項），被疑者の勾留許可を与えること（刑事訴訟法207条，208条）も，裁判官の権限である。その他に，調停や破産事件，民事執行にも裁判官が関与する。

3 検 察 官

検察官は，主に刑事訴訟の分野で，国家機関として秩序の維持と社会正義の実現のために活動する法律家である。

検察官が働く場所を検察庁という。これには，最高検察庁，高等検察庁，地方検察庁，区検察庁の4種類がある（検察庁法1条2項）。それぞれの検察庁は，最高裁判所，高等裁判所，地方裁判所および家庭裁判所，簡易裁判所に対応して設置され，対応する裁判所の裁判に関連する事務を扱う（検察庁法2条）。

検察官の多くは，検事という肩書きを持つが，主として区検察庁に勤務する副検事と呼ばれる人々も検察官の中に含まれる。すべての検察官の頂点に立つ

のが，最高検察庁の長である検事総長である。高等検察庁の長は検事長，地方検察庁の長は検事正と呼ばれる（検察庁法7条から9条）。

　検察官は，原則として司法修習生の修習を終えた者が任命される。しかし，副検事については，公務員の経歴などがあって選考審査会の選考を経た者にも，任命資格が認められている（検察庁法18条2項）。検事総長や検事長は，内閣が任命して天皇が認証する。検事，副検事は法務大臣が任命する。検察官の定年は，63歳である（検事総長は65歳，検察庁法22条）。

　検察官は，外部からの不当な圧力に屈することがないように，身分の保障が認められ，検察官適格審査会による罷免および懲戒処分による場合以外に，その意に反してその官を失い職務を停止され，または給料を減額されることがない（検察庁法25条）。

　刑事手続きに関する検察官の権限は大変広い。まず検察官は，すべての犯罪について捜査することができる（刑事訴訟法191条1項，検察庁法6条1項）。もっとも，検察が主体となって捜査をするのは，政治家や役人の贈収賄事件と脱税などの高度な経済犯罪のような難しい法律的判断や，場合によっては政治的な判断をも必要とする事件に限られる。次に，逮捕した被疑者を起訴すべきかどうかを判断する段階では，検察官に広い裁量が認められている（起訴便宜主義，刑事訴訟法248条）。そして，公判が始まると，被告人がたしかに犯罪を犯したことを証明し，また犯罪の重さに見合う刑罰を言い渡すように，裁判所を説得する。最後に，有罪判決が確定すれば，裁判所が言渡した通りの刑罰の執行を指揮する。

　検察官は，全員がこのような権限を持つ。しかし，検事総長を頂点に，厳しい上下関係・階層秩序のもとに成り立っている検察庁では，上官の指揮・命令には全面的に従わなければならない。つまり，検察官は検事総長以下一体を成すのである。

4　弁　護　士

　弁護士はどのような仕事をすることができるのだろうか。弁護士法3条は，「弁護士は，当事者その他関係人の依頼又は官公署の委嘱によって，訴訟事件，非訟事件及び審査請求，異議申立て，再審査請求等行政庁に対する不服申立事

件に関する行為その他一般の法律事務を行うことを職務とする。②弁護士は，当然，弁理士及び税理士の事務を行うことができる。」と規定している。つまり，弁護士は，一般市民や企業などの依頼を受けて，法律問題がからんだあらゆる種類の業務を引き受けることができる。その中心となるのが，民事事件の代理人，刑事事件の弁護人として法廷の内外で活動することである。また，弁護士は，司法制度を支え，社会正義を実現する重要な職務だから，必ずしも金をかせぐこととは関係のない無料法律相談や，人権擁護のためのさまざまな活動にも参加する。

弁護士になるには，原則として，司法試験に合格することが必要である（弁護士法4条，5条）。

弁護士は，裁判所などの国家機関の指揮監督を受けない。日本弁護士連合会（日弁連）が，その下にある各地の単位弁護士会およびその会員である弁護士の監督を行う。弁護士として活動するためには，日弁連の名簿に登録しなければならず（弁護士法8条），弁護士の懲戒権と資格審査権は，日弁連と単位弁護士会が独占する。日本の弁護士は，このように完全な弁護士自治権を持っている。

民事訴訟は，弁護士に依頼しなくてもできる（本人訴訟）。弁護士を選任した場合は，その費用は自分で負担しなければならない。弁護士費用は，主に着手金と成功報酬に区別され，日弁連が定めた基準にしたがって計算される。弁護士費用が払えない人のために，一時的な立て替え払いを認める**民事法律扶助制度**があるが，援助を受けるための基準が厳しく（だいたい年収300万円以下），また国の財政的援助が少ないなどの理由であまり十分に機能していなかった。民事裁判における弁護士費用が決して安価ではない現状では，民事法律扶助制度を充実してゆかなければ，国民の裁判を受ける権利を保障したことにはならないであろう。そこで，2000年に民事法律扶助法が制定され，制度の整備は国の責務であることが明確にされ，法律扶助に対する国庫助成も大幅に拡充した。

刑事訴訟では，検察官によって起訴された被告人に対して，資格を有する弁護人を依頼する権利が憲法によって保障されている（憲法37条3項前段）。そして，被告人が自分で弁護人を依頼できないときには，国でこれを付するものとされている（憲法37条3項後段）。この憲法の規定を受けて，刑事訴訟法は具体的に次の場合について規定を置いている。①被告人が経済的理由などから弁護

人を選ぶことができないときは，被告人の請求によって裁判所が弁護人を付ける（刑事訴訟法36条）。②被告人が未成年者であるなどの場合で弁護人を付ける必要があるときは，裁判所の判断で弁護人を付けることができる（刑事訴訟法37条，290条）。③殺人や強盗事件などのように刑法上死刑または無期もしくは長期3年以上の懲役もしくは禁錮に当たる罪が裁かれる場合には，弁護人がいなければ開廷できないことになっており，その場合に弁護人が出頭しないとか弁護人がいないときは，裁判所は必ず弁護人を付けなければならない（刑事訴訟法289条）。以上がわが国の国選弁護制度である。しかし，警察に逮捕された段階では，**国選弁護**は機能しない。そこで，被疑者が逮捕され，警察署に拘置された段階で，連絡を受けた弁護士がすぐに拘置場所にかけつけて被疑者と面会し，無料で事件について助言を受けられるという制度が，全国的に普及しつつある。これは，弁護士が当番制で，弁護士会を通じて連絡がありしだいかけつけるシステムになっていることから，「当番弁護士制度」と呼ばれている。被疑者の権利を守るための重要な制度だが，国の財政的な援助は行われていない。

5　日本の法曹人口と司法制度改革

　現代社会では，法的なトラブルの種類も多様化している。そのような状況にありながら，法的紛争の解決を職業とする実務法曹の数は少ない。たとえば，2001年の裁判官の定員は3,044人で，検察官の定員は，2,294人である。わが国で近代的な裁判制度が誕生した1890年の裁判官数が約1,500人だから，この100年間に日本の人口は3倍以上増加しているのに，裁判官数はようやく2倍に増加したという状況である。これでは，裁判に時間がかかるのも当然である。また，2001年4月1日現在弁護士登録をしている人は約18,200人で，その大部分は東京・大阪に集中している。はたして，このような状況で，市民の多様な法的ニーズに適切に応えていくことができるのかが問われているのである。

　ところで，政府は21世紀を目前にしてようやく司法制度についてもその全面的な見直しを行うことを決め，1999年7月に内閣の下に司法制度改革審議会を設置した。この審議会は2年間の集中的な審議の末，2001年6月12日に「21世紀の日本を支える司法制度」という副題つきの最終意見書を発表した。この意見書には，法曹人口の増加はもとより，現在の日本の司法制度が抱えているさ

まざまな問題点について改革のための提言が盛り込まれている。読者は，ぜひともこの最終意見書（司法制度改革審議会のホームページやジュリスト1208号などの法律雑誌に掲載されている）を読んで，今後のわが国の司法制度のありかたを考えてほしい。

（越山和広）

29 ■ 刑事裁判

1　刑事裁判手続

(1)　刑事裁判の開始――起訴　刑事裁判は，検察官による公訴の提起（起訴）によって始まる。起訴は，（公務員の職権濫用罪に対する起訴などの）一部の例外を除いて，原則として国家機関である検察官だけが行うことができるので，これを国家訴追主義，起訴独占主義という。検察官は，裁判所に起訴する権限を独占しているだけでなく，犯罪の嫌疑が十分あり有罪判決を得る可能性が高い場合でも，初犯で犯罪が軽微であるとか，被害者に被害を弁償しているなどの理由で，起訴猶予処分にすることができる。これを起訴便宜主義という。これに対し，犯罪の嫌疑があれば必ず起訴しなければならないという起訴法定主義をとる国もある。

公訴の提起は，起訴状を管轄の裁判所に提出することによって行われる。その際，裁判官に事件に対する予断を抱かせるような書類等を添付したりすることは，刑事訴訟法で禁止されている。これを，起訴状一本主義という。これは，憲法37条1項が，裁判所の公平性・中立性を要求していることからも導かれる。

なお，起訴には，公判請求と略式（命令）請求とがあり，前者が普通の公判手続きを請求するものであるのに対し，後者は，軽微な事件（50万円以下の罰金または科料にあたる罪）について，被告人に異議がない場合，簡易裁判所が非公開の書面審理だけで有罪判決を言い渡すことを求めるものである。略式請求は，起訴総数の90％以上を占め，そのうちの80％以上を道路交通法違反事件が占めている。

わが国の検察官は，起訴前に徹底した捜査によって十分な証拠をそろえ，確実に有罪判決が得られる事件のみを起訴するため，有罪率は99％以上と非常に高くなっている。起訴猶予処分を行うことは，起訴されたり有罪判決を受ける

ことによる（仕事や名誉，友人，家族等を失う，前科者のレッテルを張られるなどの）さまざまな不利益を避ける利点がある一方で，検察官の捜査が厳しすぎたり，検察官がほとんど裁判官のような役割を果たして事件を選別することにより，公判審理が形骸化するという難点がある。

　　検察審査会　　公訴の提起は，通常検察官に独占されているが，検察官の訴追権運用の適正化を図るために，検察審査会制度がある。これは，国民（具体的には衆議院議員の選挙権者）から無作為に選ばれた11人の審査員（任期は6カ月）が，検察官の不起訴処分に不服な人の申立てを受けるなどして，その当否を審査するもので，アメリカの大陪審にヒントを得ている。審査員が「不起訴不相当」または「起訴相当」の議決をした場合，検事正は，事件処理を考え直さなくてはならない。その判断は審査会の議決に拘束される（起訴を義務づけられる）わけではないが，検察審査会の存在自体が，適正な訴追権運用を促すものと評価されている。

　(2)　**公判手続**　　検察官が事件を起訴し，管轄権のある地方裁判所または簡易裁判所（裁判所については，15「裁判所・司法制度」参照）によって受理されると，事件が担当の裁判官に配点される。事件によって，1人の裁判官（単独制）あるいは3人の裁判官（合議制）が担当する。裁判所は，起訴状謄本（写し）を被告人に送達するとともに，弁護人選任権（国選弁護人制度）を告知する。その後，裁判長が第1回公判期日を指定する。公判期日は，判決が出されるまで普通数回にわたり，その間の公判手続きは，冒頭手続き，証拠調べ，弁論という順に進められる。まず，裁判上のいくつかの重要な原則について述べた後，各手続きについて説明しよう。

　(a)　**口頭主義，直接主義，公開主義**　　民事訴訟と刑事訴訟に共通な訴訟手続き上の重要な原則として，口頭主義，直接主義，公開主義がある。口頭主義とは，裁判所での当事者の主張や証拠説明は口頭で行わなければならないという原則であり，直接主義とは，判決をする裁判官はみずから直接に証拠を調べ，事実認定と法律判断を行わなければならないという原則である。公開主義とは，裁判所の法廷は一般に公開されていて，だれでもその口頭弁論を傍聴することができるということである。憲法37条1項は，刑事裁判に関して，被告人に「公平な裁判所の迅速な公開裁判を受ける権利」を保障している。

　(b)　**当事者主義**　　**当事者主義**とは，裁判の遂行をもっぱら当事者が行い，

裁判官は中立の立場で判断するという制度である。これに対して，裁判官が積極的に職権で証拠を調べ，事実を解明するという考え方を職権主義といい，戦前の日本で採用され，現在でも，ヨーロッパ大陸のほとんどの国で採用されている。戦後は，アメリカ法の影響を受けて当事者主義が採用されたが，日本の刑事訴訟においては，次に述べる実体的真実主義も同時にとられている。すなわち，民事訴訟でいう弁論主義とは，当事者の弁論にもとづいてのみ訴訟を進めるということで，たとえば当事者が自白をすれば，裁判所は自白通りの事実を認定するが，刑事訴訟においては，被告人の自白は裁判所を拘束しないという違いがある。

(c) 実体的真実主義　刑事裁判においては，当事者（検察官と被告人）の自由な主張にまかせるのではなく，裁判官みずからが事件の真相や実体的（客観的）真実を発見することが目的とされており，これを実体的真実主義という。もっとも，それも，人権保障のためのさまざまな証拠法上の制約のもとで可能な範囲に止められている。

(d) 犯罪の立証　犯罪の立証に関する原則としては，証拠による事実認定を要求する証拠裁判主義，裁判官による証拠の採用や事実認定は，その自由な判断にまかされているという自由心証主義がある。また，裁判官が証拠だけでは有罪か無罪の判断ができない場合に不利益を負う責任としての挙証責任は，刑事裁判の場合，「疑わしきは被告人の利益に」の原則により，検察官が負う。さらに，証明の程度は，証拠の優越では足りず，合理的な疑いを入れない程度の証明，すなわち疑いをさしはさむ余地のない程度の証明が必要である。

(3) 冒頭手続き　冒頭手続では，裁判長が被告人の氏名，年齢，職業，住所，本籍などを確認する人定質問，検察官による起訴状朗読，裁判長から被告人への黙秘権告知，被告人の陳述（罪状認否），弁護人の陳述などが行われる。

(4) 証拠調べ手続　次に，証拠調べが行われる。まず，検察官の冒頭陳述が行われ，起訴状に書かれた犯罪事実に関連して，裁判で証明しようとする事実を明らかにする。また，そのための証拠申請も行う。裁判官は，弁護人に検察官の申請した証拠に関する意見を聞き，証拠として採用するか否かを決定する。弁護人も同様に証拠申請を行い，検察官の意見を聞いた後，実際の証拠調べが実施される。

(a) 証拠の種類と方法　証拠には，①書証，②物証，③人証の3種類がある。①書証は，書面の朗読により，②物証は，法廷に提出された物を実際に調べることにより，③人証は，証人尋問により，証拠調べが行われる。

(b) 証拠法則　証拠法則としては，①自白法則，②伝聞（排除）法則，③違法収集証拠の排除法則が重要である。①憲法38条2項は，強制，拷問による自白や不当に長く拘禁された後の自白，すなわち任意になされたものではないと疑われる自白は証拠とすることができないことを規定し，同3項は，自白だけでは有罪とすることはできず，自白以外の証拠（これを補強証拠という）が必要であることを規定している。その意味で，刑事裁判においては，裁判官の自由心証主義が修正されている。これを，自白法則といい，憲法38条1項の黙秘権の保障を，制度的に保障するものといえる。②伝聞（排除）法則とは，供述証拠（人が体験した記憶を叙述したもの）を書面によって提出することや，自分が直接見聞きしたことではなく他人の供述の「また聞き」にもとづく証言は，証拠とすることはできないという法則である。これらは，反対尋問によってその信用性を確認することができないからであり，憲法37条2項の被告人の証人審問権の内容とされる。ただし，証人が死亡したり所在不明などで反対尋問はできないが，証拠とする必要があり，信用性も高い場合は，例外的に伝聞証拠も認められる。③違法収集証拠の排除法則とは，憲法や刑事訴訟法に明文で規定されてはいないが，学説・判例により認められたもので，違法な捜査によって集められた証拠は，公判手続きにおいて証拠として採用することができないという原則である。違法な捜査でも証拠さえそろえれば有罪判決を得られるのであれば，捜査機関による法の逸脱はなくならないであろう。そこで，憲法31条の適正手続の保障や，被疑者・被告人の人権を保障したその他の規定（**12「刑事事件と人権」**参照）を制度的に保障し，違法捜査を抑制する目的で主張されるのが，この原則である。

(c) 被告人質問　被告人に供述を求めることを被告人質問という。被告人には黙秘権が保障されているので，言いたくないことは言わなくてもよいし，宣誓もしない。しかし，みずから供述すれば，有利・不利を問わず証拠となる。

(5) 弁論手続　証拠調べが終了すると，検察官，弁護人による弁論（民事訴訟法上，刑事訴訟法上，弁論は種々の意味に使われるが，ここでは刑事裁判にお

いて証拠調べ終了後に行われる当事者の意見陳述をさす）が行われる。

(a) **論告・求刑**　まず，検察官が，犯罪事実の認定とそれに適用される法律の条文について最終的な意見を述べ（論告という），量刑（裁判官が法律で定められた範囲内で言い渡すべき刑を確定すること。刑の量定ともいう）に関する意見を述べる（求刑という）。

(b) **最終弁論・最終陳述**　次に，弁護人が被告人の罪責（無罪を主張している場合は無罪であること）や情状などについて最終弁論を行い，被告人も最終的な意見（最終陳述という）があれば，それを述べる。

(6) **結審**　以上の手続が終了すると結審となり，裁判長が判決の宣告期日を決定する。

(7) **判決**　一連の公判手続を経て，裁判官が，被告人の有罪が合理的な疑いを入れない程度に証明されたと判断したときは，有罪判決が言い渡され，少しでも疑いが残る場合は，無罪判決が言い渡される。判決は，結論である主文（被告人を懲役3年に処する，など）と，理由の部分（犯罪事実，証拠，法令の適用，弁護人の主張に対する判断，量刑の理由など）からなる。なお，裁判には，①判決，②決定，③命令の3種類がある。判決は，口頭弁論にもとづいて行わなければならないが，決定と命令は，口頭弁論にもとづかなくてもよい。

2　上訴と再審

(1) **上訴**　上訴とは，裁判所の行った裁判に不服を申し立て，上級裁判所に判決の是正を求めることで，判決に対する控訴と上告とが代表的なものである。そのほか，（勾留決定などの）決定に対する不服申立てを抗告，命令に対する不服申立てを準抗告という。

控訴とは，地方裁判所または簡易裁判所で言い渡された第一審の判決に対して行う上訴で，高等裁判所が事件の再審理を行う。上告とは，控訴審（第二審）の判決に不服がある場合，最高裁判所に審理を申し立てる上訴である。このように，日本では3回まで審理が行われる三審制をとっている。これは，慎重な審理を行うことによって誤判を防ぎ，最高裁判所が終審となることにより，判例の統一を図るためである。

控訴をする場合，一審判決の宣告がなされてから14日以内に，その判決を出

した裁判所に控訴申立てを行う。控訴理由には，絶対的控訴理由（その理由となる事実があれば，判決に影響を及ぼすか否かを問わず，当然原判決を破棄すべきもので，「判決に理由を付さない」などの例がある）のほかに相対的控訴理由として，①訴訟手続きの法令違反，②法令適用の誤り，③事実誤認，④量刑不当などがある。控訴審では，被告人が提出した控訴趣意書をめぐって審理が行われ，被告人が出廷する義務はない。控訴の理由がないと判断されると控訴棄却の判決が出され，理由があるとされれば，第一審判決を破棄して事件を差し戻すか，控訴審みずから判決を出すこともある（自判）。

　上告の場合，上告期間や申立て方法などは控訴と同様だが，上告理由は，憲法違反と判例違反のみに限られる。事実誤認や法令違反などの主張は控訴審までに終わらせ，最高裁判所は憲法の解釈と判例の統一のみを行うのである。最高裁判所が適法な上告理由がないと判断すれば上告を棄却するが，適法な上告理由がない場合でも，判決に影響を及ぼすべき法令違反，はなはだしい量刑不当，重大な事実誤認などがあり，もとの判決を破棄しなければいちじるしく正義に反する場合は，職権で原審判決を破棄し，原審（判決を出した裁判所）に差し戻すか，自判することもある。

　控訴も上告も，検察官と被告人のどちらからも行うことができるが，被告人のみが上訴した場合，もとの判決より重い刑が言い渡されることはないという原則を，不利益変更の禁止という。判決が上訴によって争うことができなくなったとき，判決は確定し，次に述べる一事不再理効が生じる。例外は，後述の再審と非常上告（法令違反を理由として検事総長が申し立てる非常救済手続）の場合のみである。

　(2)　**刑罰法規不遡及の原則**　　憲法39条は，①**事後法（遡及処罰）の禁止**と，②二重の危険の禁止（**一事不再理**の原則）とを規定している。①事後法の禁止は，憲法31条の適正手続の保障に関連して説明した罪刑法定主義の自由主義的側面を表している（12「刑事事件と人権」参照）。

　すなわち，①どのような行為が犯罪とされるのかがあらかじめ知らされていなければ，私たち国民の行動の自由は保障されず，安心して社会生活を送ることができない。そこで，実行行為のとき適法であった行為は，事後に成立した法律によって処罰されないという原則が生まれた。また，②一度有罪・無罪の

判決が確定した後は，同一の犯罪について同じ人を起訴すること，すなわち二重の危険にさらすことはできないというのが，一事不再理の原則または二重の危険の禁止の意味である。

(3) **非常救済手続——再審**　判決が確定した後，事実認定の重大な誤りが発見され，真実に反する裁判を放置することが正義に反し耐え難いと考えられる場合，例外的にもう一度事件に関する裁判をやり直し，正義を回復しようとする制度が，**再審**である。再審には，誤った有罪判決を無罪にする場合と，誤った無罪判決を有罪にする場合とが考えられるが，被告人に不利益となる再審は，憲法39条の二重の危険の禁止に反すると考えられ，日本では，被告人に利益となる再審のみが認められている。

再審開始の理由は，①証拠の偽造や虚偽の証言などにより確定判決の誤りが明らかになったこと，②明らかな証拠を新たに発見したこと（証拠の明白性と新規性）等があり，有罪判決を受けた本人だけでなく，（本人が死亡した場合などに）近親者や検察官も請求できる。再審の手続きは2段階あり，最初に再審請求に理由があるかどうかが審査され，理由があるということになれば，再審開始決定が行われる。その後，再審公判が開始される。

(4) **少年事件の手続**　20歳未満の少年（男女）が犯罪を犯した場合（これを「犯罪少年」と呼び，14歳未満で刑罰法規に触れる行為をした「触法少年」や，将来犯罪や非行を行うおそれのある「虞犯少年」と区別される），成人とは異なる手続が，少年法により定められている。まず，警察官や検察官は，捜査後，すべての事件を家庭裁判所に送致する（全件送致主義）。家庭裁判所は，相当と認めるときは非公開の審判を開始する（裁判公開の原則の例外）。従来は，単独裁判官で検察官も関与しなかったが（当事者主義の例外），2000年の少年法改正により，3人の裁判官による合議や，一定の重大な犯罪についての検察官の関与も可能となった。検察官が関与する場合，従来任意であった弁護士である付添人も必ずつけられることとなった（国選付添人制度）。審判の結果，家庭裁判所は不処分や保護処分（保護観察や少年院送致等）の決定を下すが，死刑・懲役・禁固にあたる事件について保護処分より刑罰を科すことを相当と判断した場合，事件を検察官に逆送し，検察官から通常の裁判所に起訴されることもある。従来，逆送できる年齢は16歳以上と定められていたが，同じ少年法の改正により，

14歳以上に引き下げられた。

(5) **刑事補償請求権**　憲法40条は，ある人が抑留又は拘禁された後に無罪の裁判を受けたときの国家補償の請求を認めている。しかし，いくら金銭的に補償されたとしても，拘禁されていた間に失った時間は取り戻すことができないうえ，場合によっては逮捕，起訴，拘禁されることによって，家族，職場，名誉等まで失うこともありうる。そのような事態を招かないためにも，慎重な捜査，起訴が望まれ，その過程での人権保障も，十分になされる必要がある。

(6) **拷問および残虐な刑罰の禁止**　憲法36条は，公務員による拷問および残虐な刑罰を禁止する。これも，刑事事件における被疑者・被告人の人権に配慮した規定だが，死刑は残虐な刑罰にあたらないかが問題とされることがある。しかし，最高裁判所は，執行の方法などが人道上の見地から一般に残虐性を有する場合を除き，死刑そのものは残虐な刑罰には当たらず，憲法には違反しないとしている（死刑存置論・死刑廃止論については，25「犯罪」参照）。

(7) **国民の司法参加**　日本の刑事裁判は，裁判官，検察官，弁護士などの法律家の手にもっぱらゆだねられているが，世界には，法律の素人である国民が司法に参加する国がむしろ多い。英米における陪審制，ドイツを中心にヨーロッパ大陸で広く行われている参審制などが，その例である。陪審制は，無作為に選ばれた市民（陪審員）が主に事実認定を行い，裁判官は法律的問題を扱うのに対し，参審制は，一般市民（参審員）が職業裁判官とともに裁判を行い，判決を出すというものである。日本でも，昭和3年から18年まで陪審制が実施されたことがあったが，その後停止されている。しかし，欧米人に比べて低いと言われる日本人の法律や人権に対する関心を高め，官僚的色彩の強い刑事裁判や民事裁判の弊害を取り除き，市民にとって裁判をより身近なものにするためにも，国民の司法参加を考えることは有益である。1999年に内閣に設置された司法制度改革審議会の意見書（2001年）においても，国民の期待に応える司法制度構築のために，国民が裁判官と共に裁判内容の決定に参加する，いわゆる裁判員制度の導入が唱えられている。

（島岡まな）

30 ■ 法律職を志す者のために

1 はじめに

　法律を学んだ者の進路は様々であろう。多くの者は民間企業に就職すると考えられるが，企業には法務部や訟務部と呼ばれるセクションがあり，そこでは主に当該企業の法的トラブルへの対応が扱われることとなる。法務部などに属さなくとも，企業の用地買収や融資など様々な場面で法的知識や思考力が要求されることとなる。また，公務員として国民や地域住民のサービスに務めたい，と考える者もあろう。公務員は，国や地方公共団体などの行政主体の機関となって，行政サービスを国民に提供していくこととなるが，行政機関とは法の執行機関である。つまり公務員は，法の執行を通じて国民生活の便益に資するのであり，法の知識や法的思考力は不可欠である。このように，民間企業に就職するにせよ公務員になるにせよ，そこでは大学時代に身につけた法律の素養について，十分にそれを活用できる場面が用意されているのである。そのため，公務員試験においては受験者に法律科目が課され，民間企業の就職試験では，一般教養分野で基礎的な法律の知識が問われるのである。

　また一方では，主に個人や少数グループで，法律の専門的知識や法的思考力を活かしていく職業がある。弁護士や司法書士などの士業と呼ばれる専門職がそれである。弁護士は，非常に高度な法的素養を駆使し，どのような法的トラブルにも適切に対処できる能力を求められる，法律紛争全般予防や解決に関する専門職である。しかし，弁護士以外にも，商業登記や不動産登記申請では司法書士，税務書類作成や提出手続では税理士というように，特定の専門分野に応じたスペシャリストの存在が法律によって規定されている。司法書士法や税理士法などの法律に従って各分野の専門家が存在するが，通常これらの者は，それぞれの専門家としての素養を試される試験に合格し，一定の実務経験を積

んだ上で独立開業する。

　しかし，独立開業しなくとも，自己の能力向上やキャリアアップのためなどの理由で，各種資格試験に挑戦する者も近年非常に増えている。逆に企業の側でも，資格取得講座を開いたり資格取得のための補助金を支給するなどして，従業員のために援助をしているところが少なくない。バブル景気終焉以降の雇用情勢の悪化なども影響し，先述のように資格試験挑戦者は増加傾向にある。

　しかし，自分が修得してきた法律の素養を実社会でどのように活用していけばよいかわからない，どのような資格をどのように取得すればよいかわからない，という者も大勢いるであろう。この章では，そういった法律既修者が進路を決めるにあたりその一助となるように，士業を中心として各種資格制度の内容とそれぞれの試験制度や学習方法などを，限られた範囲ではあるが概観していくこととしたい。その際，個々の資格については，取得難易度や相互の資格の関連性などを総合的に考慮し記述していることに留意されたい。

2　宅地建物取引主任者

　まず，法律既修者・未修者にかかわらず，法律，特に民法について一定の基礎的知識を有することの証しとなる資格は，宅地建物取引主任者（以下，宅建主任者）資格であろう。宅建主任者資格試験（以下，宅建試験）は，法律を学び始めた大学1・2年生から社会人・一般市民まで幅広い受験者を集める試験である。宅地建物取引業法（以下，宅建業法）によれば，宅地建物取引業者は，事務所等ごとに一定数以上の専任の宅建主任者を置く必要があることが規定されているが，実際には，宅地建物取引業（以下，宅建業）や不動産業に従事するものには必須の資格となっている。宅建主任者の法定職務は3つある。重要事項の説明，重要事項説明書面への記名押印，契約書（37条書面）への記名押印がそれであるが，つまり，不動産取引において契約の前後を通じて，顧客に適切な情報提供をし，契約の内容に責任を持つことが宅建主任者の職務といえる。

　しかし，宅建業や不動産業に従事しない者にもこの資格は非常に人気が高い。例えば，金融機関に勤務する者であれば，融資の際の不動産担保物件評価をするために宅建試験で学んだ知識が役に立つ。また，一般企業に勤務する者でも，

用地買収や出店計画立案の際などに不動産に関する知識は当然必要である。このように，宅建業や不動産業に従事しない者にとっても宅建試験で試される知識は汎用性が高く，受験者が約17万人（平成15年度）と人気が高い試験となっている。さらに別表1に見る通り，試験科目には民法・不動産登記法・区分所有法などが含まれており，後述する司法書士，土地家屋調査士やマンション管理士試験などに必要な基礎的知識を習得するために，この試験を利用することも考えられる。

　試験科目の中で，合格のために特に集中して取り組む必要のある中心科目は，民法，法令上の制限と宅建業法の三つである。特に民法は，以前は条文の知識を問う出題が中心であったが，年々判例の知識を問う出題がされる傾向が高まっている。多くの受験生が苦手としている科目が民法であり，付け焼刃の学習では対応できない。民法の学習の際注意すべきことは，初めて見る判例が出題されても条文と基本判例の理解があれば解答は導き出せる，という意識を念頭に置いておくことである。法令上の制限については，不動産取引や不動産の活用などに際し必要となる行政法規が出題される。中心となる法律は，都市計画法と建築基準法である。これらの法律は専門技術的な内容を多く含むため，初学者にとっては難しく感じられるが，勉強に比例して得点が伸びる分野である。最後に宅建業法であるが，この科目は毎年受験者が最も得点源とする科目であり，出題数も宅建試験の中で一番多い。法律の内容や構成は平易なので法令上の制限ほど難しくないが，それだけにここで確実に得点する必要がある。また，宅建業法は業界規制法であり，マンション管理適正化法など他の業界規制法とその構成がよく似ているため，他資格取得の際に宅建業法での学習が役に立つ。

　以上見てきたように，中心科目にはそれぞれ特徴があるが，その他の科目の学習ももちろん怠ることはできない。先述のように，不動産登記法や区分所有法の知識は司法書士やマンション管理士試験などの学習に役立ち，税法の知識は後述の行政書士や税理士試験の学習に活用できる。このように他資格の取得を視野に入れた場合，宅建試験のための学習は基礎的知識の習得に適しており，是非受験を勧めたい試験である。

別表１：各資格試験の試験科目

宅建主任者	①土地の形質，地積，地目及び種別並びに建物の形質，構造及び種別，②土地及び建物についての権利及び権利の変動に関する法令（民法，不動産登記法，区分所有法等），③土地及び建物についての法令上の制限，④宅地及び建物についての税に関する法令，⑤宅地及び建物の需給に関する法令及び実務，⑥宅地及び建物の評定，⑦宅地建物取引業法及び同法の関係法令
行政書士	行政書士の業務に関して必要な法令：行政書士法（施行規則含），憲法，民法，行政法，地方自治法，行政手続法，行政不服審査法，戸籍法，住民基本台帳法，労働法，商法，税法，基礎法学等／一般教養：国語，数学，政治経済，倫理社会，地理，歴史，理科，時事等
社労士	労働保険：労働基準法及び労働安全衛生法，労働者災害補償保険法，雇用保険法，労働保険の保険料の徴収等に関する法律／社会保険：健康保険法，国民年金法，厚生年金保険法／労務管理その他の労働及び社会保険に関する一般常識
司法書士	第一次試験（択一式）：憲法，民法，商法，刑法／第二次試験（択一式，記述式）：不動産登記法（書式含），商業登記法（書式含），民事訴訟法，民事執行法，民事保全法，供託法，司法書士法／口述試験
土地家屋調査士	第一次試験：択一式「不動産の表示に関する登記」に関する事項で土地家屋調査士の業務を行うにつき通常必要と認められるもの（不動産登記法，民法，区分所有法等）／書式「土地」「建物」／第二次試験：省略／口述試験
マンション管理士	①マンションの管理に関する法令及び実務（区分所有法，民法，不動産登記法，宅建業法等），②管理組合の運営の円滑化，③マンションの建物及び付属施設の形質及び構造，④マンション管理適正化法
税理士	会計科目：簿記論，財務諸表論（２科目とも必須）／税法科目：所得税法，法人税法（いずれか必ず選択），消費税法または酒税法（２科目とも選択は不可），相続税法，国税徴収法，住民税または事業税（２科目とも選択は不可），固定資産税，以上から３科目選択
弁理士	短答式試験：特許法，実用新案法，意匠法，商標法，条約，著作権法，不正競争防止法／論文式試験：特許法及び実用新案法，意匠法，商標法（以上，必須科目），地球工学，機械工学，物理工学，情報通信工学，応用化学，バイオテクノロジー，弁理士の業務に関する法律から１科目選択／口述試験
司法試験（現行）	第二次試験①短答式：憲法，民法，刑法，②論文式：憲法，民法，商法，刑法，民事訴訟法，刑事訴訟法／口述試験

3　行政書士

　これまで法律学習の初歩の段階における宅建試験受験の有用性を説いてきたが，さらに法律の初学者にとって行政書士試験を受験することも，学習の到達度を測るのに適当な手段と考えられる。行政書士の主な業務は，官公署提出書類の作成・提出や権利義務，事実証明に関する書類の作成などである。例えば，新規にパチンコ店を開業するにあたり，風俗営業許可申請が必要となり（官公署提出書類），店舗用地の取得には土地の売買契約書を交わし（権利義務に関する書類），その店で従業員として働きたい者は履歴書を提出する（事実証明に関する書類）。このように，パチンコ店一つの開業をとっても各種の書面作成の必要が生じる。これらの書面について，他の法律で制限されているものを除き，作成・提出の代行をすることが行政書士の主な業務である。さらに，平成14年施行の改正行政書士法では，官公署提出書類の提出手続きを代理したり，契約書等の書類を代理人として作成できる旨が明記された。つまり，従来は行政書士の職務と考えられていなかった，一定の職務の代理権限が明記されたのである。行政書士は，代理人としての役割を担う専門職として活躍が期待されている職業といえる。

　行政書士となるためには，弁護士や税理士等他の有資格者や公務員として一定期間以上の経験を有する者などを除いて，行政書士試験に合格しなければならない。試験の出題範囲は大変広く（別表1），平成15年度試験の合格率は2.89％と難関試験のように見えるが，学生のように集中的に勉強時間が取れる者であれば6カ月，社会人であれば1年程度の学習期間で合格は可能と考えられる。

　学習に際して中心となるのは，まず法令科目では行政法分野，民法および憲法である。行政書士の業務として，官公署提出書類の作成や提出が中心となることを考えると，行政法分野の出題が最も多いのは当然といえる。受験者が最も苦手とするが，しかし合格者が確実に得点する科目が行政法分野である。受験者が行政法分野を苦手とする理由として，日常生活への関わりが薄く，内容の具体的イメージが湧きにくいことが挙げられる。そのため，暗記中心の勉強方法をとる者も多いが，近年の試験では，国家賠償法や行政事件訴訟法を中心

として判例の知識が問われるようになっており，法令の内容や個々の争訟について具体的なイメージを持ち理解する，という学習方法が望まれる。民法では，宅建試験がその性格から物権法分野の出題が多いのに対し，行政書士試験では，総則・物権法・債権法・家族法から万遍なく出題される。さらに近年の傾向として，条文の単純な暗記問題は姿を消し，事例に条文をあてはめて考えさせたり判例の知識を問う問題が大半を占めるようになった，といえる。憲法については，大方の受験者が学習しやすいと感じている。その理由として，中学・高校の公民科目でその概略を把握している者が多い，ということが挙げられる。統治機構の分野では，中学・高校までの知識を基礎として，条文に則した学習を進めていくとよい。しかし，人権保障の分野では判例からの出題が多く，具体的争訟についての正確な理解を心掛けた学習が望まれる。この点，行政法分野・民法・憲法を通じて，判例六法の十分な活用が必要となる。また法令科目では，択一式試験の他に記述式試験が課される。文章中の空欄に法律用語を補充させる出題が多いが，憲法では判例からの出題，民法では事例設定にもとづいて権利の名称などを答えさせる出題等，条文以外からの出題もされている。普段の学習時から記述式問題を意識しておくことと，漢字の誤記に注意することが必要である。

　次に，行政書士試験における教養科目にも触れておく。行政書士試験に合格するには，法令科目で50％以上，教養科目で50％以上，全体として60％以上（平成15年度基準）の正解を得ることが必要である。法律既修者にとって法令科目50％以上，全体60％以上の基準点をクリアすることは困難ではないと考えられるが，例年教養科目で基準点に足りず涙を飲む者が多く見受けられる。1999年以前の教養科目では，中学・高校生レベルの5教科の学習内容をおさらいする程度で基準点はクリアできたが，2000年以降の試験では，会計知識やIT関連の知識なども要求されるようになり，時事問題としての性格が非常に強くなってきた。教養科目で基準点をクリアするためには，まず国語（6問程度）・数学（2問程度）を確実に得点することが必要である。これらの分野は，高校1年程度の学習内容で確実に得点できるからである。次に，従前から出題されている政治経済や歴史分野についても，確実に得点することが必要である。これらの分野も高校の学習内容程度で対応できるからである。さて，時事分野

の学習であるが，この分野は各人によって得手不得手が大きく分かれるところである。例えば，情報通信を専攻している学生や日常業務でパソコンに馴染みのある社会人であれば，IT 関連の出題には難なく対応できるはずである。また，会計学を専攻している学生や経理部門にいる社会人なら，会計知識の問題は難なく解けるであろう。そこで，自分に馴染みの薄い分野については，普段から新聞や TV ニュースの情報にアンテナを張り，岩波ジュニア新書などの，やさしい解説書などに目を通しておく，という努力が必要になる。試験直前になれば，資格予備校による時事問題の対策講座などを活用しながら，知識の整理や体系化を図る方法も考えられる。教養科目の学習にあたっては，行政書士の作成できる書類が 1 万点以上あることに鑑みて，それだけ幅広い教養を身につけようという積極的な姿勢が大切である。

4 宅建主任者と行政書士からの発展

さて，これまで述べてきた宅建主任者や行政書士試験の受験者には，法律初学者や既修後間もない者が多い。宅建主任者には宅建業法上の法定職務があり，行政書士についても同様に法定職務がある。それゆえ，有資格者は各資格の専門性を活かしそれぞれの業務に専念することが，本来あるべき姿ともいえる。しかし，今日のように多様な社会環境が個人の生活や企業の活動を取り巻くなかにあっては，宅建業に関する知識だけ，行政書士業に関する知識だけということでは，顧客の要求に十分応えられない場面も考えられる。そのため，これらの試験合格後に他の資格取得を目指す者も多い。そこで，宅建主任者や行政書士資格の取得後，さらに関連分野の専門性を身につけようとしたら，どのような資格試験に挑戦するのが適当か，ということについて述べる。

宅建主任者については，行政書士，司法書士やマンション管理士試験に挑戦する者が多く見られる。これは，先述のように民法，不動産登記法や区分所有法の知識を活かせるという理由もあるが，不動産業務全般についてさらに専門性を涵養したいという意識の表れと捉えることもできる。それに対し，行政書士の場合には，司法書士や社会保険労務士（以下，社労士）試験に挑戦する者が多く見受けられる。司法書士試験の場合には，既に憲法，民法や商法について基礎的な内容を学習済みであり受験しやすいこともあろうが，顧客である特

に中小企業のニーズに応えるには，官公署提出書類のみならず商業登記や不動産登記申請書類の作成や提出業務も必要になる，といった業務上の理由から受験する者もいる。社労士試験に挑戦する者にも似たような傾向が窺える。行政書士試験と社労士試験とでは，重複科目は労働法のみであるが，労働法理解の前提として憲法の社会権規定や民法の理解が必要なことは言うまでもない。しかし，行政書士試験合格後に社労士試験を目指す者が多いことは，試験科目の重複以外の理由によるところが大きいと考えられる。もともと，社労士は行政書士から分岐して独立した資格であり，業務の隣接性は大きい。社労士の主たる業務は，労働・社会保険に関する書類の作成・提出手続であり，行政書士の業務と類似している。企業が継続して活動を行っていくためには，従業員を雇い入れ雇用管理を行っていく必要がある。企業の側の視点に立てば，官公署提出書類の作成・提出のみならず，企業活動に当然必要な雇用管理まで面倒を見てくれる専門職の存在は大きい。以上のような理由もあり，宅建，行政書士試験合格者の中には，司法書士，社労士試験に挑戦する者が多いが，以下に社労士制度，司法書士制度およびそれらの資格試験について見ていくこととする。

5　社会保険労務士

　社労士には，開業社労士と勤務等社労士の二つの形態がある。開業社労士とは，事務所を構え社労士業で報酬を得ていく形態であり，勤務等社労士とは企業などに勤務し人事を中心とした業務に従事するサラリーマンである。ここでは，開業社労士を念頭に話を進めていくこととする。先述したとおり，社労士の基本業務として，労働・社会保険諸法令に基づく書類の作成・提出手続を顧客に代って行うことが挙げられる。この作成書類には，労働・社会保険の適用事業所申請書や就業規則のように直接官公署の提出が必要な書類もあるが，賃金台帳，労働者名簿などのように雇用管理上必要な書類も含まれる。つまり社労士は，顧客である企業の人事部門に相当する役割を果たすのである。さらに雇用管理を中心として，企業の経営全般に関するコンサルタントとして活躍する社労士も多い。労働・社会保険諸法令は頻繁に改正が行われ，手続事務が煩雑なため，企業にとっても人事部門をアウトソーシングするメリットは大きい。

　社労士になるためには，原則として社労士試験に合格する必要がある。さら

に登録のために2年以上の実務経験が必要とされるが，ここでは試験について述べることとする。試験は5肢択一式の問題が70問と選択式の空欄補充問題40問からなる。試験科目は別表1のとおりであるが，各科目の難易度については，試験年度によって難しい場合と平易な場合とあるので一概には言えない。全体としてバランスのとれた学習が望まれる。合格の目安として，択一式試験では各科目40％以上，全体として70％以上の得点を目指すとよい。選択式試験では各科目60％以上，全体として70％以上の得点を目安にするとよい。この試験の特徴として，条文，判例，通達といった非常に幅広い知識が問われる点が挙げられる。学習の過程で時間的なブランクが生じると，一からやり直すこととなってしまうので，毎日の継続的な学習が要求される試験である。また，労働・社会保険それぞれの分野で一般常識科目が課されるので，日々のニュースなどで人口動態や雇用情勢等に気を配ったり，厚生労働白書の内容を把握することなども大切である。

6　司法書士

さて，弁護士の隣接業として近時注目されている専門職が司法書士である。司法書士の業務として，登記申請手続や供託手続を依頼主に代って行うことなどが挙げられるが，中心となるものは不動産登記申請に関わる業務である。登記申請業務について，報酬を得て業として行えるのは弁護士と司法書士だけであるが，実際にはそのほとんどを司法書士が扱っている。物権法でも学習したように，不動産の物権変動の対抗要件は登記であり，不動産という財産価値の高い客体に対する権利を第三者に主張するためには，確実な登記が必要とされる。その中心的役割を担う専門家が司法書士ということができる。また，企業活動の観点からも司法書士の存在は大きいと言える。企業にはライフサイクルがあり，設立時には商業登記が，消滅時には倒産手続や清算処理手続のなかで登記手続が必要となる。このような業務を行えるのも弁護士と司法書士だけであり，特に中小企業にとって煩雑な手続をアウトソーシングできるという点で司法書士の存在は大きい。

さらに，近時司法書士が弁護士の隣接業として期待される理由に，簡易裁判所における訴訟代理権が付与されたことを挙げることができる。簡易裁判所で

は訴額140万円以下の民事訴訟を扱うこととなるが，従来は訴訟代理権が弁護士にしか与えられていなかったため，提訴に躊躇するものも多かった。勝訴しても，弁護士報酬が高く少額の訴訟を提起するメリットが薄かったこともその原因の一つと考えられる。しかし，2003年4月より司法書士特別研修を修了し，簡裁訴訟代理能力認定考査で認定された司法書士には，簡易裁判所における訴訟代理権が与えられるようになった。そのため，少額の訴訟に関して，国民はより利用しやすくなったのである。

次に，司法書士試験制度について述べることとする。試験は第一次と第二次試験に分けて実施されるが，両試験とも7月の第1または第2日曜日の同日に行われる。第一次試験は，択一式試験35問について2時間で行われる。第二次試験は，択一式試験35問，記述式試験2問について3時間で実施される。他の資格試験と比べて特徴的なことは，記述式試験において書式問題が課されていることである。書式問題とは，登記申請書の記載事項などを問う問題であり，設定事例にもとづいて実際に登記申請書を作成することと考えてよい。この問題に対応するためには，学習段階で様々な事例を想定し，実際に申請書を書くという練習が必要になる。参考書による通り一遍の学習では対応できず，学習に際し多くの時間を割く必要がある分野といえる。学習全体の観点から一言すれば，民法，次に商法の学習に多くの時間を割く必要がある。確かに民法は第一次試験でしか課されない科目であるが，その出題ウェイトは大きい。そして何より，実体法である民法の正確な理解と知識なくしては，第二次試験の民事訴訟法を始めとする手続法科目の理解は困難である，ということが民法に時間を割くべきであることの理由である。この点については商法も同様のことがいえる。いずれにしても，合格率が2％台，合格のためには80％程度の得点が必要な試験である。本格，継続的な学習を必要とする試験といえる。

7 土地家屋調査士とマンション管理士

これまで，法律の素養を駆使してサービスを提供する資格について述べてきたが，既述のもの以外にも法律の素養を必要とする専門職がある。ここでは法律以外の素養も活かしながら法律サービスを提供する専門職をいくつか述べてみたい。

宅建主任者資格の取得者や司法書士試験合格者が，関連分野の学習をして更に専門性を深めたいのであれば，土地家屋調査士やマンション管理士などの資格を考えてみるのもよい。土地家屋調査士とは，不動産登記簿の表示に関する登記を，独占的に業務として扱える専門職である。司法書士が，不動産登記簿中，権利の登記（甲区欄・乙区欄）を扱うのに対し，土地家屋調査士は，権利の客体となる土地や建物の物理的現況などについての登記（表題部についての登記）業務を行うこととなる。そのため土地家屋調査士には，測量技術などの法律以外の素養も必要とされる。土地家屋調査士試験において，1・2級建築士，測量士や測量士補が第二次試験を免除される所以である。また，不動産登記簿は表題部と甲区欄，乙区欄とから成るので，司法書士とともにこの資格を有していれば，顧客の不動産登記に関する要求を自らで完結させることができる。

　次に，マンション管理士とは，分譲マンションの管理組合や区分所有者等に対し助言，指導や援助などを行う，マンション管理のコンサルタントである。日本の分譲マンションは，築年数30年以上のものも多く見られるようになり，建替え問題も含めた管理の問題は解決することが難しくなっている。また，管理組合とマンション管理会社とのトラブルが，マンションの供給戸数の増加に比例して増えている。これらの問題を解決することを目的として，2000年末マンション管理適正化法というマンション管理に関する法律が成立した。この法律のなかに，新しい国家資格としてマンション管理士が規定された。しかし，マンション管理のコンサルタントはマンション管理士でなくとも行うことが可能であり，マンション管理士は名称独占資格でしかない。そのため，まだ業として確立されているわけではなく，現状では他資格の有資格者などが，さらに専門性を高めるために取得するケースが多い。

8　税理士と弁理士

　次に，法律の知識とそれ以外の素養が更に要求される，高度な専門職を二つ挙げておく。税理士と弁理士である。税理士とは，税務申告書類の作成やその税務署への提出，税務コンサルティングを独占的に業として行える専門職である。納税は国民の義務であるが，日本の税制は複雑であり，中小企業や一般国

民にとって税務申告書類を正確に作成することは容易ではない。また，法人税法，所得税法では青色申告制度が認められており，法人にせよ個人にせよ，一定の条件の下に税制上の優遇措置を受けることができるが，専門家のアドバイスを受けなければその利益を享受することが難しい場合がある。以上のような理由もあり，税理士に対する需要は継続的に発生し，税理士は国民全般の利益にとって不可欠の存在となっている。しかし，税務書類の作成や税務コンサルティングは，税法に関する知識だけあればできるというものではない。税理士試験では，簿記論，財務諸表論の会計系2科目が必須科目として課されている。ただし，大学院で会計学に属する研究を行い修士号を取得した者については，1科目が免除される。また同様に，大学院で税法に属する研究を行い修士号を取得した者は，税法3科目中，2科目が免除されることとなっている。また，税理士試験の特徴的なところは科目合格制が採用されていることである。すなわち，会計系2科目，税法3科目についてそれぞれの科目で合否が判定され，合格した科目についてはその後も合格の効力は残り，不合格になった科目だけ再度受験すればよいということである。最終的に5科目に合格すればよく，2年計画や5年計画などの中長期的な計画で学習に取り組む者が多い試験である。

　弁理士とは，主に知的財産権（特許権・実用新案権・意匠権・商標権）に関する書類作成，出願や調査の業務を独占的に扱う専門職である。発明やトレードマークによって独占的に利益を上げようとする者は，まずそれらを保護する必要があり，特許庁の登録を受けることで権利化しなければならない。しかし，自分の発明が既に他人によってなされているものか否か，先行出願がなされていないか，ということについてそれを調査し，適正な出願手続をすることは一般に容易ではない。出願手続に関する法的知識だけでなく，当該発明に関する専門技術的な知識も必要となるからである。そこで，弁理士という専門職の存在が必要となるが，前述のように弁理士には，発明に係る専門技術的な事項に関する素養がなくてはならない。この点が他の法律系専門職と比べて特異なところであり，弁理士は理科系出身者が多数を占めている。弁理士試験の科目にもこの点は反映されており，短答式試験では法律系7科目が課されるが，論文式試験では，選択科目として多数の理科系科目が用意されている。また，弁理

士資格を取得後，働きながら夜間の大学等で理科系の学問を専攻し直す努力をする者もある。

なお，弁理士の専門性の高さを示す業務として，知的財産権侵害訴訟に関する一定の範囲内での訴訟代理業務を挙げておく。簡裁における司法書士の訴訟代理権を除いては，日本の訴訟制度上，弁護士同様に訴訟代理権が付与されているのは，知的財産権侵害訴訟のケースにおける弁理士だけである。これは，特許権等の侵害についての問題は技術的専門性が関与する部分が大きく法律の素養だけでは対応できない，ということを示している。

9　司法試験と法科大学院

これまで法律に関わる各分野の専門職について述べてきたが，法律系の職業において最も広範な職権を持ち，最も高度な法律的素養を以て国民への法律サービスの提供に務める専門職は弁護士である。他の専門職が，原則として行政官署への手続に関する業務を主たる内容とするのに比べ，弁護士の職務は，法的紛争の予防や法的紛争に関する全般，最終の解決を図ることをその内容としている。そのため，要求される法的素養は非常に高く，他の専門職に比べ，業務に関する制約も非常に少ない。しかし，その高い専門性と地位の高さゆえに，資格取得についても容易ではない。近年の司法制度改革の一環として，法曹人口を増やすことを目的に2004年4月から法科大学院が開校された。従前より法曹資格が取得しやすくなると言われているが，やはり他資格の取得に比べると困難を伴う制度となっている。ここでは，法曹三者（裁判官，検察官，弁護士）となるための制度について簡単に述べることとする。従来，法曹資格を取得するためには，原則として司法試験合格，司法研修所に入所して司法修習を受けるという二段階の過程しかなかった。しかし，司法試験の合格は大変難しく（1999年以降の最終合格者数は1,000人前後であるが，1990年の499人に見られるように合格者数は非常に少なく，合格率も2％前後），特に，短答式，論文式と口述式試験それぞれ1回限りの試験において合格点を取らなければならないところに，合格の難しさがあったといえる。そこで，これまでの司法試験の弊害を除去し法曹養成制度を改善するために，司法試験受験の前段階として，法曹人に必要な素養を涵養する機関である法科大学院が設置されることとなった。

法科大学院の修了者については，司法試験における合格率が70％程度となるような新しい試験制度が用意される。まだ新制度の下での司法試験が実施されていない以上，法科大学院修了者の合格率がどの程度に落ち着くかは不明であるが，従来の司法試験に比べて合格しやすくなることは間違いないであろう。なお，2010年までは従来通りの司法試験が併用されることも一言付しておく。

10　さいごに

　以上に見てきたように，大学で学んだ法律の知識や素養を活かせる専門職は様々であり，進路に関係する資格，興味の持てる資格にはどんどん挑戦して欲しいと考えている。しかし，最後に述べておきたいことが二点ある。一つは，各専門職に関わる法律の内容は度々改正されることがあり，国民に対する適正なサービスを提供するためには，資格取得後も更なる知識と素養の涵養に努めなければならない，ということである。各専門職の使命は，日本国憲法の精神に照らし，法人を含めた国民一般の権利の実現にあるとすれば，それぞれの専門家はそのような権利を確実に実現するための努力を怠ってはならない，ということである。この努力を怠れば，逆に国民一般の権利を侵害し，それぞれの専門職に対する国民の信頼を失う結果となってしまう。このことは，常に念頭に置いておくべきである。

　二つ目は，現在のように高度に複雑化した社会において，各専門職の枠の中だけで顧客に対する十分なサービスを提供することは困難になっている，ということである。確かにこれまで述べてきた専門職資格は，個人に対して与えられるものであるが，その資格のみで顧客のニーズをすべて満足させられるものではなくなってきている。例えば，司法書士の箇所でも述べたが，企業にはライフサイクルがあるということについて考えてみる。設立時には登記が必要であるし，継続企業として存在するためには，雇用管理，税務処理や法的トラブルへの対応が必要である。また，新規事業に参入する際には，官公署に対する許認可申請が必要となる場合もある。その他，企業のライフサイクルのなかには，様々な専門職の手を借りなければならない場面が多数考えられる。それに対し各専門職の者同士がネットワークを築き，所謂ワンストップサービスを提供できれば，それは顧客の要求を満足させることにつながる，と考えられる。

このように，高度に複雑化した社会では，個人のみで顧客のニーズを充足させようとするのではなく，各専門職の特性を活かしながら，他の専門職と連携していかに最高のサービスを提供するか，という姿勢を持つことも大切である。別表3には，専門職の者同士によってワンストップサービスを実現するため設立されたNPO法人のホームページアドレスを掲げておく。参照されたい。

別表2：各資格試験の概要（平成15年度）

試験種	設問数	試験時間	合格者数	合格率
宅建主任者	50問（択一式）	2時間	25,942人	15.3%
行政書士	択一式：法令・35問 　　　　一般教養・20問 記述式：5問	2時間30分	2,345人	2.89%
社労士	択一式：70問 選択式：40問	択一式：3時間30分 選択式：1時間20分	4,770人	9.2%
司法書士	第一次試験：35問 第二次試験： 　択一式・35問 　記述式・2問	第一次試験：2時間 第二次試験：3時間 口述試験：　略	790人	2.8%
土地家屋調査士	第一次試験： 　択一式・20問 　記述式・2問 第二次試験：略	第一次試験：2時間30分 第二次試験：　略 口述試験：　略	591人	6.3%
マンション管理士	50問（択一式）	2時間	3,021人	8.0%
税理士	会計科目：大問3問 税法科目：大問2問 　　　　又は3問	各科目2時間	11,043人	20.0% (科目合格者含)
弁理士	短答式：60問 論文式配点比率：特許・実用新案法：意匠法：商標法：選択科目＝2：1：1：1	短答式：3時間30分 論文式 特許・実用新案法・2時間 意匠法・1時間30分 商標法・1時間30分 選択科目・1時間30分 口述試験：　略	550人	6.9%
司法試験（現行）	短答式：60問 論文式：1科目2問	短答式：3時間30分 論文式：1科目2時間 口述式：1科目 　　　　20～30分	1,170人	2.33%

注）弁理士の論文式試験の設問数については，各科目間の配点比率で示した。

別表3：各資格試験の参照ホームページ

試 験 種	ホームページアドレス
宅 建 主 任 者	・不動産適正取引推進機構 http://www.retio.or.jp
行 政 書 士	・財団法人行政書士試験研究センター http://www.gyosei-shiken.or.jp
社 労 士	・社会保険労務士試験センター http://www.sharoshi-shiken.or.jp
マンション管理士	・財団法人マンション管理センター http://www.mankan.or.jp
税 理 士	・国税庁 http://www.nta.go.jp
弁 理 士	・特許庁 http://www.jpo.go.jp/indexj.htm
司 法 書 士 土地家屋調査士 司 法 試 験	・法務省 http://www.moj.go.jp
	・NPO法人トリプルエー http://www.npo-aaa.jp

(石川　毅)

【資料】 日本国憲法 （昭和21・11・3）

施行　昭和22・5・3（補則参照）

朕は，日本国民の総意に基いて，新日本建設の礎が，定まるに至つたことを，深くよろこび，枢密顧問の諮詢及び帝国憲法第73条による帝国議会の議決を経た帝国憲法の改正を裁可し，ここにこれを公布せしめる。

御名御璽

　　昭和21年11月3日

　　　　内閣総理大臣兼
　　　　外　務　大　臣　　吉　田　　茂
　　　　国　務　大　臣　　男爵
　　　　　　　　　　　　　幣原喜重郎
　　　　司　法　大　臣　　木　村　篤太郎
　　　　内　務　大　臣　　大　村　清　一
　　　　文　部　大　臣　　田　中　耕太郎
　　　　農　林　大　臣　　和　田　博　雄
　　　　国　務　大　臣　　斎　藤　隆　夫
　　　　通　信　大　臣　　一　松　定　吉
　　　　商　工　大　臣　　星　島　二　郎
　　　　厚　生　大　臣　　河　合　良　成
　　　　国　務　大　臣　　植　原　悦二郎
　　　　運　輸　大　臣　　平　塚　常次郎
　　　　大　蔵　大　臣　　石　橋　湛　山
　　　　国　務　大　臣　　金　森　徳次郎
　　　　国　務　大　臣　　膳　　桂之助

　　　　日本国憲法

日本国民は，正当に選挙された国会における代表者を通じて行動し，われらとわれらの子孫のために，諸国民との協和による成果と，わが国全土にわたつて自由のもたらす恵沢を確保し，政府の行為によつて再び戦争の惨禍が起ることのないやうにすることを決意し，ここに主権が国民に存することを宣言し，この憲法を確定する。そもそも国政は，国民の厳粛な信託によるものであつて，その権威は国民に由来し，その権力は国民の代表者がこれを行使し，その福利は国民がこれを享受する。これは人類普遍の原理であり，この憲法は，かかる原理に基くものである。われらは，これに反する一切の憲法，法令及び詔勅を排除する。

日本国民は，恒久の平和を念願し，人間相互の関係を支配する崇高な理想を深く自覚するのであつて，平和を愛する諸国民の公正と信義に信頼して，われらの安全と生存を保持しようと決意した。われらは，平和を維持し，専制と隷従，圧迫と偏狭を地上から永遠に除去しようと努めてゐる国際社会において，名誉ある地位を占めたいと思ふ。われらは，全世界の国民が，ひとしく恐怖と欠乏から免かれ，平和のうちに生存する権利を有することを確認する。

われらは，いづれの国家も，自国のことのみに専念して他国を無視してはならないのであつて，政治道徳の法則は，普遍的なものであり，この法則に従ふことは，自国の主権を維持し，他国と対等関係に立たうとする各国の責務であると信ずる。

日本国民は，国家の名誉にかけ，全力をあげてこの崇高な理想と目的を達成することを誓ふ。

第1章　天皇

第1条【天皇の地位・国民主権】 天皇は，日本国の象徴であり日本国民統合の象徴であつて，この地位は，主権の存する日本国民の総意に基く。

第2条【皇位の継承】 皇位は，世襲のものであつて，国会の議決した皇室典範の定めるところにより，これを継承する。

第3条【天皇の国事行為に対する内閣の助言

と承認】天皇の国事に関するすべての行為には，内閣の助言と承認を必要とし，内閣が，その責任を負ふ。

第4条【天皇の権能の限界，天皇の国事行為の委任】
① 天皇は，この憲法の定める国事に関する行為のみを行ひ，国政に関する権能を有しない。
② 天皇は，法律の定めるところにより，その国事に関する行為を委任することができる。

第5条【摂政】皇室典範の定めるところにより摂政を置くときは，摂政は，天皇の名でその国事に関する行為を行ふ。この場合には，前条第1項の規定を準用する。

第6条【天皇の任命権】
① 天皇は，国会の指名に基いて，内閣総理大臣を任命する。
② 天皇は，内閣の指名に基いて，最高裁判所の長たる裁判官を任命する。

第7条【天皇の国事行為】天皇は，内閣の助言と承認により，国民のために，左の国事に関する行為を行ふ。
　一　憲法改正，法律，政令及び条約を公布すること。
　二　国会を召集すること。
　三　衆議院を解散すること。
　四　国会議員の総選挙の施行を公示すること。
　五　国務大臣及び法律の定めるその他の官吏の任免並びに全権委任状及び大使及び公使の信任状を認証すること。
　六　大赦，特赦，減刑，刑の執行の免除及び復権を認証すること。
　七　栄典を授与すること。
　八　批准書及び法律の定めるその他の外交文書を認証すること。
　九　外国の大使及び公使を接受すること。
　十　儀式を行ふこと。

第8条【皇室の財産授受】皇室に財産を譲り渡し，又は皇室が，財産を譲り受け，若しくは賜与することは，国会の議決に基かなければならない。

第2章　戦争の放棄

第9条【戦争の放棄，戦力及び交戦権の否認】
① 日本国民は，正義と秩序を基調とする国際平和を誠実に希求し，国権の発動たる戦争と，武力による威嚇又は武力の行使は，国際紛争を解決する手段としては，永久にこれを放棄する。
② 前項の目的を達するため，陸海空軍その他の戦力は，これを保持しない。国の交戦権は，これを認めない。

第3章　国民の権利及び義務

第10条【国民の要件】日本国民たる要件は，法律でこれを定める。

第11条【基本的人権の享有】国民は，すべての基本的人権の享有を妨げられない。この憲法が国民に保障する基本的人権は，侵すことのできない永久の権利として，現在及び将来の国民に与へられる。

第12条【自由・権利の保持の責任とその濫用の禁止】この憲法が国民に保障する自由及び権利は，国民の不断の努力によつて，これを保持しなければならない。又，国民は，これを濫用してはならないのであつて，常に公共の福祉のためにこれを利用する責任を負ふ。

第13条【個人の尊重・幸福追求権・公共の福祉】すべて国民は，個人として尊重される。生命，自由及び幸福追求に対する国民の権利については，公共の福祉に反しない限り，立法その他の国政の上で，最大の尊重を必要とする。

第14条【法の下の平等，貴族の禁止，栄典】
① すべて国民は，法の下に平等であつて，人種，信条，性別，社会的身分又は門地により，政治的，経済的又は社会的関係にお

いて，差別されない。
② 華族その他の貴族の制度は，これを認めない。
③ 栄誉，勲章その他の栄典の授与は，いかなる特権も伴はない。栄典の授与は，現にこれを有し，又は将来これを受ける者の一代に限り，その効力を有する。

第15条【公務員選定罷免権，公務員の本質，普通選挙の保障，秘密投票の保障】
① 公務員を選定し，及びこれを罷免することは，国民固有の権利である。
② すべて公務員は，全体の奉仕者であつて，一部の奉仕者ではない。
③ 公務員の選挙については，成年者による普通選挙を保障する。
④ すべて選挙における投票の秘密は，これを侵してはならない。選挙人は，その選択に関し公的にも私的にも責任を問はれない。

第16条【請願権】 何人も，損害の救済，公務員の罷免，法律，命令又は規則の制定，廃止又は改正その他の事項に関し，平穏に請願する権利を有し，何人も，かかる請願をしたためにいかなる差別待遇も受けない。

第17条【国及び公共団体の賠償責任】 何人も，公務員の不法行為により，損害を受けたときは，法律の定めるところにより，国又は公共団体に，その賠償を求めることができる。

第18条【奴隷的拘束及び苦役からの自由】 何人も，いかなる奴隷的拘束も受けない。又，犯罪に因る処罰の場合を除いては，その意に反する苦役に服させられない。

第19条【思想及び良心の自由】 思想及び良心の自由は，これを侵してはならない。

第20条【信教の自由】
① 信教の自由は，何人に対してもこれを保障する。いかなる宗教団体も，国から特権を受け，又は政治上の権力を行使してはならない。
② 何人も，宗教上の行為，祝典，儀式又は行事に参加することを強制されない。
③ 国及びその機関は，宗教教育その他いかなる宗教的活動もしてはならない。

第21条【集会・結社・表現の自由，通信の秘密】
① 集会，結社及び言論，出版その他一切の表現の自由は，これを保障する。
② 検閲は，これをしてはならない。通信の秘密は，これを侵してはならない。

第22条【居住・移転及び職業選択の自由，外国移住及び国籍離脱の自由】
① 何人も，公共の福祉に反しない限り，居住，移転及び職業選択の自由を有する。
② 何人も，外国に移住し，又は国籍を離脱する自由を侵されない。

第23条【学問の自由】 学問の自由は，これを保障する。

第24条【家族生活における個人の尊厳と両性の平等】
① 婚姻は，両性の合意のみに基いて成立し，夫婦が同等の権利を有することを基本として，相互の協力により，維持されなければならない。
② 配偶者の選択，財産権，相続，住居の選定，離婚並びに婚姻及び家族に関するその他の事項に関しては，法律は，個人の尊厳と両性の本質的平等に立脚して，制定されなければならない。

第25条【生存権，国の社会的使命】
① すべて国民は，健康で文化的な最低限度の生活を営む権利を有する。
② 国は，すべての生活部面について，社会福祉，社会保障及び公衆衛生の向上及び増進に努めなければならない。

第26条【教育を受ける権利，教育の義務】
① すべて国民は，法律の定めるところにより，その能力に応じて，ひとしく教育を受ける権利を有する。
② すべて国民は，法律の定めるところにより，その保護する子女に普通教育を受けさせる義務を負ふ。義務教育は，これを無償とする。

第27条【勤労の権利及び義務，勤労条件の基準，児童酷使の禁止】
① すべて国民は，勤労の権利を有し，義務を負ふ。
② 賃金，就業時間，休息その他の勤労条件に関する基準は，法律でこれを定める。
③ 児童は，これを酷使してはならない。

第28条【勤労者の団結権】 勤労者の団結する権利及び団体交渉その他の団体行動をする権利は，これを保障する。

第29条【財産権】
① 財産権は，これを侵してはならない。
② 財産権の内容は，公共の福祉に適合するやうに，法律でこれを定める。
③ 私有財産は，正当な補償の下に，これを公共のために用ひることができる。

第30条【納税の義務】 国民は，法律の定めるところにより，納税の義務を負ふ。

第31条【法定の手続の保障】 何人も，法律の定める手続によらなければ，その生命若しくは自由を奪はれ，又はその他の刑罰を科せられない。

第32条【裁判を受ける権利】 何人も，裁判所において裁判を受ける権利を奪はれない。

第33条【逮捕の要件】 何人も，現行犯として逮捕される場合を除いては，権限を有する司法官憲が発し，且つ理由となつてゐる犯罪を明示する令状によらなければ，逮捕されない。

第34条【抑留・拘禁の要件，不法拘禁に対する保障】 何人も，理由を直ちに告げられ，且つ，直ちに弁護人に依頼する権利を与へられなければ，抑留又は拘禁されない。又，何人も，正当な理由がなければ，拘禁されず，要求があれば，その理由は，直ちに本人及びその弁護人の出席する公開の法廷で示されなければならない。

第35条【住居の不可侵】
① 何人も，その住居，書類及び所持品について，侵入，捜索及び押収を受けることのない権利は，第33条の場合を除いては，正当な理由に基いて発せられ，且つ捜索する場所及び押収する物を明示する令状がなければ，侵されない。
② 捜索又は押収は，権限を有する司法官憲が発する各別の令状により，これを行ふ。

第36条【拷問及び残虐刑の禁止】 公務員による拷問及び残虐な刑罰は，絶対にこれを禁ずる。

第37条【刑事被告人の権利】
① すべて刑事事件においては，被告人は，公平な裁判所の迅速な公開裁判を受ける権利を有する。
② 刑事被告人は，すべての証人に対して審問する機会を充分に与へられ，又，公費で自己のために強制的手続により証人を求める権利を有する。
③ 刑事被告人は，いかなる場合にも，資格を有する弁護人を依頼することができる。被告人が自らこれを依頼することができないときは，国でこれを附する。

第38条【自己に不利益な供述，自己の証拠能力】
① 何人も，自己に不利益な供述を強要されない。
② 強制，拷問若しくは脅迫による自白又は不当に長く抑留若しくは拘禁された後の自白は，これを証拠とすることができない。
③ 何人も，自己に不利益な唯一の証拠が本人の自白である場合には，有罪とされ，又は刑罰を科せられない。

第39条【遡及処罰の禁止・一事不再理】 何人も，実行の時に適法であつた行為又は既に無罪とされた行為については，刑事上の責任を問はれない。又，同一の犯罪について，重ねて刑事上の責任を問はれない。

第40条【刑事補償】 何人も，抑留又は拘禁された後，無罪の裁判を受けたときは，法律の定めるところにより，国にその補償を求めることができる。

第4章 国会

第41条【国会の地位・立法権】 国会は，国権の最高機関であつて，国の唯一の立法機関である。

第42条【両院制】 国会は，衆議院及び参議院の両議院でこれを構成する。

第43条【両議院の組織・代表】
① 両議院は，全国民を代表する選挙された議員でこれを組織する。
② 両議院の議員の定数は，法律でこれを定める。

第44条【議員及び選挙人の資格】 両議院の議員及びその選挙人の資格は，法律でこれを定める。但し，人種，信条，性別，社会的身分，門地，教育，財産又は収入によつて差別してはならない。

第45条【衆議院議員の任期】 衆議院議員の任期は，4年とする。但し，衆議院解散の場合には，その期間満了前に終了する。

第46条【参議院議員の任期】 参議院議員の任期は，6年とし，3年ごとに議員の半数を改選する。

第47条【選挙に関する事項】 選挙区，投票の方法その他両議院の議員の選挙に関する事項は，法律でこれを定める。

第48条【両議院議員兼職の禁止】 何人も，同時に両議院の議員たるはことはできない。

第49条【議員の歳費】 両議院の議員は，法律の定めるところにより，国庫から相当額の歳費を受ける。

第50条【議員の不逮捕特権】 両議院の議員は，法律の定める場合を除いては，国会の会期中逮捕されず，会期前に逮捕された議員は，その議院の要求があれば，会期中これを釈放しなければならない。

第51条【議員の発言・表決の無責任】 両議院の議員は，議院で行つた演説，討論又は表決について，院外で責任を問はれない。

第52条【常会】 国会の常会は，毎年1回これを召集する。

第53条【臨時会】 内閣は，国会の臨時会の召集を決定することができる。いづれかの議院の総議員の4分の1以上の要求があれば，内閣は，その召集を決定しなければならない。

第54条【衆議院の解散・特別会，参議院の緊急集会】
① 衆議院が解散されたときは，解散の日から40日以内に，衆議院議員の総選挙を行ひ，その選挙の日から30日以内に，国会を召集しなければならない。
② 衆議院が解散されたときは，参議院は，同時に閉会となる。但し，内閣は，国に緊急の必要があるときは，参議院の緊急集会を求めることができる。
③ 前項但書の緊急集会において採られた措置は，臨時のものであつて，次の国会開会の後10日以内に，衆議院の同意がない場合には，その効力を失ふ。

第55条【資格争訟の裁判】 両議院は，各 ゞ その議員の資格に関する争訟を裁判する。但し，議員の議席を失はせるには，出席議員の3分の2以上の多数による議決を必要とする。

第56条【定足数，表決】
① 両議院は，各 ゞ その総議員の3分の1以上の出席がなければ，議事を開き議決することができない。
② 両議院の議事は，この憲法に特別の定のある場合を除いては，出席議員の過半数でこれを決し，可否同数のときは，議長の決するところによる。

第57条【会議の公開，会議録，表決の記載】
① 両議院の会議は，公開とする。但し，出席議員の3分の2以上の多数で議決したときは，秘密会を開くことができる。
② 両議院は，各 ゞ その会議の記録を保存し，秘密会の記録の中で特に秘密を要すると認められるもの以外は，これを公表し，且つ一般に頒布しなければならない。
③ 出席議員の5分の1以上の要求があれば，

各議員の表決は，これを会議録に記載しなければならない。

第58条【役員の選任，議院規則・懲罰】
① 両議院は，各〻その議長その他の役員を選任する。
② 両議院は，各〻その会議その他の手続及び内部の規律に関する規則を定め，又，院内の秩序をみだした議員を懲罰することができる。但し，議員を除名するには，出席議員の3分の2以上の多数による議決を必要とする。

第59条【法律案の議決，衆議院の優越】
① 法律案は，この憲法に特別の定のある場合を除いては，両議院で可決したとき法律となる。
② 衆議院で可決し，参議院でこれと異なつた議決をした法律案は，衆議院で出席議員の3分の2以上の多数で再び可決したときは，法律となる。
③ 前項の規定は，法律の定めるところにより，衆議院が，両議院の協議会を開くことを求めることを妨げない。
④ 参議院が，衆議院の可決した法律案を受け取つた後，国会休会中の期間を除いて60日以内に，議決しないときは，衆議院は，参議院がその法律案を否決したものとみなすことができる。

第60条【衆議院の予算先議，予算議決に関する衆議院の優越】
① 予算は，さきに衆議院に提出しなければならない。
② 予算について，参議院で衆議院と異なつた議決をした場合に，法律の定めるところにより，両議院の協議会を開いても意見が一致しないとき，又は参議院が，衆議院の可決した予算を受け取つた後，国会休会中の期間を除いて30日以内に，議決しないときは，衆議院の議決を国会の議決とする。

第61条【条約の承認に関する衆議院の優越】
条約の締結に必要な国会の承認については，前条第2項の規定を準用する。

第62条【議院の国政調査権】両議院は，各〻国政に関する調査を行ひ，これに関して，証人の出頭及び証言並びに記録の提出を要求することができる。

第63条【閣僚の議院出席の権利と義務】内閣総理大臣その他の国務大臣は，両議院の一に議席を有すると有しないとにかかはらず，何時でも議案について発言するため議院に出席することができる。又，答弁又は説明のため出席を求められたときは，出席しなければならない。

第64条【弾劾裁判所】
① 国会は，罷免の訴追を受けた裁判官を裁判するため，両議院の議員で組織する弾劾裁判所を設ける。
② 弾劾に関する事項は，法律でこれを定める。

第5章　内閣

第65条【行政権】行政権は，内閣に属する。

第66条【内閣の組織，国会に対する連帯責任】
① 内閣は，法律の定めるところにより，その首長たる内閣総理大臣及びその他の国務大臣でこれを組織する。
② 内閣総理大臣その他の国務大臣は，文民でなければならない。
③ 内閣は，行政権の行使について，国会に対し連帯して責任を負ふ。

第67条【内閣総理大臣の指名，衆議院の優越】
① 内閣総理大臣は，国会議員の中から国会の議決で，これを指名する。この指名は，他のすべての案件に先だつて，これを行ふ。
② 衆議院と参議院とが異なつた指名の議決をした場合に，法律の定めるところにより，両議院の協議会を開いても意見が一致しないとき，又は衆議院が指名の議決をした後，国会休会中の期間を除いて10日以内に，参議院が，指名の議決をしないときは，衆議院の議決を国会の議決とする。

第68条【国務大臣の任命及び罷免】

① 内閣総理大臣は，国務大臣を任命する。但し，その過半数は，国会議員の中から選ばれなければならない。
② 内閣総理大臣は，任意に国務大臣を罷免することができる。

第69条【内閣不信任決議の効果】 内閣は，衆議院で不信任の決議案を可決し，又は信任の決議案を否決したときは，10日以内に衆議院が解散されない限り，総辞職をしなければならない。

第70条【内閣総理大臣の欠缺・新国会の召集と内閣の総辞職】 内閣総理大臣が欠けたとき，又は衆議院議員総選挙の後に初めて国会の召集があつたときは，内閣は，総辞職をしなければならない。

第71条【総辞職後の内閣】 前2条の場合には，内閣は，あらたに内閣総理大臣が任命されるまで引き続きその職務を行ふ。

第72条【内閣総理大臣の職務】 内閣総理大臣は，内閣を代表して議案を国会に提出し，一般国務及外交関係について国会に報告し，並びに行政各部を指揮監督する。

第73条【内閣の職務】 内閣は，他の一般行政事務の外，左の事務を行ふ。
一　法律を誠実に執行し，国務を総理すること。
二　外交関係を処理すること。
三　条約を締結すること。但し，事前に，時宜によつては事後に，国会の承認を経ることを必要とする。
四　法律の定める基準に従ひ，官吏に関する事務を掌理すること。
五　予算を作成して国会に提出すること。
六　この憲法及び法律の規定を実施するために，政令を制定すること。但し，政令には，特にその法律の委任がある場合を除いては，罰則を設けるとができない。
七　大赦，特赦，減刑，刑の執行の免除及び復権を決定すること。

第74条【法律・政令の署名】 法律及び政令には，すべて主任の国務大臣が署名し，内閣総理大臣が連署することを必要とする。

第75条【国務大臣の特典】 国務大臣は，その在任中，内閣総理大臣の同意がなければ，訴追されない。但し，これがため，訴追の権利は，害されない。

第6章　司法

第76条【司法権・裁判所，特別裁判所の禁止，裁判官の独立】
① すべて司法権は，最高裁判所及び法律の定めるところにより設置する下級裁判所に属する。
② 特別裁判所は，これを設置することができない。行政機関は，終審として裁判を行ふことができない。
③ すべて裁判官は，その良心に従ひ独立してその職権を行ひ，この憲法及び法律にのみ拘束される。

第77条【最高裁判所の規則制定権】
① 最高裁判所は，訴訟に関する手続，弁護士，裁判所の内部規律及び司法事務処理に関する事項について，規則を定める権限を有する。
② 検察官は，最高裁判所の定める規則に従はなければならない。
③ 最高裁判所は，下級裁判所に関する規則を定める権限を，下級裁判所に委任することができる。

第78条【裁判官の身分の保障】 裁判官は，裁判により，心身の故障のために職務を執ることができないと決定された場合を除いては，公の弾劾によらなければ罷免されない。裁判官の懲戒処分は，行政機関がこれを行ふことはできない。

第79条【最高裁判所の裁判官，国民審査，定年，報酬】
① 最高裁判所は，その長たる裁判官及び法律の定める員数のその他の裁判官でこれを構成し，その長たる裁判官以外の裁判官は，内閣でこれを任命する。

② 最高裁判所の裁判官の任命は，その任命後初めて行はれる衆議院議員総選挙の際国民の審査に付し，その後10年を経過した後初めて行はれる衆議院議員総選挙の際更に審査に付し，その後も同様とする。
③ 前項の場合において，投票者の多数が裁判官の罷免を可とするときは，その裁判官は，罷免される。
④ 審査に関する事項は，法律でこれを定める。
⑤ 最高裁判所の裁判官は，法律の定める年齢に達した時に退官する。
⑥ 最高裁判所の裁判官は，すべて定期に相当額の報酬を受ける。この報酬は，在任中，これを減額することができない。

第80条【下級裁判所の裁判官・任期・定年，報酬】
① 下級裁判所の裁判官は，最高裁判所の指した者の名簿によつて，内閣でこれを任命する。その裁判官は，任期を10年とし，再任されることができる。但し，法律の定める年齢に達した時には退官する。
② 下級裁判所の裁判官は，すべて定期に相当額の報酬を受ける。この報酬は，在任中，これを減額することができない。

第81条【法令審査権と最高裁判所】 最高裁判所は，一切の法律，命令，規則又は処分が憲法に適合するかしないかを決定する権限を有する終審裁判所である。

第82条【裁判の公開】
① 裁判の対審及び判決は，公開法廷でこれを行ふ。
② 裁判所が，裁判官の全員一致で，公の秩序又は善良の風俗を害する虞があると決した場合には，対審は，公開しないでこれを行ふことができる。但し，政治犯罪，出版に関する犯罪又はこの憲法第3章で保障する国民の権利が問題となつてゐる事件の対審は，常にこれを公開しなければならない。

第7章　財政

第83条【財政処理の基本原則】 国の財政を処理する権限は，国会の議決に基いて，これを行使しなければならない。

第84条【課税】 あらたに租税を課し，又は現行の租税を変更するには，法律又は法律の定める条件によることを必要とする。

第85条【国費の支出及国の債務負担】 国費を支出し，又は国が債務を負担するには，国会の議決に基くことを必要とする。

第86条【予算】 内閣は，毎会計年度の予算を作成し，国会に提出して，その審議を受け議決を経なければならない。

第87条【予備費】
① 予見し難い予算の不足に充てるため，国会の議決に基いて予備費を設け，内閣の責任でこれを支出することができる。
② すべて予備費の支出については，内閣は，事後に国会の承諾を得なければならない。

第88条【皇室財産・皇室の費用】 すべて皇室財産は，国に属する。すべて皇室の費用は，予算に計上して国会の議決を経なければならない。

第89条【公の財産の支出又は利用の制限】 公金その他の公の財産は，宗教上の組織若しくは団体の使用，便益若しくは維持のため，又は公の支配に属しない慈善，教育若しくは博愛の事業に対し，これを支出し，又はその利用に供してはならない。

第90条【決算検査，会計検査院】
① 国の収入支出の決算は，すべて毎年会計検査院がこれを検査し，内閣は，次の年度に，その検査報告とともに，これを国会に提出しなければならない。
② 会計検査院の組織及び権限は，法律でこれを定める。

第91条【財政状況の報告】 内閣は，国会及び国民に対し，定期に，少くとも毎年1回，国の財政状況について報告しなければならない。

第8章 地方自治

第92条【地方自治の基本原則】 地方公共団体の組織及び運営に関する事項は，地方自治の本旨に基いて，法律でこれを定める。

第93条【地方公共団体の機関，その直接選挙】
① 地方公共団体には，法律の定めるところにより，その議事機関として議会を設置する。
② 地方公共団体の長，その議会の議員及び法律の定めるその他の吏員は，その地方公共団体の住民が，直接これを選挙する。

第94条【地方公共団体の権能】 地方公共団体は，その財産を管理し，事務を処理し，及び行政を執行する権能を有し，法律の範囲内で条例を制定することができる。

第95条【特別法の住民投票】 一の地方公共団体のみに適用される特別法は，法律の定めるところにより，その地方公共団体の住民の投票においてその過半数の同意を得なければ，国会は，これを制定することができない。

第9章 改正

第96条【改正の手続，その公布】
① この憲法の改正は，各議院の総議員の3分の2以上の賛成で，国会が，これを発議し，国民に提案してその承認を経なければならない。この承認には，特別の国民投票又は国会の定める選挙の際行はれる投票において，その過半数の賛成を必要とする。
② 憲法改正について前項の承認を経たときは，天皇は，国民の名で，この憲法と一体を成すものとして，直ちにこれを公布する。

第10章 最高法規

第97条【基本的人権の本質】 この憲法が日本国民に保障する基本的人権は，人類の多年にわたる自由獲得の努力の成果であつて，これらの権利は，過去幾多の試練に堪へ，現在及び将来の国民に対し，侵すことのできない永久の権利として信託されたものである。

第98条【最高法規，条約及び国際法規の遵守】
① この憲法は，国の最高法規であつて，その条規に反する法律，命令，詔勅及び国務に関するその他の行為の全部又は一部は，その効力を有しない。
② 日本国が締結した条約及び確立された国際法規は，これを誠実に遵守することを必要とする。

第99条【憲法尊重擁護の義務】 天皇又は摂政及び国務大臣，国会議員，裁判官その他の公務員は，この憲法を尊重し擁護する義務を負ふ。

第11章 補則

第100条【憲法施行期日，準備手続】
① この憲法は，公布の日から起算して6箇月を経過した日（昭和22・5・3）から，これを施行する。
② この憲法を施行するために必要な法律の制定，参議院議員の選挙及び国会召集の手続並びにこの憲法を施行するために必要な準備手続は，前項の期日よりも前に，これを行ふことができる。

第101条【経過規定―参議院未成立の間の国会】 この憲法施行の際，参議院がまだ成立してゐないときは，その成立するまでの間，衆議院は，国会としての権限を行ふ。

第102条【同前―第1期の参議院議員の任期】 この憲法による第1期の参議院議員のうち，その半数の者の任期は，これを3年とする。その議員は，法律の定めるところにより，これを定める。

第103条【同前―公務員の地位】 この憲法施行の際現に在職する国務大臣，衆議院議員及び裁判官並びにその他の公務員で，その地位に相応する地位がこの憲法で認められ

てゐる者は，法律で特別の定をした場合を除いては，この憲法施行のため，当然にはその地位を失ふことはない。但し，この憲法によつて，後任者が選挙又は任命されたときは，当然その地位を失ふ。

事項索引

あ行

朝日訴訟……………………64, 173
足尾銅山鉱毒事件……………112
違憲審査権……………34, 102, 108
遺言……………………………158
遺産分割………………………157
遺産分割協議…………………157
遺贈……………………………160
一事不再理の原則……………232
一般的不法行為………………137
遺留分…………………………160
医薬品・食品公害……………120
医療保健施設…………………178
因果関係………………………114
訴えの提起……………………210
宇奈月温泉事件………………128
ADR（裁判外紛争解決）……217
恵庭事件…………………………47
冤罪……………………………200
応報刑論…………………………54
大島訴訟………………………188
親子関係…………………………16
オンブズマン……………………60

か行

会期制度…………………………87
介護保健料……………………182
過失……………………………114
過失責任主義………………140, 142
過失責任の原則………………141

過失なければ責任なし………140
貸手責任………………………134
過剰貸付………………………134
過剰防衛………………………197
家庭裁判所………………103, 105
簡易裁判所……………………106
環境アセスメント……………118
環境権…………………………117
環境ホルモン…………………119
慣習法……………………………8
間接税…………………………186
管轄……………………………211

(き)

議院内閣制…………………33, 96
議院の権能………………………90
議会制度…………………………84
危険責任………………………142
起訴……………………………227
既判力…………………………210
基本的人権………………………49
――の尊重………………………31
給与所得者……………………187
教育を受ける権利………………65
狂牛病（BSE）………………120
協議離婚………………………148
強制………………………………5
行政国家…………………………33
行政訴訟………………………209
共同相続人……………………158
共同不法行為…………………115
寄与分…………………………158

金銭貸借 …………………… *129*
近代的意味の憲法 ………… *28*

(け)

形式的意味の行政 ………… *94*
刑事責任 …………………… *135*
刑事訴訟 …………………… *208*
刑事補償請求権 …………… *234*
刑　罰 …………………… *15, 194*
契約自由の原則 …………… *141*
検察官 ……………………… *222*
検察審査会 ………………… *228*
元　首 ……………………… *38*
原判決破棄自判 …………… *108*
憲法制定力 ………………… *30*
憲法訴訟 …………………… *73*
憲法尊重擁護義務 ………… *34*
権力分立 …………………… *33*

(こ)

行為規範 …………………… *6*
行為能力 …………………… *17*
公　害 ……………………… *136*
公害国会 …………………… *113*
恒久平和主義 ……………… *42*
合議制 ……………………… *107*
公共の福祉 ………………… *51*
公職就任権 ………………… *75*
公信力 ……………………… *126*
硬性憲法 …………………… *29*
公正証書遺言 ……………… *159*
交戦権 ……………………… *44*
高知放送事件 ……………… *167*
公的扶助 …………………… *173*
高等裁判所 ………………… *107*
公判手続 …………………… *228*

幸福追求権の権利 ………… *69*
公　法 ……………………… *10*
拷問および残虐な刑罰の禁止 …… *82, 234*
高利貸し …………………… *130*
高齢者福祉 ………………… *179*
口頭弁論 …………………… *212*
興和事件 …………………… *166*
国際協調主義 ……………… *42*
国際人権規約Ｂ規約 ……… *52*
国際法 ……………………… *9*
国事行為 …………………… *39*
国籍条項 …………………… *52*
国選弁護士 ………………… *225*
国民・住民投票 …………… *73*
国民審査 …………………… *102*
国民の代表機関 …………… *84*
国会議員の特権 …………… *91*
国会中心立法の原則 ……… *85*
国会の権能 ………………… *89*
国家単独立法の原則 ……… *85*
国家賠償法 ………………… *143*
国権の最高機関 …………… *84*
固有の意味の憲法 ………… *28*
婚姻最低年齢 ……………… *145*
婚姻障害 …………………… *145*
婚姻届出 …………………… *145*
婚約（婚姻予約）………… *144*

さ行

罪刑法定主義 …………… *15, 76, 198*
最高裁判所 ………………… *107*
再　審 …………………… *231, 233*
財政国会中心主義 ………… *92*
在宅サービス ……………… *180*

最低賃金法 …………………… 166
裁判官 ………………………… 221
裁判規範 ……………………… 7
裁判所 ………………………… 104
裁判の種類 …………………… 208
採用内定 ……………………… 164
差止訴訟 ……………………… 116
三六協定 ……………………… 167
サラ金 ………………………… 129
三権分立 ……………………… 102
三審制 ………………………… 104
参政権 ……………………… 50, 70

（し）

自衛権 ………………………… 43
ジェンダー …………………… 20
塩見訴訟 ……………………… 65
時間外労働 …………………… 167
死 刑 ………………………… 53
死刑執行 ……………………… 202
死刑存廃論 ………………… 195, 199
事 故 ………………………… 135
自己決定権 …………………… 56
自己責任の原則 …………… 140, 142
事後法（遡及処罰）の禁止 …… 77, 82, 232
事実の主張 …………………… 213
事情判決 ……………………… 73
自然法 ………………………… 8
自治体オンブズマン・パーソン …… 71
実質的意味の行政 …………… 94
実体法 ………………………… 8
指定相続分 …………………… 156
児童相談所 …………………… 175
児童福祉 ……………………… 174
自白法則 ……………………… 80

自筆証書遺言 ………………… 159
私 法 ………………………… 10
司 法 ………………………… 102
司法権 ………………………… 102
――の独立 ……………… 102, 222
指紋押捺制度 ………………… 52
社会規範 …………………… 4, 13
社会権 …………………… 32, 50, 62
社会の秩序 ………………… 5, 13
社会福祉 ……………………… 174
社会保障 ……………………… 173
借地権 ………………………… 125
衆議院の解散 ………………… 91
衆議院の優越 ………………… 87
就業規則 ……………………… 168
自由刑 ………………………… 195
自由権 …………………… 32, 49, 55
自由心証主義 ………………… 213
私有財産制度 ………………… 121
集団自衛権 …………………… 31
集団的安全保障制度 ………… 43
集団的自衛権 ………………… 43
主権者 ………………………… 19
受任限度論 …………………… 115
上告棄却 ……………………… 108
常 識 ………………………… 12
上 訴 …………………… 215, 231
象徴天皇制 …………………… 36
少年事件 ……………………… 233
少年犯罪 ……………………… 203
少年非行 ……………………… 203
消費者 ………………………… 129
消費者金融 …………………… 130
消費税 …………………… 181, 186

消費貸借 …………………… 129
情報公開条例 ………………… 60
証　明 ……………………… 213
条　約 ………………………… 9
条　理 ……………………… 219
職務執行命令 ……………… 107
女性差別撤廃条約 ……… 21, 169
女性に対する差別 …………… 21
所有権絶対 ………………… 140
　──の原則 ………………… 121
知る権利 ……………………… 59
人格権 ……………………… 117
信教の自由 …………………… 56
親権者 ……………………… 149
人工生殖 …………………… 150
身上監護権 ………………… 152
身体障害者更生援助施設 … 178
身体障害者福祉法 ………… 177
審　判 ……………………… 106
侵略戦争 ……………………… 44

(す)

垂直的公平 ………………… 185
水平的公平 ………………… 185
砂川事件 ……………………… 46

(せ)

請願権 ………………………… 70
正義の実現 …………………… 6
政教分離の原則 ……………… 57
制限能力者 …………………… 16
青少年保護条例 ……………… 72
生存権 …………………… 63, 173
正当防衛 …………………… 197
成年後見 …………………… 153
成年後見登記制度 ………… 153

成文憲法 ……………………… 29
成文法 ………………………… 7
性別役割分業 ………………… 20
責　任 ……………………… 135
絶対君主制 …………………… 37
全体の奉仕者 ………………… 70
選択的夫婦別氏制 ………… 146
戦　力 ………………………… 45

(そ)

騒　音 ……………………… 116
相続放棄 …………………… 156
相隣関係 …………………… 122
訴訟終了 …………………… 212
租税（税金）……………… 183
租税公平主義 ……………… 184
租税法律主義 …………… 92, 184
損害賠償 …………………… 114

た行

ダイオキシン ……………… 119
対抗力 ……………………… 126
代襲相続 …………………… 155
大統領制 …………………… 96
大日本印刷事件 …………… 164
代表民主制 ………………… 30
大法廷 ……………………… 108
建物の区分所有 …………… 122
弾劾裁判所 ………………… 104
団結権 ……………………… 67
男女雇用機会均等（法）… 24
団体交渉 …………………… 170
団体交渉権 ………………… 67
団体行動権 ………………… 67
地球環境問題 ……………… 119

事項索引 265

知的障害者更生施設 …………………… 179
地方裁判所 …………………………………… 105
地方自治の本旨 …………………………… 74
嫡出子 …………………………………………… 151
仲　裁 …………………………………………… 218
調　停 …………………………………………… 218
調停前置主義 ……………………………… 107
直接税 …………………………………………… 186
賃借権 …………………………………………… 124
定期借地権 …………………………………… 125
定着物 …………………………………………… 122
適正手続きの保障 ……………………… 76
東亜ペイント事件 ……………………… 165
登　記 …………………………………………… 126
当事者主義 …………………………………… 228
当事者適格 …………………………………… 212
統治行為論 …………………………………… 47
当番弁護士制度 …………………………… 225
特殊の不法行為 …………………………… 137
特別裁判所 …………………………………… 103
取引の安全 …………………………………… 15

な行

内　閣 …………………………………………… 94
　──の活動と責任 …………………… 101
　──の権能 ……………………………… 99
　──の総辞職 …………………………… 98
内閣総理大臣 ……………………………… 98
長沼ナイキ基地訴訟 ………………… 47
二院制 …………………………………………… 86
二重起訴の禁止 …………………………… 197
二重の基準 …………………………………… 51
日照妨害 ……………………………………… 116
入浴サービス ……………………………… 179

は行

パブリック・コメント制度 ……… 74
犯　罪 …………………………………………… 190, 192
　──の分類 ……………………………… 193
判例法 …………………………………………… 8

(ひ)

非嫡出子 ……………………………………… 16, 151
被保険者 ……………………………………… 24
秘密証書遺言 ……………………………… 157
表現の自由 ………………………………… 57, 82

(ふ)

夫婦同氏 ……………………………………… 18, 146
夫婦同氏原則 ……………………………… 23
夫婦の氏 ……………………………………… 18
不継続の原則 ……………………………… 87
父系優先血統主義 ……………………… 22
物　権 …………………………………………… 123
物的請求権 …………………………………… 117
不当労働行為 ……………………………… 171
不能犯 …………………………………………… 197
不服申立前置主義 ……………………… 189
不文法 …………………………………………… 7
不法行為 ……………………………………… 114
不法行為責任 ……………………………… 137, 141
扶　養 …………………………………………… 154
プライバシー権 …………………………… 58
不利益供述強要の禁止 ……………… 80
プログラム規定説 ……………………… 64, 173
フロンガス …………………………………… 118

(へ)

平和主義 ……………………………………… 30
平和的生存権 ……………………………… 31
弁護士 …………………………………………… 223

弁護士費用 …………………… *224*

(ほ)

保育所 ………………………… *175*
法源 …………………………… *7*
法定相続 ……………………… *156*
法定相続人 …………………… *155*
法的安定性 …………………… *6*
法的人格の平等 ……………… *140*
冒頭手続 ……………………… *229*
報道の自由 …………………… *58*
法の解釈 ……………………… *10*
法の目的 ……………………… *5*
法の下の平等 ………………… *32*
法律 …………………………… *13*
北秋バス事件 ………………… *168*
ポジティブアクション ……… *22*
募集・職業紹介 ……………… *163*
母性保護 ……………………… *22*
堀木訴訟 ………………… *65, 173*
本人訴訟 ……………………… *224*

ま行

未成年者 ……………………… *17*
未成年後見 …………………… *153*
未成年後見人 ………………… *153*
民事責任 ……………………… *135*
民事訴訟 ……………………… *208*
民事法律扶助制度 …………… *224*
民法上の婚姻 ………………… *145*
無過失責任 …………………… *142*
無過失責任主義 ……………… *114*
無過失損害賠償 ……………… *142*
無罪の推定 …………………… *82*
黙秘権 ………………………… *80*

や行

薬害エイズ・ヤコブ病問題 … *120*
唯一の立法機関 ……………… *85*
養親子関係 …………………… *151*
養子 …………………………… *151*
予算 …………………………… *93*
四日市ぜんそく事件 ………… *112*
四大公害事件 ………………… *112*

ら行

離婚 …………………………… *147*
離婚届不受理申出制度 ……… *148*
リストラ ……………………… *165*
利息制限法 …………………… *131*
立憲君主制 …………………… *37*
立憲主義 ……………………… *28*
令状主義 ……………………… *78*
労働委員会 …………………… *172*
労働協約 ……………………… *170*
労働組合 ……………………… *170*
労働契約 ……………………… *164*
労働時間 ……………………… *167*
労働者 ………………………… *162*

わ行

和解 …………………………… *218*

石川　明　編

〔執筆者〕　　　　　　　　　　　　　　　　〔執筆分担〕
石川　　明（慶應義塾大学名誉教授）　　　1
松山　忠造（山陽学園短期大学教授）　　　2, 3
神尾真知子（尚美学園大学教授）　　　　　4, 22, 23
渡辺　森児（平成国際大学助教授）　　　　5, 6
鈴木　貴博（東北文化学園大学講師）　　　7
西山　由美（東海大学助教授）　　　　　　8, 9, 24
田村　泰俊（明治学院大学教授）　　　　　10, 11
島岡　まな（大阪大学高等司法研究科助教授）　12, 29
有澤　知子（大阪学院大学助教授）　　　　13, 14
中村　壽宏（神奈川大学大学院法務研究科助教授）　15, 26
松尾　知子（京都産業大学助教授）　　　　16, 17
長谷川貞之（獨協大学大学院法務研究科教授）　18, 19
山田美枝子（大妻女子大学助教授）　　　　20, 21
渡邊　眞男（慶應義塾大学講師）　　　　　25
越山　和広（関西大学大学院法務研究科助教授）　27, 28
石川　　毅（LEC東京リーガルマインド大学講師）　30

──執筆順──

みぢかな法学入門〔第3版〕

1998年4月10日　第1版第1刷発行
2002年4月20日　第2版第1刷発行
2004年4月5日　第3版第1刷発行
2007年4月10日　第3版第2刷発行

編者　石川　　明
発行　不磨書房
〒113-0033　東京都文京区本郷6-2-9-302
TEL 03-3813-7199／FAX 03-3813-7104
発売　㈱信山社
〒113-0033　東京都文京区本郷6-2-9-102
TEL 03-3818-1019／FAX 03-3818-0344

Ⓒ著者, 2007, Printed in Japan　　印刷・製本／松澤印刷
ISBN 978-4-7972-9103-2 C3332

初学者にやさしく、わかりやすい、法律の基礎知識
――― 石川明先生のみぢかな法律シリーズ ―――

みぢかな法学入門【第3版】　慶應義塾大学名誉教授　石川　明 編

有澤知子（大阪学院大学）／神尾真知子（尚美学園大学）／越山和広（関西大学）　　9103-6
島岡まな（大阪大学）／鈴木貴博（東北文化学園大学）／田村泰俊（明治学院大学）　■ 2,500 円（税別）
中村壽宏（神奈川大学）／西山由美（東海大学）／長谷川貞之（獨協大学）
松尾知子（京都産業大学）／松山忠造（山陽学園短期大学）／山田美枝子（大妻女子大学）
渡邊眞男（慶應義塾大学）／渡辺森児（平成国際大学）／石川毅（LEC東京リーガルマインド大学）

みぢかな民事訴訟法【第2版】　慶應義塾大学名誉教授　石川　明 編

小田敬美（松山大学）／小野寺忍（山梨学院大学）／河村好彦（明海大学）／木川裕一郎（東海大学）
草鹿晋一（香川大学）／越山和広（関西大学）／近藤隆司（白鷗大学）／坂本惠三（獨協大学）
椎橋邦雄（山梨学院大学）／中村壽宏（神奈川大学）／二羽和彦（高岡法科大学）／福山達夫（関東学院大学）
山本浩美（東亜大学）／渡辺森児（平成国際大学）　　9278-4　　■ 2,800 円（税別）

みぢかな倒産法　慶應義塾大学名誉教授　石川　明 編

岡伸浩（弁護士）／田村陽子（山形大学）／山本研（国士舘大学）／草鹿晋一（香川大学）
近藤隆司（白鷗大学）／栗田陸雄（杏林大学）／宮里節子（琉球大学）／本田耕一（関東学院大学）
波多野雅顯（金沢大学）／芳賀雅顯（明治大学）　　9295-4　　■ 2,800 円（税別）

みぢかな商法入門　酒巻俊雄（元早稲田大学）＝石山卓磨（日本大学）編

秋坂朝則（日本大学）／受川環大（国士舘大学）／王子田誠（東亜大学）／金子勲（東海大学）
後藤幸康（京都学園大学）／酒巻俊之（日本大学）／長島弘（産能短期大学）
福田弥夫（武蔵野女子大学）／藤村知己（徳島大学）／藤原祥二（明海大学）／増尾均（松商学園短期大学）
松崎良（東日本国際大学）／山城将美（沖縄国際大学）　　9224-5　　■ 2,800 円（税別）

みぢかな刑事訴訟法　河上和雄（駿河台大学）編

近藤和哉（富山大学）／上田信太郎（岡山大学）／津田重憲（明治大学）／新屋達之（立正大学）
辻脇葉子（明治大学）／吉田宣之（桐蔭横浜大学）／内田浩（岩手大学）／臼木豊（駒澤大学）
吉弘光男（久留米大学）／新保佳宏（京都学園大学）　　9225-3　　■ 2,600 円（税別）

みぢかな刑法（総論）　内田文昭（北陸大学）＝山本輝之（名古屋大学）編

清水一成（琉球大学）／城下裕二（明治学院大学）／本間一也（新潟大学）／松原久利（京都産業大学）
内田浩（岩手大学）／島岡まな（大阪大学）／小田直樹（広島大学）／小名木明宏（北海道大学）
岡上雅美（筑波大学）／丹羽正夫（新潟大学）／臼木豊（駒澤大学）／近藤和哉（富山大学）
吉田宣之（桐蔭横浜大学）　　9275-X　　予価 2,600 円（税別）

みぢかな国際法入門　松田幹夫（獨協大学名誉教授）編

松田幹夫（獨協大学名誉教授）／鈴木淳一（獨協大学）／安保公人（拓殖大学）
中村恵（日本大学）／一ノ瀬高博（獨協大学）　　9077-3　　■ 2,400 円（税別）

不磨書房